国家科学技术学术著作出版基金资助

网络科学与工程丛书

NSE 10

复杂网络上的博弈及其演化动力学

Games and Evolutionary Dynamics on Complex Networks

吕金虎　谭少林　著

高等教育出版社·北京

图书在版编目（CIP）数据

复杂网络上的博弈及其演化动力学 / 吕金虎，谭少林著 . -- 北京：高等教育出版社，2019.4（2025.4重印）
（网络科学与工程丛书 / 陈关荣主编）
ISBN 978-7-04-051448-3

Ⅰ.①复… Ⅱ.①吕… ②谭… Ⅲ.①系统复杂性－研究 Ⅳ.①N94

中国版本图书馆CIP数据核字（2019）第039334号

Fuza Wangluo shang de Boyi Jiqi Yanhua Donglixue

| 策划编辑 | 刘 英 | 责任编辑 | 刘 英 | 封面设计 | 李卫青 | 版式设计 | 马 云 |
| 插图绘制 | 于 博 | 责任校对 | 张 薇 | 责任印制 | 张益豪 | | |

出版发行	高等教育出版社	网 址	http://www.hep.edu.cn
社 址	北京市西城区德外大街4号		http://www.hep.com.cn
邮政编码	100120	网上订购	http://www.hepmall.com.cn
印 刷	北京中科印刷有限公司		http://www.hepmall.com
开 本	787mm×1092mm 1/16		http://www.hepmall.cn
印 张	17.75		
字 数	310千字	版 次	2019年4月第1版
购书热线	010-58581118	印 次	2025年4月第3次印刷
咨询电话	400-810-0598	定 价	69.00元

本书如有缺页、倒页、脱页等质量问题，请到所购图书销售部门联系调换
版权所有 侵权必究
物 料 号 51448-00

作者简介

吕金虎，北京航空航天大学自动化科学与电气工程学院教授、院长，中国科学院数学与系统科学研究院研究员。IEEE Fellow，国家杰出青年科学基金获得者，国家自然科学基金创新研究群体学术带头人，国家重点研发计划首席科学家，国家万人计划领军人才，国家百千万人才
工程入选者，国家有突出贡献中青年专家，中国科学院百人计划入选者，科技部中青年科技创新领军人才，享受国务院特殊津贴专家。曾获何梁何利基金科学与技术进步奖，3项国家自然科学二等奖(2项排名1，1项排名2)，中国工程院光华工程科技奖"青年奖"，中国科学院青年科学家奖，全国优秀博士学位论文等。主要从事协同控制理论及其应用、复杂系统与网络、大数据等研究。

谭少林，湖南大学电气与信息工程学院副教授、硕士生导师，岳麓学者。2014年获中国科学院数学与系统科学研究院系统理论专业博士学位。2016年澳大利亚RMIT大学访问学者。在IEEE Trans. Automat. Contr., SIAM J. Contr. Optim., IEEE Trans. Cybernetics 等期刊发表论文多篇。
当前主要研究兴趣包括演化博弈理论、复杂网络、博弈学习理论及其在分布式协同控制中的应用等。

"网络科学与工程丛书"编审委员会

名誉主编： 郭 雷院士　　金芳蓉院士　　李德毅院士

主　　编： 陈关荣

副 主 编： 史定华　　汪小帆

委　　员：（按汉语拼音字母排序）

　　　　　　曹进德　　陈增强　　狄增如　　段志生
　　　　　　方锦清　　傅新楚　　胡晓峰　　贾　韬
　　　　　　来颖诚　　李　翔　　刘宗华　　陆君安
　　　　　　吕金虎　　吕琳媛　　任　勇　　汪秉宏
　　　　　　王青云　　王文旭　　谢智刚　　周　涛

序

随着以互联网为代表的网络信息技术的迅速发展，人类社会已经迈入了复杂网络时代。人类的生活与生产活动越来越多地依赖于各种复杂网络系统安全可靠和有效的运行。作为一个跨学科的新兴领域，"网络科学与工程"已经逐步形成并获得了迅猛发展。现在，许多发达国家的科学界和工程界都将这个新兴领域提上了国家科技发展规划的议事日程。在中国，复杂系统包括复杂网络作为基础研究也已列入《国家中长期科学和技术发展规划纲要（2006—2020年）》。

网络科学与工程重点研究自然科学技术和社会政治经济中各种复杂系统微观性态与宏观现象之间的密切联系，特别是其网络结构的形成机理与演化方式、结构模式与动态行为、运动规律与调控策略，以及多关联复杂系统在不同尺度下行为之间的相关性等。网络科学与工程融合了数学、统计物理、计算机科学及各类工程技术科学，探索采用复杂系统自组织演化发展的思想去建立全新的理论和方法，其中的网络拓扑学拓展了人们对复杂系统的认识，而网络动力学则更深入地刻画了复杂系统的本质。网络科学既是数学中经典图论和随机图论的自然延伸，也是系统科学和复杂性科学的创新发展。

为了适应这一高速发展的跨学科领域的迫切需求，中国工业与应用数学学会复杂系统与复杂网络专业委员会偕同高等教育出版社出版了这套"网络科学与工程丛书"。这套丛书将为中国广大的科研教学人员提供一个交流最新

序

研究成果、介绍重要学科进展和指导年轻学者的平台，以共同推动国内网络科学与工程研究的进一步发展。丛书在内容上将涵盖网络科学的各个方面，特别是网络数学与图论的基础理论，网络拓扑与建模，网络信息检索、搜索算法与数据挖掘，网络动力学（如人类行为、网络传播、同步、控制与博弈），实际网络应用（如社会网络、生物网络、战争与高科技网络、无线传感器网络、通信网络与互联网），以及时间序列网络分析（如脑科学、心电图、音乐和语言）等。

"网络科学与工程丛书"旨在出版一系列高水准的研究专著和教材，使其成为引领复杂网络基础与应用研究的信息和学术资源。我们殷切希望通过这套丛书的出版，进一步活跃网络科学与工程的研究气氛，推动该学科领域知识的普及，并为其深入发展做出贡献。

金芳蓉（Fan Chung）院士
美国加州大学圣迭戈分校
二〇一一年元月

前言

网络科学是21世纪新兴的典型交叉学科。复杂网络是网络科学的主要研究对象。它由节点以及节点之间的连边构成，节点代表系统的基本组成单元，而连边代表系统中各单元之间的交互关系。复杂网络被广泛用于刻画社会、生物、工程等系统中错综复杂的连接结构。复杂网络的研究已经渗透到数理科学、信息科学、生命科学、社会科学等多个领域，是当前科学研究中的前沿热点。

演化博弈是刻画群体决策形成和演化的一种基本范式，它是传统博弈论与生物进化论结合而形成的一种理论。演化博弈以参与群体为研究对象，通过分析群体策略在选择和突变作用下的演化过程，来解释和预测个体在交互决策情境中的博弈行为。演化博弈论摒弃了传统博弈论中的完全理性和完全信息假设，从系统的动态的角度考察个体决策到群体决策的形成机制，为博弈论和进化生物学提供了新的重要的理论工具和方法论支持。

复杂网络和演化博弈结合形成了复杂网络上的演化博弈这一新型交叉研究领域。以复杂网络刻画个体间的交互结构，以演化博弈刻画个体的决策范式，复杂网络上的演化博弈探讨生物网络、社会网络等复杂网络上群体博弈的策略演化行为。与传统的演化博弈不同，复杂网络上的演化博弈是一种自下而上的科学范式，它通过对个体的行为规则、个体之间的交互方式和结构进行建模，来探讨群体行为的形成和演化机制。复杂网络上的演化博弈为分析和预测交互环境下群体的决策行为提供了一个新的研究框架，对其进行系统研究可以定量地理解相关集群行为的涌现和演化现象，也有助于了解社会规范、文化变迁、公共意见等形成与发展过程，为国家在社会经济等方面的政策制定提供新的参考视角。

目前，对复杂网络上演化博弈的研究可以归结为两方面：一方面是从个体出发，研究群体层面的策略选择机制，即通过对个体之间的交互关系网络和决策动力学进行建模和分析，定量研究并预测网络群体的博弈动力学行为。另一方面是从群体需求出发，研究个体层面的干预调控机制，即根据对群体策略的要求，设计个体之间的交互机制或对个体的决策动力学进行干预，使得网络群体的整体行为能够达到预期设定的要求。这些研究旨在剖析个体层次的行为规则与群体层次的涌现行为之间的复杂关系，并进一步为设计实际复杂系统的交互协议和控制方案提供启发式的思想源泉。

本书旨在给复杂网络上的博弈及其演化动力学这一热点研究课题及其相关的主要理论结果提供一个系统的自洽性的介绍。具体地，作者将结合复杂网络、博弈模型及演化动力学等三个方面给出网络上博弈及其演化动力学模型的一个系统的框架，并基于这一框架介绍这一领域所涉及的主要模型、结果及其相关应用。

本书的主要内容可以分为三大部分10章。

第1章和第2章为第一部分，主要介绍博弈论和演化博弈论的基本概念以及相关动力学模型。

第1章概述博弈论的相关基本概念，主要包括博弈的一般模型、博弈解和博弈学习动力学三方面的概要介绍。

第2章介绍演化博弈论的核心概念和两类主要的演化

动力学模型，即以有限群体博弈为基础的随机演化动力学以及以无限群体博弈为基础的连续演化动力学模型。

第 3—6 章为第二部分，主要讨论复杂网络上的博弈及演化动力学模型。包括网络博弈模型的概念、复杂网络上的随机漂移过程、复杂网络上的常数选择过程以及复杂网络上的演化博弈过程等内容。

第 3 章介绍网络博弈模型的基本内容，包括网络博弈的定义、对交互网络博弈和群组交互网络博弈以及网络拓扑结构对于网络博弈纳什均衡的影响。对于什么是网络博弈、如何构造网络博弈模型以及网络交互结构对于个体的博弈行为有什么影响等三个基本问题进行了一个概要的回答。

第 4 章首先介绍网络博弈中几类典型的演化动力学模型，包括网络上的生灭过程、死生过程、选边过程以及 Wright-Fisher 过程等状态更新模型；然后着重分析网络上一类特殊的演化动力学过程，即随机漂移过程。本章将讨论具有各类复杂网络结构的群体，基于随机漂移这一作用机制，在不同状态更新模型下的演化动力学行为。特别地，本章将给出复杂网络上随机漂移作用下固定概率的一般计算方法。

第 5 章讨论一类比网络上的随机漂移过程更广义的演化过程，即复杂网络上的常数选择过程。在本章中，首先给出描述网络上常数选择过程的数学模型，然后围绕常数选择过程中的一个核心问题，即一个或多个相对优势或劣势的新策略入侵到采取另一策略的网络群体中后，通过相互竞争，最终占据整个网络的概率大小，建立常数选择过程中局部性质与全局性质之间的关联，并分析影响复杂网络上常数选择过程中随机入侵策略固定概率的关键网络结构特征。

第 6 章讨论复杂网络上的演化博弈动力学。理解结构群体中的策略选择机制是研究网络上演化博弈动力学过程的一个主要目标。本章将探讨在生灭更新规则和死生更新规则作用下，复杂网络上演化博弈动力学中的策略选择问题。对于一些简单的网络，将给出两策略群组交互网络博弈和多策略对交互网络博弈中的策略选择条件。而对于一般的复杂网络，将给出一些近似和仿真结果来说明网络结构对于策略选择的作用。此外，本章还将所得到的策略选择条件应用于探讨网络群体中合作行为的涌现问题。针对网络上的囚徒困境博弈、公共物品博弈和志愿者困境博弈，分别给出了合作被群体所偏好的条件。

第7—10章为第三部分，主要讨论复杂网络上的演化博弈这一领域几大热点主题，包括复杂网络上的合作涌现机制、符号网络上的演化博弈、行为网络上的演化博弈以及博弈学习动力学在分布式协同控制的应用等4个主题。

第7章讨论网络演化博弈研究中一类特殊而重要的议题，即复杂网络上的合作涌现机制。合作行为普遍存在于生物、经济和社会系统中，然而它却很难自然地从自私种群中涌现并维持下来。我们将从个体间交互结构的类型这一角度入手，将网络上的合作演化模型分为静态网络上的博弈模型、共演化网络上的博弈模型以及实际个体组成网络的博弈实验模型等3类，对复杂网络的合作涌现研究进行一个简要的综述。

第8章讨论符号网络上的演化博弈。符号网络是一类具有正边和负边的网络，常用于刻画社交网络和生物网络等。本章将介绍符号网络上的一类特殊的联盟博弈，并利用符号网络上的博弈动力学来优化符号网络中的结构冲突。

第9章应用复杂网络上的演化博弈动力学模型，来分析讨论社交群体中集群行为的若干典型涌现现象，包括行为群集现象、行为雪崩现象以及行为振荡现象等。

第10章将讨论博弈动力学模型在多个体系统协同控制

中的应用。具体地，将介绍一种基于收益信息的博弈学习动力学，得到其收敛性质，并将这一博弈学习动力学应用于多个体系统同步协议的构造问题中。本章将看到许多多个体协同控制问题，可通过适当地建模转化为寻找博弈解的问题，通过相关的博弈学习动力学来得到解决方案。

复杂网络上的博弈以及演化动力学这一领域的研究发展十分迅速，大量新的成果不断涌现，本书的写作目的在于为复杂网络上的演化博弈这一领域提供一个合理的自洽的框架和脉络，以便感兴趣的读者能够有效地了解这一领域的研究内容和主要课题。

在此，我们要感谢很多在本书写作过程中给予支持和帮助的专家学者。衷心感谢郭雷院士、李未院士、怀进鹏院士、房建成院士、郑志明院士、张嗣瀛院士、陈关荣教授、陆君安教授的鼓励和大力支持。感谢北京航空航天大学大数据科学与脑机智能高精尖创新中心、软件开发环境国家重点实验室的支持与帮助。特别感谢高等教育出版社刘英女士对本书出版的大力支持。最后，我们要感谢国家重点研发计划项目（2016YFB0800401）、国家自然科学基金项目（编号：61503130、61873088等）长期支持，感谢国家科学技术学术著作出版基金资助项目的支持。

作　者

2018年7月

目录

第1章　博弈论简介 ………………………………… 1
  1.1　什么是博弈 ………………………………………… 2
      1.1.1　博弈的表示形式 …………………………… 2
      1.1.2　纯策略和混合策略 ………………………… 5
  1.2　博弈解的概念 ……………………………………… 6
      1.2.1　理性与公共知识 …………………………… 6
      1.2.2　占优策略均衡 ……………………………… 7
      1.2.3　纳什均衡 …………………………………… 8
  1.3　博弈学习动力学简介 ……………………………… 10
      1.3.1　博弈学习框架 ……………………………… 10
      1.3.2　最优响应动力学 …………………………… 12
      1.3.3　择优响应动力学 …………………………… 12
  1.4　本章要点小结 ……………………………………… 14
  参考文献 ………………………………………………… 14

第2章　演化博弈动力学 ……………………………… 17
  2.1　群体博弈 …………………………………………… 18
      2.1.1　有限群体博弈 ……………………………… 18
      2.1.2　无限群体博弈 ……………………………… 19
      2.1.3　纳什均衡与演化稳定策略 ………………… 20
  2.2　随机演化动力学 …………………………………… 22
      2.2.1　适应度景观 ………………………………… 23
      2.2.2　典型的更新规则 …………………………… 24

	2.2.3	固定概率、平稳分布与策略选择 ……………	26
2.3	连续演化动力学 ……………………………………………		28
	2.3.1	调整协议及平均动力学 ……………	29
	2.3.2	几类典型的演化动力学 ……………	29
	2.3.3	平衡点、稳定性与纳什均衡 ……………	31
2.4	本章要点小结 ……………………………………………		33
参考文献 ……………………………………………			33

第 3 章 网络博弈 …………… 35

3.1	博弈结构、图与复杂网络 ……………………		36
	3.1.1	图的基本概念 ……………	36
	3.1.2	典型的图和复杂网络模型 ……………	37
3.2	网络博弈模型 ……………………………………………		40
	3.2.1	网络博弈的定义 ……………	40
	3.2.2	对交互网络博弈 ……………	42
	3.2.3	群组交互网络博弈 ……………	45
3.3	网络诱导的纳什均衡 ……………………………………………		47
	3.3.1	网络诱导的纳什均衡定义 ……………	47
	3.3.2	网络诱导的纳什均衡存在性 ……………	49
3.4	本章要点小结 ……………………………………………		52
参考文献 ……………………………………………			52

第 4 章 网络上的随机漂移过程 …………… 55

4.1	网络上的演化动力学模型 ……………………		56
	4.1.1	网络状态集及其适应度景观 ……………	56
	4.1.2	状态更新规则 ……………	56
	4.1.3	演化过程的数学描述 ……………	58
	4.1.4	应用例子 ……………	60
4.2	网络上的随机漂移 ……………………………………………		62
	4.2.1	Wright-Fisher 过程 ……………	62
	4.2.2	生灭过程 ……………	65
	4.2.3	死生过程 ……………	69
	4.2.4	选边过程 ……………	71
	4.2.5	入侵关键节点 ……………	72

4.3 动态网络上的随机漂移 ·················· 76
    4.3.1 动态网络上的随机漂移模型 ·················· 76
    4.3.2 动态网络上中性策略的固定概率 ·················· 79
4.4 本章要点小结 ·················· 82
参考文献 ·················· 83

第5章 网络上的常数选择过程 ·················· 87
5.1 网络上常数选择过程的数学模型 ·················· 88
5.2 网络上常数选择的一般性质 ·················· 91
    5.2.1 等价随机过程与相关数学概念 ·················· 92
    5.2.2 局部性质与全局性质 ·················· 93
    5.2.3 示例：死生过程 ·················· 100
5.3 网络结构对于常数选择的放缩作用 ·················· 106
    5.3.1 网络结构对于选择的调节作用 ·················· 106
    5.3.2 节点温度与网络的热异质度 ·················· 108
    5.3.3 选择调节器的结构特征 ·················· 111
    5.3.4 构造选择调节器 ·················· 119
5.4 本章要点小结 ·················· 122
参考文献 ·················· 123

第6章 网络上的演化博弈动力学 ·················· 127
6.1 网络上的演化博弈动力学模型 ·················· 128
    6.1.1 网络演化博弈动力学的框架 ·················· 128
    6.1.2 策略选择 ·················· 129
6.2 两策略群组交互博弈中的策略选择 ·················· 130
    6.2.1 两策略群组交互博弈模型 ·················· 130
    6.2.2 完全图 ·················· 131
    6.2.3 环状图 ·················· 133
    6.2.4 星状图 ·················· 136
    6.2.5 示例 ·················· 139
    6.2.6 一般两策略群组交互网络博弈中的策略选择 ·················· 140
6.3 两策略对交互网络博弈中的策略选择 ·················· 142
6.4 多策略对交互博弈中的策略选择 ·················· 146
6.5 本章要点小结 ·················· 148

参考文献 ·············· 148

第 7 章　复杂网络上的合作涌现机制 ·············· 151
7.1　合作困境及其博弈模型 ·············· 152
7.1.1　合作困境的几类博弈模型 ·············· 152
7.1.2　合作涌现机制 ·············· 155
7.2　静态网络上的合作涌现 ·············· 155
7.2.1　空间格子网络的合作团簇 ·············· 156
7.2.2　一般网络上合作涌现的条件 ·············· 157
7.3　共演化网络中合作的涌现 ·············· 160
7.3.1　基于邻域继承机制的共演化模型 ·············· 160
7.3.2　基于邻域继承机制的合作行为涌现现象 ·············· 162
7.3.3　不同情境下的合作行为的涌现 ·············· 163
7.3.4　合作的涌现机制分析 ·············· 166
7.4　合作涌现机制的实证研究 ·············· 169
7.5　本章要点小结 ·············· 171
参考文献 ·············· 172

第 8 章　符号网络上的演化博弈 ·············· 177
8.1　符号网络及其结构冲突 ·············· 178
8.1.1　符号网络的概念 ·············· 178
8.1.2　结构平衡 ·············· 178
8.1.3　结构冲突 ·············· 179
8.2　符号网络上的联盟博弈及其动力学模型 ·············· 181
8.2.1　符号网络上的联盟博弈及其动力学 ·············· 181
8.2.2　演化动力学的参数选择 ·············· 183
8.2.3　基于网络博弈动力学求解符号网络中结构冲突数目的算法 ·············· 186
8.3　不同符号网络中的结构冲突优化 ·············· 188
8.3.1　无向无权符号网络 ·············· 188

8.3.2　无向加权符号网络 ·················· 191
　　　8.3.3　有向符号网络 ······················ 193
　8.4　本章要点小结 ··························· 194
　参考文献 ································· 195

第9章　行为网络上的演化博弈动力学 ········ 199
　9.1　引言 ································· 200
　9.2　行为网络上的演化动力学模型 ············· 201
　　　9.2.1　行为网络的基本概念 ················ 201
　　　9.2.2　复制 – 突变动力学 ················· 203
　　　9.2.3　选择 – 漂移动力学的构造 ············ 205
　　　9.2.4　突变网络 ·························· 207
　9.3　行为聚集和行为雪崩的涌现 ··············· 208
　　　9.3.1　从聚集到雪崩 ······················ 209
　　　9.3.2　动力学分岔 ························ 212
　9.4　最优行为的涌现 ························· 214
　　　9.4.1　适应度景观的相变 ·················· 215
　　　9.4.2　时变选择 – 突变机制 ················ 218
　9.5　非对称性导致的行为振荡 ················· 221
　9.6　本章要点小结 ··························· 223
　参考文献 ································· 224

第10章　连续势博弈中的学习动力学及其
　　　　　在分布式协同控制中的应用 ············ 227
　10.1　引言 ································ 228
　10.2　连续势博弈及其学习动力学的基本概念 ···· 229
　　　10.2.1　连续势博弈 ······················ 229
　　　10.2.2　重复博弈及其学习动力学 ··········· 231
　10.3　梯度学习 ····························· 233
　10.4　基于收益信息的博弈学习动力学 ·········· 235
　　　10.4.1　试探性移动 ······················ 235
　　　10.4.2　学习算法 ························ 237
　　　10.4.3　收敛性分析 ······················ 239
　　　10.4.4　程序终止准则 ···················· 242

10.5 基于博弈学习的多个体同步算法 …………………… 244
    10.5.1 多个体同步的连续势博弈模型 …………… 244
    10.5.2 基于位置信息的同步协议 ………………… 245
    10.5.3 基于距离信息的同步协议 ………………… 246
10.6 本章要点小结……………………………………… 250
参考文献 ……………………………………………… 250

索引……………………………………………… 253

第 1 章 博弈论简介

博弈论 (game theory) 是研究多个自主性个体在利益相关情形下的决策行为的理论[1]. 在实际应用中, 常常碰到这样一种情形: 有若干个个体, 称为决策者或者玩家, 他们具有独立决策的自主性, 然而他们的利益却相互关联或冲突. 博弈论通过建立适当的数学模型和工具, 来分析、预测和干预自主个体在利益相关情形下的决策行为. 这里, 决策者不仅可以是社会个体, 也可以是社会团体如公司或组织, 还可以是动物或者具有计算能力的机器等.

博弈模型为分析和预测群体的策略交互行为提供了一个系统的理论工具. 本章对非合作博弈理论进行简要的介绍. 具体地, 1.1 节介绍博弈模型的一般形式和相关术语; 1.2 节介绍几种博弈的解的概念, 包括著名的纳什均衡等; 1.3 节简要介绍博弈学习动力学理论; 1.4 节对本章的要点内容进行总结.

1.1 什么是博弈

1.1.1 博弈的表示形式

一般来说, 一个博弈模型通常由 3 个基本要素组成: 决策个体集合 (player set)、每个决策者所能采取的策略集合 (strategy set) 以及每个决策者的收益函数 (payoff function). 其中, 用以刻画个体收益如何受其自身策略以及其他个体策略影响的收益函数, 也称为效用函数 (utility function), 是刻画个体之间关联与冲突的核心要素. 具体地, 一般形式的博弈可以定义如下:

定义 1.1 (策略博弈). 博弈是一个三元组 $\Gamma = (\mathcal{V}, \{\mathcal{S}_i | v_i \in \mathcal{V}\}, \{U_i | v_i \in \mathcal{V}\})$, 其中 $\mathcal{V} = \{v_1, v_2, \cdots, v_n\}$ 为决策个体集合, $\mathcal{S}_i$ 为个体 $v_i \in \mathcal{V}$ 的策略集合, $U_i : \prod_{v_j \in \mathcal{V}} \mathcal{S}_j \to \mathcal{R}$ 是个体 $v_i \in \mathcal{V}$ 的收益函数.

根据决策个体集合、策略集合以及收益函数的性质, 博弈可以分为多种类型. 只有两个决策者 (即 $n = 2$) 的博弈称为两人博弈; 而具有多个决策者 (即 $n > 2$) 的博弈称为多人博弈. 同样地, 当每个个体的策略集具有有限个元素时, 称这个博弈为有限策略博弈. 特别地, 称只有两个策略 (即 $|\mathcal{S}_i| = 2, \forall v_i \in \mathcal{V}$) 的博弈为两策略博弈. 而当某个个体的策略集为连续集合时, 称这个博弈为连续策略博弈. 令 $s_i \in \mathcal{S}_i$ 表示个体 $v_i \in \mathcal{V}$ 的策略, 令 π 表示对个体编号的任意一个变换, 如果个体的收益满足:

$$U_i(s_1, s_2, \cdots, s_n) = U_{\pi(i)}(s_{\pi(1)}, s_{\pi(2)}, \cdots, s_{\pi(n)}) \tag{1.1}$$

则称这个博弈为对称博弈[2]. 显然, 在对称博弈中, 一个策略所产生的收益仅取决于与它交互的其他策略, 而与使用这个策略的个体本身无关.

通常一个两人多策略对称博弈可以用一个收益矩阵表示. 具体地, 对于一个

具有 M 个策略的两人对称博弈,如果令 u_{ij} 表示第 i 策略与第 j 个策略交互时策略 i 所能得到的收益,其中 $i,j = 1,2,\cdots,M$,那么这个两人多策略博弈可以由下面的收益矩阵完全刻画:

$$U = \begin{pmatrix} u_{11} & \cdots & u_{1M} \\ \vdots & & \vdots \\ u_{M1} & \cdots & u_{MM} \end{pmatrix}. \tag{1.2}$$

例 1.1 (囚徒困境博弈 (prisoner's dilemma game)). 在囚徒困境博弈中,每个囚徒有合作或背叛等两个策略选择. 如果两个囚徒都选择合作,则每个囚徒获得收益 R;如果两个囚徒都选择背叛,则每个囚徒获得收益 P;而如果一个囚徒选择合作另一个选择背叛,则合作者获得收益 S,而背叛者获得收益 T. 这个两人两策略博弈可以完全由如下收益矩阵表示:

$$\begin{pmatrix} R & S \\ T & P \end{pmatrix}. \tag{1.3}$$

注意在囚徒困境博弈中,收益函数满足 $T > R > P > S$. 因此不管对方采取什么策略,个体总倾向于采取背叛策略,来获取更多的收益. 但是当两个个体都采取背叛策略时,他们各自获得的收益 P 却小于他们采取合作策略的收益 R. 这产生了所谓的合作困境: 每个个体都倾向于采取有利于自身的策略,最终却导致了一个不利于任何个体的结果.

相似地,一个多人两策略博弈也可以通过如下的收益表格来表示:

采取 A 策略的个体数目	0	1	$\cdots$	k	$\cdots$	$N-1$
A	a_0	a_1	$\cdots$	a_k	$\cdots$	a_{N-1}
B	b_0	b_1	$\cdots$	b_k	$\cdots$	b_{N-1}

(1.4)

其中,A 和 B 表示两种不同策略,a_k 和 b_k 分别表示在其他 $N-1$ 个玩家中,当其中有 k 个玩家采取 A 策略时,个体采取 A 策略和 B 策略分别能够获得的收益.

例 1.2 (公共物品博弈 (public goods game)). 公共物品博弈是一个典型的多人两策略博弈. 在这个博弈中,每个个体需要决定是否往公共资金中投入一定的资金 $c > 0$ (合作策略) 或者不如此 (背叛策略). 这笔公共资金乘以 $r > 1$ 后,平均分给所有个体. 公共物品博弈可以通过上述收益表格表示. 令 A 和 B 分别表示合作策略和背叛策略, 根据上述公共物品博弈的规则, 容易得到

$$a_{k-1} = \frac{rck}{N} - c, \quad b_k = \frac{rck}{N}. \tag{1.5}$$

显然, 在公共物品博弈中, 不管其他个体采取什么策略, 背叛策略总能带给个体更多收益; 但是所有个体都采取背叛策略时的收益 0, 却小于所有个体都采取合作策略时的收益 $(r-1)c$, 从而导致合作困境.

例 1.3 (志愿者困境博弈 (volunteer's dilemma game)). 志愿者困境博弈是另一类典型的多人两策略博弈. 这个博弈可以通过如下场景描述: 设想一个社区停电, 只要有任何一个居民付出一定代价 $c > 0$ 告知电力公司 (合作行为), 停电问题就会得到解决, 其他居民不需要付出任何代价; 但是如果所有居民都等待别人告知电力公司 (背叛行为), 则停电状况会维持一段时间, 直到某个居民付出行动, 停电的持续会给每个人造成 $a > c > 0$ 的代价. 这个博弈可以通过如下形式表示:

采取合作策略的个体数目	0	1	$\cdots$	k	$\cdots$	$N-1$
合作	$-c$	$-c$	$\cdots$	$-c$	$\cdots$	$-c$
背叛	$-a$	0	$\cdots$	0	$\cdots$	0

(1.6)

同样地, 在这个博弈中, 每个个体都具有等待其他个体付出行动的倾向, 因此这个博弈同样面临着合作困境的问题.

上述收益矩阵或收益表格通常用于刻画有限策略博弈. 对于连续策略博弈, 通常通过收益函数来刻画. 下面给出一个连续策略博弈的例子.

例 1.4 (多个体一致性博弈). 考察一个由多个可在二维平面移动的机器人组成的多个体系统, 系统的目标是使得多个机器人到达同一位置. 这一目标可通过下面的多个体一致性博弈 $\Gamma = (\mathcal{V}, \{\mathcal{S}_i | v_i \in \mathcal{V}\}, \{U_i | v_i \in \mathcal{V}\})$ 来刻画, 其中

(1) $\mathcal{V} = \{v_1, v_2, \cdots, v_n\}$ 是决策个体集合, 其中每个决策个体代表一个移动机器人.

(2) $\mathcal{S}_i = \mathbb{R}^2$ 是个体 $v_i \in \mathcal{V}$ 的策略集合, 这里, 个体的策略 $s_i \in \mathcal{S}_i$ 表示个体 v_i 的绝对位置.

(3) U_i 是个体 v_i 的收益函数, 可定义为这个个体和其他所有个体的距离的相反数. 即

$$U_i(s_1, s_2, \cdots, s_n) = -\sum_{v_j \in \mathcal{V}} \|s_i - s_j\|^2,$$

其中 $\|\cdot\|^2$ 表示欧氏距离.

显然, 在这个博弈中, 当所有个体采取相同的策略 (即相同的位置) 时, 每个个体获得最大的收益.

1.1.2 纯策略和混合策略

在博弈论中, 常常需要将个体的策略区分为纯策略 (pure strategy) 和混合策略 (mixed strategy) 两种类型. 纯策略是指个体只能从其策略集合中选择一种特定策略的方式; 而混合策略是指个体给其策略集合中的每个策略赋予一定的概率, 同时依照概率分布随机选择一种策略的方式.

具体地, 给定个体 $v_i \in \mathcal{V}$, 它的纯策略和混合策略可以定义如下:

定义 1.2 (纯策略与混合策略). 个体 $v_i \in \mathcal{V}$ 的纯策略是指其策略集合 $\mathcal{S}_i$ 中的一个元素; 个体 $v_i \in \mathcal{V}$ 的混合策略是指其策略集合 $\mathcal{S}_i$ 上的一个概率分布.

设 $\mathcal{S}_i = \{a_{i1}, a_{i2}, \cdots, a_{im}\}$ 为个体 v_i 的策略集合. 个体 v_i 的混合策略可以通过一个概率分布 $x_i = (p_{i1}, p_{i2}, \cdots, p_{im})$ 来表示. 这里, $p_{ij} \in [0,1]$ 表示个体 v_i 采取策略 a_{ij} 的概率, 显然 $\sum_{j=1}^{m} p_{ij} = 1$. 类似地, 如果个体的策略集合是连续的, 那么其混合策略可以通过一个连续概率分布来表示. 特别地, 个体的纯策略可以看作混合策略的一种特殊情形. 例如, 个体 v_i 的纯策略 a_{ij} 等同于 $p_{ij} = 1, p_{ik} = 0, \forall k \neq j$ 的混合策略.

令 Δ_i 表示个体 $v_i \in \mathcal{V}$ 的混合策略集合, 令 $x_i \in \Delta_i$ 表示个体 v_i 的策略, 令 $x_{-i} = (x_1, \cdots, x_{i-1}, x_{i+1}, \cdots, x_n)$ 表示除个体 v_i 外其他所有个体的策略组合, 那么 $x = (x_i, x_{-i}) \in \Delta = \Delta_1 \times \Delta_2 \times \cdots \times \Delta_n$ 表示所有个体的策略组合. 对于博弈 $\Gamma = (\mathcal{V}, \{\mathcal{S}_i | v_i \in \mathcal{V}\}, \{U_i | v_i \in \mathcal{V}\})$, 如果将其策略集合从 $S = S_1 \times S_2 \times \cdots \times S_n$ 扩展到混合策略集合 Δ, 我们得到一个从博弈 Γ 派生出来的混合扩展博弈.

定义 1.3 (博弈的混合扩展). 博弈 $\Gamma = (\mathcal{V}, \{\mathcal{S}_i | v_i \in \mathcal{V}\}, \{U_i | v_i \in \mathcal{V}\})$ 的混合扩展是指由它派生出的博弈 $(\mathcal{V}, \{\Delta_i | v_i \in \mathcal{V}\}, \{U_i | v_i \in \mathcal{V}\})$,其中 Δ_i 是关于策略集 $\mathcal{S}_i$ 中元素的概率分布集合,收益函数 $U_i : \prod_{v_j \in \mathcal{V}} \Delta_j \to \mathcal{R}$ 是由混合策略诱导的所有纯策略组合对应收益的期望值. 具体地,对于混合策略组合 $x = (x_1, x_2, \cdots, x_n) \in \Delta$,每个个体 $v_i \in \mathcal{V}$ 的收益为

$$U_i(x) = \sum_{s \in S} (\prod_{v_j \in \mathcal{V}} x_j(s_j)) U(s),$$

其中 $s = (s_1, s_2, \cdots, s_n)$,$x_j(s_j)$ 是指个体 v_j 选择策略 s_j 的概率.

1.2 博弈解的概念

策略博弈为刻画多决策者利益相关情形提供了一个适当的模型. 接下来的问题是: 如何分析和预测参与个体在策略博弈中的决策行为. 具体地, 这个问题包括: 哪些策略应该被选择? 哪些策略应该被避免? 参与个体的策略是否会收敛? 如果收敛, 处于平衡点的策略组合是否稳定? 这些问题属于博弈解的范畴. 这一节, 我们介绍几种主要的博弈解的概念, 包括占优策略均衡和纳什均衡等.

1.2.1 理性与公共知识

理性 (rational) 是博弈论中对决策者的一个经典假设. 显然, 对于理性这一概念的界定是十分困难的, 一个常见的方式为: 一个个体, 如果他总是采取使自己收益最大化的决策方式, 则称这个个体是理性的. 显然, 理性假设要求个体具备完备的计算和推理能力, 能够计算每种策略给自己所带来的收益, 并且以实现收益最大化为目标.

在决策者进行理性推理之前, 还需要对其他相关决策者的行为进行预测. 因此在博弈逻辑中, 通常假设 "每个决策者都是理性的" 是公共知识 (common knowledge). 所谓公共知识指的是"所有参与者知道, 所有参与者知道其他所有参与者知道, 所有参与者知道所有参与者知道所有参与者知道……"的知识. 因此, "每个决策者都是理性的"的公共知识要求: 每个个体是理性的, 每个个体都知道其他所有个体是理性的……

在理性的公共知识的假设下, 经典博弈论对决策行为的合理性进行分析, 并得到了若干博弈解的概念. 这些博弈解常常用于预测实际博弈中个体的决策行为, 也作为不完全理性或非理性情形下个体决策行为的参照对象.

1.2.2 占优策略均衡

在一些博弈中, 可能存在下面情形: 不管其他个体采取何种策略, 某一策略总是比另一策略给个体带来更多的收益. 在这种情形下, 带来更多收益的策略被称为占优策略 (dominant strategy); 相反地, 另一策略被称为劣势策略 (dominated strategy).

定义 1.4 (占优策略). 对于博弈 $\Gamma = (\mathcal{V}, \{\mathcal{S}_i | v_i \in \mathcal{V}\}, \{U_i | v_i \in \mathcal{V}\})$, 一个策略 $s_i \in \mathcal{S}_i$ 称为个体 v_i 的占优策略, 如果

$$U_i(s_i, s_{-i}) \geqslant U_i(s'_i, s_{-i}) \tag{1.7}$$

对所有 $s'_i \in \mathcal{S}_i$ 和 $s_{-i} \in \mathcal{S}_{-i}$ 都成立. 如果上式对除 $s'_i = s_i$ 的所有其他策略严格成立, 则称 s_i 为个体 v_i 的严格占优策略 (strictly dominant strategy).

显然, (严格) 占优策略带给个体更多的收益, 因此理性个体优先选择 (严格) 占优策略.

定义 1.5 (占优策略均衡). 对于博弈 $\Gamma = (\mathcal{V}, \{\mathcal{S}_i | v_i \in \mathcal{V}\}, \{U_i | v_i \in \mathcal{V}\})$, 一个策略组合 $s^* = (s_1^*, s_2^*, \cdots, s_n^*)$ 称为 (严格) 占优策略均衡点, 如果每个个体的策略 $s_i^* \in \mathcal{S}_i$ 是一个 (严格) 占优策略.

显然, 如果一个博弈存在 (严格) 占优策略均衡, 那么可以预测每个理性个体都将采取占优策略均衡所对应的策略. 例如, 在囚徒困境博弈和公共物品博弈中, 背叛策略是一个严格占优策略均衡, 因此在这两个博弈中, 理性的参与个体将选择采取背叛策略, 从而产生合作困境.

(严格) 占优策略是理性个体应该选择的策略, 相反地, 下面定义的 (严格) 劣势策略是理性个体应该避免的策略.

定义 1.6 (劣势策略). 对于博弈 $\Gamma = (\mathcal{V}, \{\mathcal{S}_i | v_i \in \mathcal{V}\}, \{U_i | v_i \in \mathcal{V}\})$, 一个策略 $s_i \in \mathcal{S}_i$ 称为个体 v_i 的劣势策略, 如果存在策略 $s'_i \in \mathcal{S}_i$, 使得

$$U_i(s_i, s_{-i}) \leqslant U_i(s'_i, s_{-i}) \tag{1.8}$$

对所有 $s_{-i} \in \mathcal{S}_{-i}$ 成立. 如果上式严格成立, 则称 s_i 为个体 v_i 的严格劣势策略 (strictly dominated strategy).

1.2.3 纳什均衡

在很多博弈中, 占优策略均衡常常不存在, 因此利用占优策略均衡来分析和预测参与个体在博弈中的决策行为具有很大的局限性. 下面我们介绍一种更基本的应用更广的博弈解的概念, 称为纳什均衡 (Nash equilibrium).

定义 1.7 (纯策略纳什均衡). 对于博弈 $\Gamma = (\mathcal{V}, \{\mathcal{S}_i | v_i \in \mathcal{V}\}, \{U_i | v_i \in \mathcal{V}\})$, 一个策略组合 $s^* = (s_1^*, s_2^*, \cdots, s_n^*)$ 称为纯策略纳什均衡当且仅当

$$U_i(s_i^*, s_{-i}^*) \geqslant U_i(s'_i, s_{-i}^*) \tag{1.9}$$

对所有 $s'_i \in \mathcal{S}_i$ 和 $v_i \in \mathcal{V}$ 都成立. 如果上式严格成立, 则称 s^* 为严格纳什均衡.

由定义 1.7 知道, 纳什均衡是一个特殊的策略组合: 当玩家个体采取这样一种策略组合时, 如果其他个体不改变策略, 没有任何个体能够通过单方面改变自身的策略来获取更高的收益. 因此, 纳什均衡可以看作一个稳定的策略组合: 如果每个个体采取了纳什均衡中所对应的策略, 那么所有个体不会单方面改变策略, 这个纳什均衡将保持下去.

同样地, 对于由一个博弈延伸出的混合扩展博弈, 可以定义混合策略纳什均衡.

定义 1.8 (混合策略纳什均衡). 对于博弈 $\Gamma = (\mathcal{V}, \{\Delta_i | v_i \in \mathcal{V}\}, \{U_i | v_i \in \mathcal{V}\})$, 一个策略组合 $x^* = (x_1^*, x_2^*, \cdots, x_n^*)$ 称为混合策略纳什均衡当且仅当

$$U_i(x_i^*, x_{-i}^*) \geqslant U_i(x'_i, x_{-i}^*) \tag{1.10}$$

对所有 $x'_i \in \Delta_i$ 和 $v_i \in \mathcal{V}$ 成立. 如果上式严格成立, 则称 x^* 为严格混合策略纳什均衡.

纳什均衡也可以通过最优响应策略 (best-response strategy) 的形式定义. 给定其他个体的策略, 一个个体的最优响应策略是指使这个个体收益最大化的策略集合.

定义 1.9 (最优响应策略). 对于博弈 $\Gamma = (\mathcal{V}, \{\mathcal{S}_i | v_i \in \mathcal{V}\}, \{U_i | v_i \in \mathcal{V}\})$, 每个个体 $v_i \in \mathcal{V}$ 的最优响应策略是一个集值映射 $\mathcal{B}_i(s_{-i}) : \mathcal{S}_{-i} \to \mathcal{S}_i$,

$$\mathcal{B}_i(s_{-i}) = \{s_i^* | s_i^* \in \arg\max_{s_i \in \mathcal{S}_i} U_i(s_i, s_{-i})\}. \tag{1.11}$$

显然, 在纳什均衡中, 每个个体的策略是关于其他个体策略组合的最优响应策略. 即纳什均衡是上述最优响应函数的不动点.

定理 1.1. 对于博弈 $\Gamma = (\mathcal{V}, \{\mathcal{S}_i | v_i \in \mathcal{V}\}, \{U_i | v_i \in \mathcal{V}\})$, 策略组合 s^* 是一个纳什均衡当且仅当 $s_i^* \in \mathcal{B}_i(s_{-i}^*)$ 对所有个体 $v_i \in \mathcal{V}$ 成立.

纳什均衡点的存在性证明是博弈论中的一个核心问题. 下面直接给出关于纳什均衡存在性的一系列结果, 其证明参见博弈理论经典书籍 [3, 4].

定理 1.2. 任何有限策略博弈都具有至少一个混合策略纳什均衡点.

这个定理首先由约翰·纳什 (John Nash) 证明. 注意上述定理只保证了有限策略博弈中混合策略纳什均衡的存在性, 而纯策略纳什均衡则不一定存在.

定理 1.3. 对于博弈 $\Gamma = (\mathcal{V}, \{\mathcal{S}_i | v_i \in \mathcal{V}\}, \{U_i | v_i \in \mathcal{V}\})$, 如果每个个体的策略集合 $\mathcal{S}_i$ 是欧氏空间中一个非空闭凸集, 且每个个体的收益函数 U_i 是关于 $\mathcal{S}_i$ 的连续拟凹函数, 那么这个博弈具有一个纯策略纳什均衡点.

此外, 对于工程应用中常见的一类博弈 —— 势博弈 (potential game), 一定存在至少一个纯策略纳什均衡点, 且其纳什均衡点对应势博弈势函数的最大值点.

定义 1.10 (势博弈). 对于博弈 $\Gamma = (\mathcal{V}, \{\mathcal{S}_i | v_i \in \mathcal{V}\}, \{U_i | v_i \in \mathcal{V}\})$, 如果存在一个势函数 $\phi : \mathcal{S} \to \mathbb{R}$, 使得

$$U_i(s_i, s_{-i}) - U_i(s'_i, s_{-i}) = \phi(s_i, s_{-i}) - \phi(s'_i, s_{-i}) \tag{1.12}$$

对所有 $s_i, s_i' \in \mathcal{S}_i$, $s_{-i} \in \mathcal{S}_{-i}$ 和 $v_i \in \mathcal{V}$ 成立, 那么称这个博弈为势博弈.

定理 1.4. 对于一个势函数为 $\phi : \mathcal{S} \to \mathbb{R}$ 的势博弈 $\Gamma = (\mathcal{V}, \{\Delta_i | v_i \in \mathcal{V}\}, \{U_i | v_i \in \mathcal{V}\})$, 令 $s^* = \arg\max_{s \in \mathcal{S}} \phi(s)$, 那么 s^* 是博弈 Γ 的一个纯策略纳什均衡点.

1.3 博弈学习动力学简介

在很多博弈中, 我们已经知道了存在至少一个纳什均衡点. 那么, 另一个问题是: 参与个体如何根据所获得的关于博弈以及其他个体策略和收益等信息, 不断地调整自己的策略, 最终到达纳什均衡点. 这个问题就是博弈学习 (game learning) 理论所研究的主要对象[5].

1.3.1 博弈学习框架

在博弈学习框架中 (如图 1.1 所示), 同一个博弈被假定重复多次, 称为重复博弈. 个体利用在重复博弈中获得的信息, 不断地更新自己的策略. 具体地, 考虑一个离散时间的重复博弈 $\Gamma = (\mathcal{V}, \{\mathcal{S}_i | v_i \in \mathcal{V}\}, \{U_i | v_i \in \mathcal{V}\})$. 在每个时间步 t, 每个个体 $v_i \in \mathcal{V}$ 根据当前自身的策略 $s_i(t) \in \mathcal{S}_i$ 以及其他个体的策略在博弈中获得收益 $\pi_i(t) = U_i(s(t))$, 其中 $s(t) = (s_1(t), s_2(t), \cdots, s_n(t)) \in \mathcal{S}$ 是指所有个体 t 时刻的策略组合. 然后, 基于所能获取到的信息, 每个个体按照一定的学习规则更新自己的策略.

一般形式的学习规则可以表述如下:

$$s_i(t+1) = \mathcal{H}_i \left(\prod_{k=0}^{t} s_i(k); \prod_{k=0}^{t} s_{-i}(k); U_i \right). \tag{1.13}$$

可以看出, 在上述学习规则中, 每个个体 $v_i \in \mathcal{V}$ 所利用的信息包括自身的历史策略信息 $\prod_{k=0}^{t} s_i(k)$、其他所有个体历史策略信息 $\prod_{k=0}^{t} s_{-i}(k)$、自身的收益函数

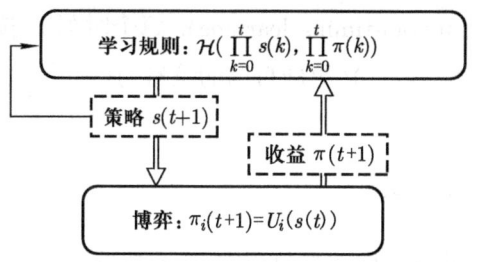

图 1.1 博弈学习框架示意图

U_i 以及自身的历史收益信息 $\prod_{k=0}^{t} \pi_i(k)$ 等. 其中, 收益信息可以间接地由个体策略和收益函数得到. 每个个体的学习规则 $\mathcal{H}_i$ 可以是确定性函数或随机函数, 利用上述所有信息来确定下一步的策略 $s_i(t+1) \in \mathcal{S}_i$.

个体所能获取的信息是设计学习规则的核心要素和难点所在. 在实际情形中, 博弈中的个体往往只能获取有限信息. 例如个体可能只具有其他个体的部分状态信息, 或者只能获取部分邻居个体的信息等. 为了应对信息约束的难题, 各种基于随机优化、有限理性等假设下的学习规则被提出来. 例如在上述一般形式的学习机制中, 要求每个个体具有无限的记忆能力. 但更常见的情形是: 每个个体只具有一步记忆能力. 在这种情况下, 上述学习规则应改为

$$s_i(t+1) = \mathcal{H}_i\left(s_i(t); s_{-i}(t); U_i\right). \tag{1.14}$$

此外, 根据每个个体的更新策略的时序, 可以将博弈学习分为同步学习、异步学习、顺序学习和随机时序学习等类型. 具体含义如下:

- 同步学习 (synchronous learning): 在每个时刻 t, 所有个体依据对应的学习规则, 同时更新自身的策略.
- 异步学习 (asynchronous learning): 在每个时刻 t, 只有一部分个体更新自己的策略, 其他个体保持其原来的策略不变. 例如, 每个个体 $v_i \in \mathcal{V}$ 以概率 $p_i \in (0,1)$ 更新自己的策略, 以概率 $1 - p_i$ 保持自己原来的策略. 这种更新方式属于异步学习.
- 顺序学习 (sequential learning): 个体依照指定的次序依次更新自己的策略. 每个时刻 t, 只有一个个体更新自身的策略, 其他个体保持原来策略不变.

- 随机时序学习 (random-timing learning)：每个时刻 t，按照一定的概率 $q_i \in (0,1)$ 选择一个个体 $v_i \in \mathcal{V}$ 更新自己的策略，其中 $\sum_{v_i \in \mathcal{V}} q_i = 1$.

1.3.2 最优响应动力学

下面将介绍几种典型的博弈学习规则，这些学习规则描述了个体如何利用已有信息更新自己的策略. 对于特定类型的博弈如势博弈，基于这些学习规则，个体的策略最后能够收敛于纳什均衡点.

首先我们介绍最优响应动力学 (best-response dynamics). 根据定义 1.9，一个个体 $v_i \in \mathcal{V}$ 的最优响应策略是一个集值映射 $BR_i(s_{-i}): \mathcal{S}_{-i} \to \mathcal{S}_i$，其中

$$BR_i(s_{-i}) = \{s_i^* | s_i^* \in \arg\max_{s_i \in \mathcal{S}_i} U_i(s_i, s_{-i})\}. \tag{1.15}$$

所谓离散时间的最优响应动力学定义如下：

$$s_i(t+1) \in BR_i(s_{-i}(t)). \tag{1.16}$$

即每个时间步，个体在假定其他个体策略保持不变的情况下，从其最优响应策略中任意选择一个策略，作为下一步的策略.

容易看出，最优响应动力学具有如下的局限性：

(1) 个体需要获取其他所有个体的策略信息，以及其自身收益函数的解析形式. 这些要求在一定程度上限制了最优响应动力学的实际应用. 注意到，如果博弈中有大量个体参与，那么获取所有个体的策略信息将是一个十分困难的问题. 此外，在很多情形下，个体无法获取其收益函数的具体形式或者其收益函数并非数值函数. 在这些情形中，显然最优响应动力学无法应用.

(2) 最优响应动力学需要求解最优响应策略这一优化问题. 在某些情况下，求解这一优化问题可能需要很大的计算量甚至不可能实现.

(3) 按照最优响应动力学，个体每一步的策略可能发生很大的改变. 然而，在一些实际应用中，例如移动机器人中，要求个体的策略只能在一定的范围内渐变.

1.3.3 择优响应动力学

在最优响应动力学中，每个个体在假定其他个体保持其原来策略的基础上，

选择使自己收益最大化的策略. 相应地, 在下面介绍的择优响应动力学 (better-response dynamics) 中, 每个个体选择使自己收益有所提升的策略. 显然, 与最优响应动力学相比, 择优响应动力学只需要更少的计算量.

具体地, 给定博弈 $\Gamma = (\mathcal{V}, \{\mathcal{S}_i | v_i \in \mathcal{V}\}, \{U_i | v_i \in \mathcal{V}\})$, 定义每个个体 $v_i \in \mathcal{V}$ 的择优响应策略 $BT_i(s) : \mathcal{S} \to \mathcal{S}_i$ 如下:

$$BT_i(s) = \{s'_i | s'_i \in \mathcal{S}_i, U_i(s'_i, s_{-i}) > U_i(s_i, s_{-i})\}. \tag{1.17}$$

所谓离散时间的择优响应动力学定义如下:

$$s_i(t+1) \in BT_i(s(t)). \tag{1.18}$$

即每个时间步, 个体在假定其他个体策略保持不变的情况下, 从其择优响应策略中任意选择一个策略, 作为下一时间步的策略.

梯度动力学是一种最常用的择优响应动力学. 给定 $\Gamma = (\mathcal{V}, \{\mathcal{S}_i | v_i \in \mathcal{V}\}, \{U_i | v_i \in \mathcal{V}\})$. 假设每个个体 $v_i \in \mathcal{V}$ 的策略集 $\mathcal{S}_i \in \mathbb{R}$ 是一个连续区间, 其收益函数 $U_i(s_i, s_{-i})$ 关于 s_i 连续可微, 那么离散状态的梯度动力学定义如下:

$$s_i(t+1) = s_i(t) + \delta \nabla_i U_i(s(t)), \quad \forall v_i \in \mathcal{V}. \tag{1.19}$$

其中, $\delta > 0$ 是一个控制步长的参数, $\nabla_i U_i(s) = \partial U_i / \partial s_i$ 是收益函数 $U_i(s)$ 的梯度.

例 1.5 (多个体一致性博弈 (续)). 在多个体一致性博弈中, 每个个体 $v_i \in \mathcal{V}$ 的收益函数为

$$U_i(s_1, s_2, \cdots, s_n) = -\sum_{v_j \in \mathcal{V}} \|s_i - s_j\|^2.$$

容易验证, 在这个博弈中, 任何一个一致性状态

$$s_1(t) = s_2(t) = \cdots = s_n(t), \quad t \to +\infty.$$

都是纯策略纳什均衡点. 如果每个个体按照梯度动力学更新自己的策略, 那么可以得到

$$s_i(t+1) = s_i(t) - 2\delta \sum_{v_j \in \mathcal{V}} (s_i(t) - s_j(t))$$

$$= (1 - 2\delta n) s_i(t) + 2\delta \sum_{v_j \in \mathcal{V}} s_j(t), \quad \forall v_i \in \mathcal{V}.$$

上述动力学方程是一个典型的一致性协议[6]. 当步长 $\delta < 1/(2n)$ 时, 所有个体的策略收敛于一致性状态, 即纳什均衡点.

1.4 本章要点小结

在本章中, 我们对博弈理论进行了一个简要的介绍, 包括标准形式的博弈模型、博弈的解以及博弈学习动力学等三方面的内容. 值得指出的是, 上述三方面内容对应于应用博弈理论解决实际问题的三个步骤:

(1) 博弈模型: 用于对利益相关情形下的各类实际系统进行建模;

(2) 博弈的解 (主要是纳什均衡): 对应实际系统的设计目标;

(3) 博弈学习动力学: 用于设计实际系统的协同控制算法, 以实现设计目标.

本章内容仅涉及博弈理论的部分主要内容. 在博弈模型方面, 仅介绍了标准形式的博弈模型. 实际上, 除了标准博弈模型之外, 还有扩展形式的博弈模型、状态依赖的博弈模型等其他形式. 在博弈的解方面, 主要介绍了占优策略均衡和纳什均衡两种概念, 实际上, 还有演化稳定策略、相关性均衡等其他解的概念. 在博弈的学习动力学方面, 主要介绍了博弈学习的基本框架以及最优和择优响应策略动力学两种基本的学习动力学. 这两种动力学主要基于完全信息和部分理性的假设. 除此之外, 还有许多基于其他不同假设的学习动力学, 如增强学习 (reinforcement learning)、虚拟学习 (fictitious learning)、试错学习 (trial-and-error learning) 等学习动力学. 下一章, 我们将介绍一种基于选择和突变机制的博弈学习动力学, 称为演化博弈动力学.

参考文献

[1] Myerson R. B. Game Theory: Analysis of Conflict [M]. Cambridge: Harvard University Press, 1997.

[2] Hofbauer J, Sorger G. Perfect foresight and equilibrium selection in symmetric potential games [J]. Journal of Economic Theory, 1999, 85: 1–23.

[3] Harsanyi J C, Selten R. A General Theory of Equilibrium Selection in Games [M]. Cambridge: The MIT Press, 1988.

[4] Basar T, Olsder G J. Dynamic Noncooperative Game Theory [M]. Philadelphia: SIAM, 1999.

[5] Young H P. Strategic Learning and Its Limits [M]. London: Oxford University Press, 2005.

[6] Olfati-Saber R, Fax J A, and Murray R M. Consensus and cooperation in networked multi-agent systems [J]. Proc. IEEE, 2007, 95(1): 215–233.

第 2 章　演化博弈动力学

在经典博弈理论中, 参与博弈的个体常常被假定是完全理性的, 且具有完全信息. 但在实际应用中, 参与个体的完全理性和完全信息假设常常很难满足. 与经典博弈理论不同, 演化博弈理论放弃了上述两个关于参与个体的基本假设, 转而利用生物进化论中的自然选择、突变等机制, 来分析和预测参与个体的策略演化过程和动态平衡[1,2].

本章我们介绍演化博弈理论的主要内容. 具体地, 2.1 节介绍演化博弈理论的研究对象 —— 群体博弈; 2.2 节介绍刻画有限群体策略演化的几种主要的随机动力学, 包括生灭过程、死生过程、模仿过程、Wright-Fisher 过程等; 2.3 节介绍刻画无限群体策略演化的几种连续演化动力学, 包括复制方程、模仿动力学、Smith 方程等; 2.4 节对本章的要点内容进行总结.

2.1 群体博弈

群体博弈 (population game) 理论以一个由多个参与个体组成的群体作为研究对象. 群体博弈中的策略交互具有如下典型特征[3]:

(1) 参与博弈的个体集合组成了一个群体. 所有参与个体的身份是等同的或匿名的, 个体之间唯一的区别在于其所使用的策略, 即两个策略相同的个体完全等同. 此外, 当群体中个体数量趋于无穷时, 单个个体的决策行为对整个群体博弈的影响可以忽略不计.

(2) 群体博弈中只有一个策略集合, 且这个策略集合的元素数目是有限的. 群体中的所有成员都从这同一个策略集合中选取策略. 使用相同策略的个体的收益也相同, 即每个个体的收益完全取决于其当前所使用策略的效用.

(3) 每个策略的效用取决于群体中使用各个策略的个体数目或比例. 当群体数目趋于无限时, 策略的效用值是关于各策略在群体中所占比例的连续函数.

2.1.1 有限群体博弈

根据参与个体的数目, 可以将群体博弈分为有限群体博弈和无限群体博弈两类. 在有限群体博弈中, 参与个体的数目是一个自然数, 设为 N. 令 $\mathcal{S} = \{1, 2, \cdots, m\}$ 表示个体所能选择的策略集合. 在博弈过程中, 每个个体从策略集合 $\mathcal{S}$ 选取一个策略. 令 x_i 表示群体中选择策略 $i \in \mathcal{S}$ 的个体数目, 那么群体的状态或称为策略分布可以记为 $\boldsymbol{x} = (x_1, x_2, \cdots, x_m)$. 显然, $x_i \in \mathbb{N}$ 且 $\sum_{i \in \mathcal{S}} x_i = N$.

每个个体的收益由其策略当前的效用函数决定. 这里, 每个策略 $i \in \mathcal{S}$ 的效用函数 $U_i : X \to \mathbb{R}$ 是从群体状态到实数集的一个映射, 其中 $X = \{\boldsymbol{x} | x_i \in \mathbb{N}, \sum_{i \in \mathcal{S}} x_i = N\}$ 指群体的状态集合.

一般地，一个有限群体博弈由群体中包含的个体数目 N，群体的策略集合 $\mathcal{S} = \{1,2,\cdots,m\}$，以及每个策略的效用函数 $U_i : X \to \mathbb{R}$ 等三个要素共同定义. 方便起见，我们用记号 $U = (U_1, U_2, \cdots, U_m)$ 表示一个群体博弈，其中 m 是群体博弈的策略数目.

例 2.1 (公共物品博弈–续). 公共物品博弈是一个典型的群体博弈. 假设参与的个体数目为 N. 在这个博弈中，个体有两种策略可以选择，记为 $\mathcal{S} = \{C, D\}$，其中合作策略 C 表示往公共资金中投入资金 c, 背叛策略 D 表示不投入资金. 在个体选择策略后，将总公共资金乘以收益系数 $r > 1$, 然后平均分配给所有个体.

令 x_1, x_2 分别表示选择策略 C 和 D 的个体数目，其中 $x_1 + x_2 = N$. 根据上述公共物品博弈规则，合作策略和背叛策略对应的效用函数分别为

$$U_1(x) = \frac{rcx_1}{N} - c, \qquad U_2(x) = \frac{rcx_1}{N}.$$

在这个博弈中，背叛策略是严格占优策略. 因此，可以预测：在完全理性的假设下，群体中所有个体将都选择背叛策略，即群体状态 $(x_1 = 0, x_2 = N)$ 是纳什均衡点.

由两人对称矩阵博弈生成的群体博弈是一类最常见的群体博弈. 其生成方式如下：给定一个两人对称矩阵博弈，其中策略集合为 $\mathcal{S} = \{1,2,\cdots,m\}$, 收益矩阵为 $\boldsymbol{M} = (m_{ij})_{m \times m}$. 给定一个大小为 N 的群体，令群体中每个个体都和其他所有个体进行两人博弈，每个个体的收益为所有两人博弈获得的收益之和. 这样由两人对称矩阵博弈生成了一个群体博弈. 令 $\boldsymbol{x} = (x_1, x_2, \cdots, x_m)$ 表示群体状态，根据以上博弈规则，容易得到，每个策略 $i \in \mathcal{S}$ 的效用函数为

$$U_i(\boldsymbol{x}) = \sum_{j \in \mathcal{S}} m_{ij} x_j - m_{ii} = \boldsymbol{e}_j \boldsymbol{M} (\boldsymbol{x} - \boldsymbol{e}_j)^{\mathrm{T}}, \qquad (2.1)$$

其中 $\boldsymbol{e}_j$ 是第 j 个元素为 1 其他元素为 0 的 m 阶单位横向量.

2.1.2 无限群体博弈

假定策略集合为 $\mathcal{S} = \{1,2,\cdots,m\}$, 在无限群体博弈中，群体状态 $\boldsymbol{x} = (x_1, x_2, \cdots, x_m)$ 表示群体中使用每种策略的个体数目比例. 此时，群体的状态集合

$X = \{\boldsymbol{x} | x_i \in [0,1], \sum_{i \in \mathcal{S}} x_i = 1\}$ 是一个 $m-1$ 维的单纯形 Δ_m.

每个策略 $i \in \mathcal{S}$ 的效用函数 $U_i : X \to \mathbb{R}$ 是从群体状态到实数集的一个映射. 通常策略的效用函数被假定 Lipschitz 连续或连续可微.

给定一个两人对称矩阵博弈, 假定其收益矩阵为 $\boldsymbol{M}$. 在无限群体中, 假设每个个体随机地从整个群体中选择另一个体进行两人博弈, 那么个体采取任一策略 $i \in \mathcal{S}$ 的期望收益为

$$U_i(\boldsymbol{x}) = \sum_{j \in \mathcal{S}} m_{ij} x_j = \boldsymbol{e}_i \boldsymbol{M} \boldsymbol{x}^{\mathrm{T}}, \tag{2.2}$$

而整个群体的平均收益为

$$\bar{U}(\boldsymbol{x}) = \sum_{i \in \mathcal{S}} x_i U_i(\boldsymbol{x}) = \boldsymbol{x} \boldsymbol{M} \boldsymbol{x}^{\mathrm{T}}. \tag{2.3}$$

从上面两式可以看出, 在无限群体博弈中, 群体的策略分布 $\boldsymbol{x} = (x_1, x_2, \cdots, x_m)$ 对每个个体收益的影响等同于一个使用混合策略 $\boldsymbol{x} = (x_1, x_2, \cdots, x_m)$ 的对手对个体收益的影响. 因此, 在一些应用中, 无限群体博弈常常被用于搜索两人对称博弈的混合策略纳什均衡.

2.1.3 纳什均衡与演化稳定策略

在群体博弈中, 同样可以定义纳什均衡的概念. 假设当前的群体状态为 $\boldsymbol{x}$, 定义群体博弈 $\boldsymbol{U} = (U_1, U_2, \cdots, U_m)$ 的纯策略最优响应如下:

$$BR_p(\boldsymbol{x}) = \arg\max_{i \in \mathcal{S}} U_i(\boldsymbol{x}). \tag{2.4}$$

可以看到, 群体博弈的纯策略最优响应是从群体状态到策略集合的一个映射, 它对应于当前群体状态下效用最高的策略集合.

定义群体博弈的混合策略最优响应如下:

$$BR_m(\boldsymbol{x}) = \{y \in \Delta_m | y_i > 0 \text{ 当且仅当 } i \in BR_p(\boldsymbol{x})\}. \tag{2.5}$$

可以看出, 群体博弈的混合策略最优响应是从群体状态集合到群体状态集合的映射, 它是由部分或全部纯策略最优响应策略组成的群体状态集合.

基于上述概念, 可以定义群体博弈的纳什均衡如下:

定义 2.1 (群体博弈纳什均衡). 给定群体博弈 U, 如果一个群体状态 $\boldsymbol{x}^*$ 满足条件: $\boldsymbol{x}^* \in BR_m(\boldsymbol{x}^*)$, 则称状态 $\boldsymbol{x}^*$ 是群体博弈的一个纳什均衡.

一个群体博弈 U 的纳什均衡集合可以记为

$$NE(U) = \{\boldsymbol{x} \in \Delta_m | \boldsymbol{x} \in BR_m(\boldsymbol{x})\}. \tag{2.6}$$

上述定义等价于

$$NE(U) = \{\boldsymbol{x} \in \Delta_m | \forall i, j \in \mathcal{S}, x_i > 0 \text{ 当且仅当 } U_i(\boldsymbol{x}) \geqslant U_j(\boldsymbol{x})\}. \tag{2.7}$$

因此, 如果在一个群体博弈的纳什均衡中, 有多个策略的使用频率不为零, 那么这些策略在纳什均衡状态下的效用相等, 而且其中每个单独的策略也是这个群体博弈的一个纳什均衡点.

由群体博弈的纳什均衡定义可知, 对于由两人对称矩阵博弈 M 生成的群体博弈, 一个策略 $\boldsymbol{x}^*$ 是其纳什均衡点当且仅当

$$\boldsymbol{x}^* M (\boldsymbol{x}^*)^\mathrm{T} \geqslant \boldsymbol{x} M (\boldsymbol{x}^*)^\mathrm{T}, \quad \forall \boldsymbol{x} \in \Delta_m. \tag{2.8}$$

根据群体博弈和混合策略博弈的相似性, 可得关于纳什均衡的存在性定理.

定理 2.1. 所有群体博弈都存在至少一个纳什均衡.

下面我们介绍群体博弈中另外一个常用的解的概念: 演化稳定策略 (evolutionary stable strategy). 演化稳定策略的概念源于进化生物学. 给定一个群体博弈 U, 假设当前群体的状态为 $\boldsymbol{x}^*$, 在突变或自由探索的作用下, 有比例为 $\epsilon > 0$ 的个体采取任意新的状态 $\boldsymbol{x} \in \Delta_m$, 其他 $1 - \epsilon$ 的个体保持原来状态. 因此, 群体的状态变为 $(1-\epsilon)\boldsymbol{x}^* + \epsilon \boldsymbol{x}$. 在这种新的状态中, 如果保持原来状态部分群体的平均收益大于采取新状态部分群体的收益, 则称原来的状态 $\boldsymbol{x}^*$ 是演化稳定的.

具体地, 群体博弈的演化稳定策略定义如下.

定义 2.2. 给定一个群体博弈 $U = (U_1, U_2, \cdots, U_m)$, 对于一个群体状态 $\boldsymbol{x}^*$, 如果存在 $\bar{\epsilon} > 0$, 使得对任意 $0 < \epsilon < \bar{\epsilon}$ 及 $\boldsymbol{x} \neq \boldsymbol{x}^*$ 都有

$$\boldsymbol{x}^* U^\mathrm{T} ((1-\epsilon)\boldsymbol{x}^* + \epsilon \boldsymbol{x}) > \boldsymbol{x} U^\mathrm{T} ((1-\epsilon)\boldsymbol{x}^* + \epsilon \boldsymbol{x}), \quad \forall \boldsymbol{x} \in \Delta_m. \tag{2.9}$$

则称 $\boldsymbol{x}^*$ 为这个群体博弈的演化稳定策略.

对于由两人对称矩阵博弈 M 生成的群体博弈, 容易计算上述条件为

$$x^*M((1-\epsilon)x^*+\epsilon x)^{\mathrm{T}} > xM((1-\epsilon)x^*+\epsilon x)^{\mathrm{T}}, \quad \forall x \in \Delta_m.$$

易得

$$(1-\epsilon)(x^*M(x^*)^{\mathrm{T}} - xM(x^*)^{\mathrm{T}}) + \epsilon(x^*Mx^{\mathrm{T}} - xMx^{\mathrm{T}}) > 0, \quad \forall x \in \Delta_m.$$

由此可知, 群体状态 x^* 是演化稳定策略的条件包括:

(1) 纳什均衡条件: $x^*M(x^*)^{\mathrm{T}} \geqslant xM(x^*)^{\mathrm{T}}$;

(2) 稳定性条件: 如果存在 $x \neq x^*$ 使得 $x^*M(x^*)^{\mathrm{T}} = xM(x^*)^{\mathrm{T}}$, 那么 $x^*Mx^{\mathrm{T}} - xMx^{\mathrm{T}} > 0$.

因此, 对于矩阵博弈来说, 严格纳什均衡一定是演化稳定策略, 而演化稳定策略则一定是纳什均衡. 从这个意义上说, 演化稳定策略可以看作是纳什均衡的细化.

2.2 随机演化动力学

演化博弈理论的核心特征在于群体博弈中的群体状态随时间变化的动态过程, 并通过群体状态的演化特性来解释和预测群体在博弈中的决策行为[4].

一个演化博弈模型主要包括群体博弈以及群体状态更新两个主要部分, 如图 2.1 所示. 这类模型的主要特征如下:

(1) 演化博弈模型以一个群体作为研究对象, 群体中由若干不同类型 (即策略) 的个体组成. 不同类型的个体通过相互交互 (由群体博弈刻画)、相互竞争 (由策略更新规则刻画), 生成下一代群体.

(2) 群体博弈刻画了群体内不同类型个体之间的相互依赖和相互影响的作用, 每个个体在当前的群体状态下, 通过群体博弈, 获得一定的收益. 这个博弈收益决定了每个个体的适应度 (fitness).

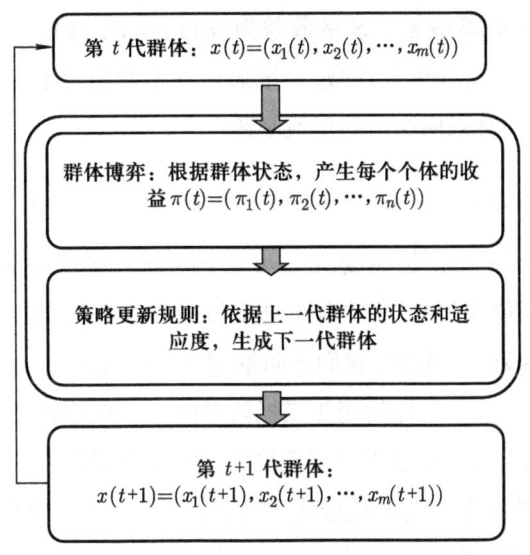

图 2.1 演化博弈模型组成部分

(3) 策略更新过程描述了个体之间的竞争过程. 依据每个个体的适应度, 在选择、突变或模仿等作用下, 一些适应度较低的个体被淘汰, 另一些适应度较高的个体则产生更多的复制体, 从而改变了群体中不同类型个体的组成比例, 产生新的群体状态.

(4) 新的群体状态取代原来的群体状态, 进行下一轮的博弈与更新过程, 不断迭代, 形成一个动态演化过程. 根据动态演化过程最后的平稳状态, 可以得出群体在博弈中的策略选择等结果, 用于分析和预测实际博弈中群体的决策过程.

在 2.1 节中, 我们已经介绍了群体博弈模型. 在接下来几个小节中, 我们将分别介绍个体收益与其适应度、一些典型的策略更新规则以及演化动力学的平稳分布及其与博弈策略选择的关系等内容.

2.2.1 适应度景观

在演化博弈动力学模型中, 个体在群体博弈中的收益常常被转化为适应度. 给定一个有限群体博弈 $U = (U_1, U_2, \cdots, U_m)$, 其中个体集合为 $\mathcal{V} = \{v_1, v_2, \cdots, v_n\}$, 策略集合为 $\mathcal{S} = \{1, 2, \cdots, m\}$. 那么, 当群体状态为 $\boldsymbol{x} = (x_1, x_2, \cdots, x_n)$ 时,

一个个体 $v_i \in \mathcal{V}$ 采取策略 $s_i \in \mathcal{S}$ 的收益为 $\pi_i(\boldsymbol{x}) = U_{s_i}(\boldsymbol{x})$.

为了保证个体的适应度为正数, 一般通过一个非负递增函数, 将个体的收益转化为其适应度. 通常采用如下的指数函数:

$$f_i(\boldsymbol{x}) = \exp(w \times \pi_i(\boldsymbol{x})), \quad \forall\, i = 1, 2, \cdots, n. \tag{2.10}$$

其中, $f_i(\boldsymbol{x})$ 表示个体 v_i 的适应度, $w \geqslant 0$ 是调节选择强度的常数. 可以看出, 个体的收益可以为正数或负数, 但个体的适应度只能是正数, 这有利于构造演化更新规则中的概率函数. 一般地, 我们称向量 $\boldsymbol{f} = (f_1, f_2, \cdots, f_n)$ 为群体的适应度景观 (fitness landscape). 个体的淘汰或保留都由这一群体适应度景观决定.

个体在群体博弈中的收益对其适应度的影响由选择强度 w 来调控. 当 $w = 0$ 时, 可以看出, 个体的收益对其适应度没有任何影响, 所有个体的适应度 $f_i = 1$ 完全相同. 这种情形下的演化动力学统称为随机漂移 (random drift) 过程, 表示群体状态的演化与群体博弈无关, 完全由随机性因素决定[5-8].

当 $w \to 0$ 时, 个体的收益对其适应度的影响极其微弱. 通过对指数函数线性化, 可以得到

$$f_i(\boldsymbol{x}) = 1 + w \times \pi_i(\boldsymbol{x}), \quad \forall\, i = 1, 2, \cdots, n. \tag{2.11}$$

这种收益对适应度影响非常微小但却不可忽略的情形称为弱选择 (weak selection). 弱选择是实际研究中最常见的一种情形. 对应地, 一般称 $w \gg 0$ 的情形为强选择 (strong selection).

在弱选择和强选择中, 个体的适应度都依赖于群体的状态, 因此这两种选择统称为状态依赖的选择 (state-dependent selection). 除此之外, 还有一种特殊的情况称为常数选择 (constant selection), 此时个体适应度与群体状态无关. 具体地, 当个体收益 $\pi_i(\boldsymbol{x}) = U_{s_i}(\boldsymbol{x})$ 是与群体状态无关的常数时, 个体适应度是仅依赖其策略的常数, 即 $f_i(\boldsymbol{x}) = c_{s_i}$, 这里 c_{s_i} 指一个依赖策略 s_i 的常数. 这种情形称为常数选择. 容易看出, 随机漂移是常数选择的一类特殊情形.

2.2.2 典型的更新规则

依据适应度景观, 群体按照一定的规则更新当前的状态. 典型的更新规则包括生灭过程、死生过程、模仿过程以及 Wright-Fisher 过程等[9-11].

(1) 生灭过程: 每一步, 以正比于适应度的概率, 从群体中选择出一个个体; 随后, 这个个体产生一个与自己策略相同的复制个体, 并让这个复制个体随机地替代群体中剩余的个体中的某一个.

(2) 死生过程: 每一步, 随机地从群体中淘汰一个个体, 然后以正比于适应度的概率, 从剩余的个体中选择出一个个体, 这个个体产生一个与自己策略相同的复制个体, 替代被淘汰的个体.

(3) 模仿过程: 每一步, 随机地从群体中选择一个个体, 这个个体按照一定的概率, 模仿群体中另一个个体的策略.

(4) Wright-Fisher 过程: 以正比于适应度的概率, 从群体中选择一个个体并产生一个与自己策略相同的复制个体, 重复这一过程直到所产生的复制个体数目与原来个体的数目相等, 由复制个体形成的群体即为下一代的群体.

在上述 4 个更新规则中, 生灭过程、死生过程和模仿过程中为随机时序更新, 群体中每次最多只有一个个体改变自己的策略; 而 Wrigth-Fisher 过程为同步更新, 每一步群体中所有个体的策略都可能改变.

与上一章介绍的经典博弈学习理论不同, 这里介绍的更新规则放弃了完全理性这一基本假设, 转而利用生物进化中的选择和竞争等原理, 来构造群体状态的演化规则. 在某些情形下, 突变这一原理也会被考虑到更新规则中. 所谓突变是指在个体产生复制个体的过程中, 复制个体不一定与父代具有相同的策略, 复制个体以一定的突变概率采用其他任意一个策略.

下面以最常见的两策略群体博弈为例, 来阐释生灭过程和 Wright-Fisher 过程对应的数学模型. 死生过程和模仿过程的数学描述可以通过相同的方式得到.

例 2.2 (生灭过程与 Wright-Fisher 过程的数学模型). 给定一个大小为 n 的群体, 假设其中个体有 $\mathcal{S} = \{1, 2\}$ 两种策略可以选择. 设 $t \geqslant 0$ 时刻, 采取第一个策略和第二个策略的个体数目分别为 $x_1(t)$ 和 $x_2(t)$. 显然, $x_1(t) + x_2(t) = n$, 因此群体状态可以由其中任意一个分量刻画. 不失一般性, 我们以 $x_1(t)$ 刻画群体的状态.

假设在群体博弈中, 两种策略的个体的适应度分别为 $f_1(x_1(t))$ 和 $f_2(x_1(t))$. 根据生灭过程的更新规则, 下一时刻群体的状态是 $x_1(t+1) = x_1(t)+1$, $x_1(t+1) = x_1(t) - 1$ 和 $x_1(t+1) = x_1(t)$ 三种情形中的一种. 容易得到每种情形发生的概率

如下:

$$P^+(x_1(t)) = Pr\{x_1(t+1) = x_1(t) + 1|x_1(t)\} = \frac{x_1 f_1(x_1(t))}{x_1 f_1(x_1(t)) + x_2 f_2(x_1(t))} \frac{x_2(t)}{n-1},$$

$$P^-(x_1(t)) = Pr\{x_1(t+1) = x_1(t) - 1|x_1(t)\} = \frac{x_2 f_2(x_1(t))}{x_1 f_1(x_1(t)) + x_2 f_2(x_1(t))} \frac{x_1(t)}{n-1},$$

$$Pr\{x_1(t+1) = x_1(t)|x_1(t)\} = 1 - P^+(x_1(t)) - P^-(x_1(t)).$$

(2.12)

以式 (2.12) 第一个等式为例, 等式右边第一个分式表示策略为 1 的个体被选择产生后代的概率, 第二个分式表示这个后代替代了一个策略为 2 的个体的概率, 这种情形下策略为 1 的个体数目增加 1.

设突变概率为 $\mu \in [0,1]$. 在存在突变的情况下, 容易得到上述概率变为

$$P^+(x_1(t)) = \frac{(1-\mu)x_1 f_1(x_1(t))}{x_1 f_1(x_1(t)) + x_2 f_2(x_1(t))} \frac{x_2(t)}{n-1} + \frac{\mu x_2 f_2(x_1(t))}{x_1 f_1(x_1(t)) + x_2 f_2(x_1(t))} \frac{x_2(t)}{n-1},$$

$$P^-(x_1(t)) = \frac{(1-\mu)x_2 f_2(x_1(t))}{x_1 f_1(x_1(t)) + x_2 f_2(x_1(t))} \frac{x_1(t)}{n-1} + \frac{\mu x_1 f_1(x_1(t))}{x_1 f_1(x_1(t)) + x_2 f_2(x_1(t))} \frac{x_1(t)}{n-1},$$

$$Pr\{x_1(t+1) = x_1(t)|x_1(t)\} = 1 - P^+(x_1(t)) - P^-(x_1(t)).$$

(2.13)

同样地, 根据 Wright-Fisher 更新规则, 在不考虑突变的情况下, 群体状态之间的转移概率如下:

$$Pr\{x_1(t+1) = j|x_1(t) = i\}$$
$$= \binom{n}{j} \left(\frac{i f_1(i)}{i f_1(i) + (n-i) f_2(i)}\right)^j \left(\frac{(n-i) f_2(i)}{i f_1(i) + (n-i) f_2(i)}\right)^{(n-j)}.$$ (2.14)

显然, 有限群体博弈中的策略演化过程对应于一个有限状态的马尔可夫链.

2.2.3 固定概率、平稳分布与策略选择

有限群体的策略更新过程定义了一个在群体状态集合上的马尔可夫过程. 容易证明, 对应的马尔可夫过程具有如下性质:

(1) 在突变概率 $\mu = 0$ 的情况下, 由策略更新过程定义的马尔可夫过程是一个吸收型马尔可夫链. 由单一策略组成的群体状态是对应马尔可夫过程的吸收态.

(2) 在突变概率 $\mu \neq 0$ 的情况下, 由策略更新过程定义的马尔可夫过程是一

个遍历型马尔可夫链. 从任意初始状态开始, 群体的最终状态将收敛于一个平稳分布.

具体地, 给定一个大小为 n 的群体, 假设其策略集合为 $\mathcal{S} = \{1, 2, \cdots, m\}$, 则群体的状态集合为 $X = \{\boldsymbol{x} | x_i \in \mathbb{N}, \sum_{i \in \mathcal{S}} x_i = n\}$. 有限群体的策略更新过程定义了状态集合 X 上的一个马尔可夫过程. 当突变概率 $\mu = 0$ 时, 这个马尔可夫过程是吸收型马尔可夫链. 令 $\boldsymbol{x}(0) \in X$ 表示群体的初始状态, 策略 $i \in \mathcal{S}$ 在初始状态下的固定概率 (fixation probability) ρ_i 定义为这个马尔可夫链收敛于由这一策略组成的吸收态的概率. 显然, 每个策略的固定概率还取决于群体博弈的类型以及选择强度 w 的大小.

给定两策略 $\mathcal{S} = \{i, j\}$ 群体博弈以及更新规则, 令 $\rho_{ij}(w)$ 表示初始状态由 1 个 i 策略个体和 $n-1$ 个 j 策略个体组成、选择强度为 w 时 i 策略的固定概率. 令 $\rho_{ji}(w)$ 表示初始状态由 1 个 j 策略个体和 $n-1$ 个 i 策略组成、选择强度为 w 时的 j 策略的固定概率. 如果

$$\rho_{ij}(w) > \rho_{ij}(0), \tag{2.15}$$

即选择作用下的固定概率大于随机漂移作用下的固定概率, 则称在选择强度 $w > 0$ 作用下, 策略 i 被群体所偏好. 如果

$$\rho_{ij}(w) > \rho_{ji}(w), \tag{2.16}$$

则称在选择强度 $w > 0$ 作用下, 群体对策略 i 的偏好优于策略 j.

当突变概率 $\mu \neq 0$ 时, 令 $x^*(w) = (x_1^*(w), x_2^*(w), \cdots, x_m^*(w))$ 表示对应马尔可夫链的平稳分布. 给定群体博弈以及更新规则, 如果

$$x_i^*(w) > x_i^*(0), \tag{2.17}$$

则称在选择强度 $w > 0$ 作用下, 策略 i 被群体所偏好. 同样地, 如果

$$x_i^*(w) > x_j^*(w), \tag{2.18}$$

则称在选择强度 $w > 0$ 作用下, 群体对策略 i 的偏好优于策略 j.

根据以上定义, 在演化博弈过程中, 群体对于策略的选择或者偏好取决于对应马尔可夫过程的吸收概率或平稳分布. 因此, 求解随机演化动力学的固定概率

和平稳分布是研究随机演化博弈的重要内容和困难所在. 对于无结构群体, 目前的一些主要结果如下, 其证明可参见文献 [2].

定理 2.2. 给定一个大小为 n 的群体, 其中在初始时刻 i 策略个体的数目为 $k \leqslant n$, 那么生灭过程 (死生过程或 Wright-Fisher 过程) 下, 如果不考虑突变概率 (即 $\mu = 0$) 且选择强度为 $w = 0$, 则 i 策略个体的固定概率为 $\rho_i = k/n$.

实际上, 上述定理在大部分随机博弈动力学中都成立. 前面已经提到, 当 $w = 0$ 时, 群体状态对于个体的适应度没有影响, 整个演化过程完全是一个随机漂移过程. 容易证明, 此时每种策略的个体在群体中所占的比例是关于这个随机漂移过程的不变鞅[12]. 由此可得上述定理.

定理 2.3. 给定一个大小为 n 的群体, 假定其群体博弈由如下的两人对称矩阵博弈生成

$$\begin{array}{c|cc} & A & B \\ \hline A & a & b \\ B & c & d \end{array}, \qquad (2.19)$$

其中 $\{A, B\}$ 为策略集合. 在弱选择下 $w \to 0$ 作用下, 对于具有任意突变概率 $\mu \in [0, 1]$ 的生灭过程 (或死生过程), 如果

$$\frac{n-2}{n}a + b > c + \frac{n-2}{n}d, \qquad (2.20)$$

那么群体对策略 A 偏好优于策略 B.

2.3 连续演化动力学

与有限群体博弈不同, 在无限群体博弈中, 群体的状态集合是一个连续空间. 因此一般通过微分方程的形式来刻画群体状态的演化过程. 本节介绍群体博弈中连续演化动力学的构造过程、几类典型的演化动力学以及突变作用下的复制动力学方程.

2.3.1 调整协议及平均动力学

给定一个群体博弈 $U(\boldsymbol{x}) = (U_1(\boldsymbol{x}), U_2(\boldsymbol{x}), \cdots, U_m(\boldsymbol{x}))$. 令 $\mathcal{S} = \{1, 2, \cdots, m\}$ 为每个个体的策略集合, $\boldsymbol{x} = (x_1, x_2, \cdots, x_m)$ 为群体的状态, 其中 x_i 表示策略 $i \in \mathcal{S}$ 在群体中所占的比例. 显然, 群体的状态集合是一个 $m-1$ 维的单纯形

$$\Delta_m = \left\{ \boldsymbol{x} \in \mathbb{R}^m_+ \Big| \sum_{i \in \mathcal{S}} x_i = 1 \right\}.$$

定义 2.3 (状态调整协议). 群体状态的调整协议是一个从策略的效用值 $U \in \mathcal{R}^m$ 和群体状态 $\boldsymbol{x} \in \Delta_m$ 到 $m \times m$ 维非负实数集的映射 $\tau : \mathcal{R}^m \times \Delta_m \to \mathcal{R}^{m \times m}_+$. 这个映射的第 i 行第 j 列的元素 $\tau_{ij}(U(\boldsymbol{x}), \boldsymbol{x})$ 表示群体中 i 策略个体转化为 j 策略个体的比率, 其中 $i, j \in \mathcal{S}$.

方便起见, 如果在给定策略效用后, 群体的状态调整协议与群体的当前状态无关, 那么将 $\tau_{ij}(U(\boldsymbol{x}), \boldsymbol{x})$ 记作 $\tau_{ij}(U(\boldsymbol{x}))$, 其中 $i, j \in \mathcal{S}$.

定义 2.4 (平均动力学). 给定一个群体博弈 U 和状态调整协议 τ, 群体状态的平均动力学是指如下微分方程:

$$\dot{x}_i = \sum_{j \in \mathcal{S}} x_j \tau_{ji}(U(\boldsymbol{x}), \boldsymbol{x}) - x_i \sum_{j \in \mathcal{S}} \tau_{ij}(U(\boldsymbol{x}), \boldsymbol{x}), \quad \forall i \in \mathcal{S}. \quad (2.21)$$

可以看到, 在平均动力学中, 每个策略所占比例的变化 $\dot{x}_i$ 等于从其他策略个体转变为 i 策略个体的比例减去 i 策略个体转变为其他策略个体的比例. 根据具体所采用的状态调整协议, 可以得到多种不同的群体演化动力学, 如复制动力学、Smith 动力学、Brown-von Neumann-Nash (BNN) 动力学等[3]. 在 2.3.2 小节, 将介绍其中几种典型的演化动力学模型.

2.3.2 几类典型的演化动力学

1. 复制动力学

假设个体通过模仿其他个体的策略来调整自己的策略, 具体地, 每个个体随机地从群体中选择一个模仿对象, 显然每个策略被选择作为模仿对象的概率正比于这个策略在群体中所占的比例. 如果模仿对象的收益大于这个个体本身的收

益, 则这个个体以正比两者收益差的概率采用模仿对象的策略; 否则, 这个个体保持其原来策略不变.

在上述更新规则下, 可得群体状态的调整协议. 具体地, $i \in \mathcal{S}$ 策略个体转化为任意 $j \in \mathcal{S}$ 策略个体的比例为

$$\tau_{ij}(U(\boldsymbol{x}), \boldsymbol{x}) = x_j[U_j(\boldsymbol{x}) - U_i(\boldsymbol{x})]_+. \tag{2.22}$$

其中, 如果 $y \geqslant 0$, 那么记号 $[y]_+ = y$, 否则 $[y]_+ = 0$.

将上述状态调整协议代入平均动力学方程中, 可以得到

$$\begin{aligned}\dot{x}_i &= \sum_{j \in \mathcal{S}} x_j x_i [U_i(\boldsymbol{x}) - U_j(\boldsymbol{x})]_+ - x_i \sum_{j \in \mathcal{S}} x_j [U_j(\boldsymbol{x}) - U_i(\boldsymbol{x})]_+ \\ &= x_i \sum_{j \in \mathcal{S}} x_j (U_i(\boldsymbol{x}) - U_j(\boldsymbol{x})).\end{aligned} \tag{2.23}$$

令 $\bar{U}(\boldsymbol{x}) = \sum_{j \in \mathcal{S}} x_j U_j(\boldsymbol{x})$ 表示群体的平均收益, 则上述方程可以改写为

$$\dot{x}_i = x_i(U_i(\boldsymbol{x}) - \bar{U}(\boldsymbol{x})), \quad \forall\, i \in \mathcal{S}. \tag{2.24}$$

(2.24) 式即为演化博弈理论中著名的复制动力学方程. 可以看到, 在这个动力学过程中, 如果某一策略的收益大于群体的平均收益, 那么这个策略在群体中所占的比例就会增长; 相反地, 如果某一策略的收益小于群体的平均收益, 那么这个策略在群体中所占的比例就会下降. 同时, 一个策略所占比例的平均增长率或下降率 $\dot{x}_i/x_i$ 正比于这个策略的收益与群体平均收益的差. 值得注意的是, 除了上述策略调整协议外, 复制动力学方程还可由其他状态调整协议生成.

2. Smith 动力学

假设个体通过如下方式来调整自己的策略: 每个个体从所有策略中随机选择一个新策略, 如果新策略的收益大于该个体原策略的收益, 则这个个体以正比两者收益差的概率采用这个新的策略, 否则保持不变. 可以看到, 与上述通过模仿的状态调整方式不同, 这里个体不是通过选择模仿对象来进行比较, 而是直接选择任意策略进行比较. 由此得到的状态调整协议如下:

$$\tau_{ij}(U(\boldsymbol{x})) = [U_j(\boldsymbol{x}) - U_i(\boldsymbol{x})]_+, \quad \forall\, i,j \in \mathcal{S}. \tag{2.25}$$

将上述调整协议代入平均动力学, 可得

$$\dot{x}_i = \sum_{j \in \mathcal{S}} x_j [U_i(\boldsymbol{x}) - U_j(\boldsymbol{x})]_+ - x_i \sum_{j \in \mathcal{S}} [U_j(\boldsymbol{x}) - U_i(\boldsymbol{x})]_+, \quad \forall\, i \in \mathcal{S}. \tag{2.26}$$

式 (2.26) 称为 Smith 动力学方程.

3. BNN 动力学

假设个体通过如下方式来调整自己的策略: 每个个体从所有策略中随机地选择一个新策略, 如果这个新策略的收益大于整个群体的平均收益, 那么这个个体以正比两者收益差的概率采用这个新的策略, 否则保持不变. 在这种方式下, 整个群体状态的调整协议如下:

$$\tau_{ij}(U(\boldsymbol{x})) = [U_j(\boldsymbol{x}) - \bar{U}(\boldsymbol{x})]_+, \quad \forall\, i, j \in \mathcal{S}. \tag{2.27}$$

将上述调整协议代入平均动力学, 可得

$$\dot{x}_i = [U_i(\boldsymbol{x}) - \bar{U}(\boldsymbol{x})]_+ - x_i \sum_{j \in \mathcal{S}} [U_j(\boldsymbol{x}) - \bar{U}(\boldsymbol{x})]_+, \quad \forall\, i \in \mathcal{S}. \tag{2.28}$$

式 (2.28) 称为 BNN 动力学方程.

2.3.3 平衡点、稳定性与纳什均衡

给定一个群体博弈, 通过分析其群体状态 (即策略分布) 在演化动力学过程中的平衡态, 可以用来分析和预测实际群体的决策行为. 研究发现, 对于不同类型的群体博弈, 在上述演过动力学作用下, 群体状态的平衡态可能是其状态空间的一个点、一个环、甚至可能是一个混沌吸引子. 这充分说明群体决策行为的复杂性.

实际上, 对于很广一类群体博弈, 上述演化动力学常常具有若干平衡点. 这些平衡点与群体博弈的纳什均衡点之间存在一定的对应关系. 因此在一些研究中, 常常应用上述演化动力学来求解博弈的纳什均衡点[13]. 下面我们给出已有研究中关于演化动力学的平衡点与对应博弈纳什均衡点之间关系的相关结果.

给定一个群体博弈 U, 不失一般性, 将其连续演化动力学方程表示如下:

$$\dot{\boldsymbol{x}} = V_U(\boldsymbol{x}), \tag{2.29}$$

其中 $V_U(\boldsymbol{x})$ 是一个与群体状态维度相同的向量函数. 定义 2.5 定义了两个关于演化动力学的标准性质.

定义 2.5 (纳什平稳与正相关). 1) 如果当且仅当 $\boldsymbol{x} \in NE(U)$ 时, $V_U(\boldsymbol{x}) = 0$, 则称上述演化动力学是纳什平稳的; 2) 如果当 $V_U(\boldsymbol{x}) \neq 0$ 时, 有 $V_U(\boldsymbol{x})U(\boldsymbol{x}) > 0$, 则称上述演化动力学是正相关的.

显然, 纳什平稳意味着演化动力学的每个平衡点都是纳什均衡点; 而正相关性要求当群体状态不在平衡点时, 群体状态的改变方向与群体的收益向量正相关. 容易证明 Smith 动力学和 BNN 动力学既是纳什平稳的也是正相关的, 而复制动力学仅满足正相关条件, 不具有纳什平稳特性.

定义 2.6. 给定一个群体博弈 $\boldsymbol{U} = (U_1, U_2, \cdots, U_m)$, 如果存在一个连续可微函数 $\phi: \mathbb{R}_+^n \to \mathbb{R}$, 使得

$$\frac{\partial \phi}{\partial x_i} = U_i(\boldsymbol{x}), \quad \forall\, i \in \mathcal{S}, \tag{2.30}$$

则称这个群体博弈是一个势博弈.

势博弈具有许多非常好的性质.

定理 2.4. 给定一个势函数为 ϕ 的群体势博弈 $\boldsymbol{U} = (U_1, U_2, \cdots, U_m)$, 如果演化动力学 (2.29) 满足正相关条件, 那么从任一非平衡点开始, 沿着这个演化动力学方程的解轨迹, 群体博弈的势函数是单调递增的, 即 $\frac{d}{dt}\phi(\boldsymbol{x}) > 0$.

定理 2.5. 给定一个势函数为 ϕ 的群体势博弈 $\boldsymbol{U} = (U_1, U_2, \cdots, U_m)$, 如果演化动力学 (2.29) 满足纳什平稳条件和正相关条件, 那么某一群体状态 $x \in \Delta_n$ 是渐近稳定的, 当且仅当这个状态 x 是势函数 ϕ 的一个孤立的局部最大点.

上述定理的证明可参见文献 [3]. 基于上述性质, 演化博弈动力学常常用于求解一类约束空间为单纯形的优化问题.

此外, 对于由两人对称矩阵博弈生成的群体博弈, 其纳什均衡点和演化动力学的平衡点具有一定的包含关系. 以复制动力学为例, 假设矩阵博弈的收益矩阵为 $\boldsymbol{M}$, 可以得到此时的复制动力学为

$$\dot{x}_i = x_i(\boldsymbol{e}_i \boldsymbol{M} \boldsymbol{x}^{\mathrm{T}} - \boldsymbol{x} \boldsymbol{M} \boldsymbol{x}^{\mathrm{T}}), \quad \forall\, i \in \mathcal{S}. \tag{2.31}$$

其中 e_i 为第 i 个元素为 1 的单位行向量. 令 $\mathcal{E}$ 表示对应群体博弈的演化稳定策略集合, $\mathcal{F}$ 表示对应复制动力学方程的平衡点集合, $\mathcal{A}$ 表示对应复制动力学的渐进稳定平衡点集合, 可以证明, 这些集合存在如下包含关系[3]: $\mathcal{E} \subseteq \mathcal{A} \subseteq NE \subseteq \mathcal{F}$.

2.4　本章要点小结

本章对演化博弈理论进行了一个简要的介绍, 包括群体博弈和演化动力学等两部分内容. 基于群体的大小, 演化博弈理论可以区分为有限群体上的演化博弈和无限群体上的演化博弈两种, 其各自特征如下:

(1) 有限群体演化博弈: 群体数目有限, 以采取各策略的个体数目作为群体状态, 群体状态的演化过程由随机性策略更新过程刻画, 包括生灭过程、死生过程、Wright-Fisher 过程和模仿过程等, 群体对策略的偏好由对应随机过程的吸收概率或平稳分布刻画.

(2) 无限群体演化博弈: 群体数目无限, 以各策略在群体中所占比例为群体状态, 群体状态的演化过程由确定性微分方程描述, 包括复制动力学、Smith 动力学、BNN 动力学等, 群体对于策略的选择由对应动力学的平衡态刻画.

对于群体博弈中的演化动力学及其特性, 本章仅介绍了几种典型的更新规则和动力学方程以及它们的主要相关性质, 更多关于群体博弈的演化动力学及其性质的内容可参考书籍 [1–3]. 值得注意的是, 在本章介绍的群体博弈中, 群体被假定是无结构的, 即个体之间的交互是均匀混合的. 下一章, 我们将考虑具有复杂交互结构的群体博弈. 由于个体之间的复杂交互常常可以通过网络模型来刻画, 因此这类具有复杂交互结构的博弈也被称为网络博弈.

参考文献

[1] Hofbauer J, Sigmund K. Evolutionary Games and Population Dynamics [M]. Cambridge: Cambridge University Press, 1998.

[2] Nowak M A. Evolutionary Dynamics: Exploring the Equations of Life [M]. Cambridge: Harvard University Press, 2006.

[3] Sandholm W H. Population Games and Evolutionary Dynamics [M]. London: The MIT Press, 2010.

[4] Smith J M. Evolution and the Theory of Games [M]. Cambridge: Cambridge University Press, 1982.

[5] Kimura M. The Neutral Theory of Molecular Evolution [M]. Cambridge: Cambridge University Press, 1983.

[6] Walsh D M, Lewens T, Ariew A. The trials of life: natural selection and random drift [J]. Philos. Sci., 2002, 69(3): 429–446.

[7] Volkov I, Banavar J R, Hubbell S P, et al. Neutral theory and relative species abundance in ecology [J]. Nature, 2003, 424(6952): 1035–1037.

[8] Hahn M W, Bentley R A. Drift as a mechanism for cultural change: an example from baby names [J]. Proc. R. Soc. B, 2003, 270(1): 120–123.

[9] Ewens W J. Mathematical Population Genetics 1: Theoretical Introduction [M]. 2nd ed. New York: Springer, 2004.

[10] Taylor C, Fudenberg D, Sasaki A, et al. Evolutionary game dynamics in finite populations [J]. Bull. Math. Biol., 2004, 66(6): 1621–1644.

[11] Ohtsuki H, Nowak M A. Evolutionary games on cycles [J]. Proc. R. Soc. B, 2006, 273(1598): 2249–2256.

[12] Lawler G F. Introduction to Stochastic Processes [M]. 2nd ed. New York: Chapman and Hall, 2006.

[13] Samuelson L. Evolutionary Games and Equilibrium Selection [M]. Cambridge: The MIT Press, 1997.

第 3 章 网络博弈

经典博弈模型是一个非常一般化的模型, 它对于参与博弈的个体之间的结构不做任何具体的假设, 每个参与个体的利益可能与其他所有个体的策略相关. 然而在一些实际系统中, 特别是分布式系统中, 每个参与个体 (子系统) 的利益可能仅与其他部分邻近个体的策略相关. 为了刻画这种具有局部交互的博弈关系, 一种更加精细的网络博弈模型被提出来.

本章我们介绍网络博弈模型的主要相关内容. 具体地, 3.1 节介绍刻画个体交互结构的相关数学工具和模型; 3.2 节介绍网络博弈的一般模型以及两类常用的特殊网络博弈模型, 包括对交互网络博弈与群组交互网络博弈; 3.3 节分析网络博弈中的交互结构对其纳什均衡点的影响; 3.4 节对本章的要点内容进行总结.

3.1 博弈结构、图与复杂网络

图和复杂网络模型是刻画个体间交互结构的常用工具[1]. 对于一个多人博弈，如果利用节点表示每个参与个体，利用节点之间的连边表示参与个体之间的博弈关系，那么一个多人博弈的交互结构可以通过一个图来表示. 下面介绍图的相关基本概念，以及一些用于对博弈交互结构建模的典型图和复杂网络模型.

3.1.1 图的基本概念

一个图 $\mathcal{G} = (\mathcal{V}, \mathcal{E})$ 是一个由节点集和边集构成的二元组，其中 $\mathcal{V} = \{v_1, v_2, \cdots, v_n\}$ 为节点集，$\mathcal{E} \subseteq \mathcal{V} \times \mathcal{V}$ 为边集. 图 $\mathcal{G}$ 的节点数 $|\mathcal{V}| = n$ 称为图 $\mathcal{G}$ 的阶. 在边集中，节点到自身的连边称为环边；两个节点之间存在两条及两条以上的边称为重边. 若图 $\mathcal{G}$ 中既无环边也无重边，则称图 $\mathcal{G}$ 为简单图.

一个图 $\mathcal{G}$ 可以通过它的邻接矩阵 $\boldsymbol{A} = (a_{ij})_{n \times n}$ 来表示，其中对任意节点对 $v_i, v_j \in \mathcal{V}$，令

$$a_{ij} = \begin{cases} 1, & \text{如果 } (v_i, v_j) \in \mathcal{E}, \\ 0, & \text{如果 } (v_i, v_j) \notin \mathcal{E}. \end{cases} \quad (3.1)$$

若图 $\mathcal{G}$ 的邻接矩阵满足 $\boldsymbol{A} = \boldsymbol{A}^\mathrm{T}$，那么称图 $\mathcal{G}$ 为无向图；否则称图 $\mathcal{G}$ 为有向图. 对于无向图 $\mathcal{G}$，称与节点 $v_i \in \mathcal{V}$ 相邻的节点集 $\mathcal{N}_i = \{v_k \in \mathcal{V} | a_{ik} = 1\}$ 为节点 v_i 的邻居集. 邻居节点的数目 $d_i = |\mathcal{N}_i|$ 称为节点 v_i 的度. 图 $\mathcal{G}$ 所有节点度形成的向量 $(d_1, d_2, \cdots, d_n)$ 称为图 $\mathcal{G}$ 的度序列.

对于图 $\mathcal{G}$ 的每一条边 $(v_i, v_j) \in \mathcal{E}$，赋以一个数值 $w_{ij} \in \mathbb{R}$，称为边 (v_i, v_j) 的权重. 对应地，矩阵 $\boldsymbol{W} = (w_{ij})_{n \times n}$ 称为图 $\mathcal{G}$ 的权重矩阵. 若 $\boldsymbol{W} = \boldsymbol{A}$，则称图 $\mathcal{G}$ 为无权图；否则称图 $\mathcal{G}$ 为赋权图.

给定图 $\mathcal{G}$ 中的一个节点序列 $i_1 i_2 \cdots i_k$，其中 $i_1, i_2, \cdots, i_k \in \mathcal{V}$ 是图中不相同

的节点, 如果该序列中每个节点都有一条边连接该序列中的下一个节点, 即对于 $j = 1, 2, \cdots, j-1$, 都有 $(i_j, i_{j+1}) \in \mathcal{E}$, 那么称这个序列为图 $\mathcal{G}$ 中一条从节点 i_1 到 i_k 长度为 $k-1$ 的路径. 如果 $i_1 = i_k$, 则称这条路径为一个环. 两个节点之间的距离是指连接两个节点的最短路径的长度.

对于一个无向图 $\mathcal{G}$, 若其任意两个节点之间都存在一条路径, 则称图 $\mathcal{G}$ 为连通图. 对于一个有向图 $\mathcal{G}$, 若其任意两个节点之间都存在一条路径, 则称图 $\mathcal{G}$ 为强连通图.

对于图中一个节点 $v_i \in \mathcal{V}$, 称节点 v_i 到自身所有路径长度的最大公约数为节点 v_i 的周期. 在 (强) 连通图 $\mathcal{G}$ 中, 所有节点的周期都相等, 从而称任一节点的周期为图 $\mathcal{G}$ 的周期. 如果图 $\mathcal{G}$ 的周期为 1, 则称图 $\mathcal{G}$ 为非周期图; 否则图 $\mathcal{G}$ 为周期图.

3.1.2 典型的图和复杂网络模型

一些常用于刻画多人博弈交互结构的图模型如下.

1. 完全图 (complete graphs)

任意两个节点之间都有一条边的图称为完全图. 如果一个博弈中参与个体间的交互结构是完全图, 那么每个参与个体的收益依赖于其他所有个体的策略. 第 2 章中介绍的有限群体博弈的结构可以看作一个完全图.

2. 环状图 (cycle graphs)

由一条闭合的环路连接所有节点的图称为环状图. 如果一个博弈中参与个体间的交互结构是环状图, 那么每个参与个体的收益仅与它相邻的两个个体的策略有关.

3. 星状图 (star graphs)

由一个中心节点和若干叶子节点连接构成的图称为星状图. 在交互结构为星状图的多人博弈中, 存在一个中心个体, 它的收益与其他所有个体的策略相关, 同时它的策略能够影响其他所有个体的收益.

4. 正则图 (regular graphs)

各个节点的度都相等的图称为正则图. 在一个多人博弈中, 如果影响每个个体收益的个体数目相等, 则这个博弈的结构可以用正则图表示.

5. 二分图 (bipartite graphs)

若图 $\mathcal{G}$ 的节点集可以划分为两个非空子集 $\mathcal{X}$ 和 $\mathcal{Y}$, 使得图 $\mathcal{G}$ 中任一条边都有一个端点在 $\mathcal{X}$ 中, 另一个端点在 $\mathcal{Y}$ 中, 则称图 $\mathcal{G}$ 为二分图, 一般记为 $\mathcal{G} = (\mathcal{X} \cup \mathcal{Y}, \mathcal{E})$. 对于交互结构为二分图的多人博弈, 其参与个体可以分为两个部分, 每个部分中的个体收益仅取决于另一部分个体的策略分布.

6. 完全二分图 (complete bipartite graphs)

在二分图 $\mathcal{G} = (\mathcal{X} \cup \mathcal{Y}, \mathcal{E})$ 中, 如 $\mathcal{X}$ 中的每个节点都和 $\mathcal{Y}$ 中的每个节点相连, 则称二分图 $\mathcal{G}$ 为完全二分图.

图 3.1 展示了一些常见图模型的拓扑结构示意图. 这些图的连接结构比较简单. 在工程系统、社交网络等实际系统中, 节点间的局部交互方式往往比较复杂, 具有一些典型的拓扑特征. 这类系统的拓扑结构常常使用复杂网络模型来刻画. 一些典型的复杂网络模型及生成算法如下.

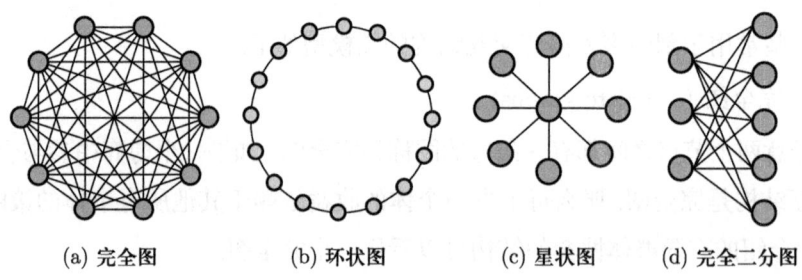

(a) 完全图　　(b) 环状图　　(c) 星状图　　(d) 完全二分图

图 3.1　一些常见图模型的拓扑结构示意图

1. Erdős-Rényi 随机图 (ER random graphs)[2]

一个 n 阶的 Erdős-Rényi 随机图的生成算法如下: 1) 生成节点集合 $\mathcal{V} = \{v_1, v_2, \cdots, v_n\}$; 2) 对任意节点对, 以大小为 $p \in (0, 1)$ 的概率连接一条边, 其中参数 p 称为连接概率. 为保证所生成网络的连通性, 连接概率 p 的取值一般大于 $\frac{\ln n}{\pi n}$.

2. Watts-Strogatz 小世界网络 (small-world networks)[3]

一个 n 阶的 Watts-Strogatz 小世界网络的生成算法如下: 1) 生成 n 个节点的环状网络; 2) 将每个节点与和它距离小于等于 k (如果 k 是奇数, 则取 $k-1$)

的节点连接起来; 3) 对于所生成网络中的每一条边 (u,v), 以大小为 $p \in (0,1)$ 的概率将其重连为 (u,w), 其中 w 是网络中的任意节点. 小世界网络介于正则图和随机图之间, 它同时具有节点间距离较小但聚类系数较大的拓扑特征. 因此在小世界网络中, 虽然大部分节点之间没有连接, 但从任一节点出发, 只需通过少数几步, 即可到达任意其他节点. 实际中很多网络都呈现小世界网络的这一特征.

3. Barabasi-Albert 无标度网络 (scale-free networks)[4]

一个 n 阶的 Barabasi-Albert 无标度网络是通过逐步添加节点和边的方式生成的. 1) 生成任意一个较小的网络, 假设具有 n_0 个节点和 E_0 条边; 2) 向原有网络中增加一个新的节点, 以正比于节点度的概率, 从原有网络中随机选出 $m > 0$ 个节点, 并将新的节点与这 m 个节点相连; 3) 重复第 2) 步, 直到网络中的节点数目为 n. 无标度网络中节点度序列的分布遵守幂律分布, 因此其典型特征是网络中大部分节点只与少数节点相连, 从而存在极少数节点与非常多的节点相连. 许多实际网络都呈现出这种无标度的特性.

4. 随机几何图[5]

一个典型的 n 阶随机几何图的生成算法如下: 1) 将 n 个节点独立均匀地随机洒在 $(0,1) \times (0,1)$ 的平面区域中; 2) 用边连接区域内任意距离小于 $r > 0$ 的节点对, 其中 r 称为距离阈值. 为保证连通性, r 的取值一般大于 $\sqrt{\frac{\ln n}{\pi n}}$.

5. 随机抽样图

通过均匀随机抽样, 从具有指定参数的图集合中抽出一个图. 例如, 给定图的节点和边的数目或者给定图的度序列, 通过随机抽样产生一个图. 一些随机抽样图的生成代码参见文献 [6].

图 3.2 展示了一些常见复杂网络模型的拓扑结构示意图. 在实际应用中, 除了采用上述模型来生成个体交互的结构模型外, 随着数据获取和分析技术的发展, 还可以通过直接获取经验数据, 来构造个体间交互网络. 在下面的网络博弈分析中, 我们假定已经知道群体博弈中个体间的交互网络.

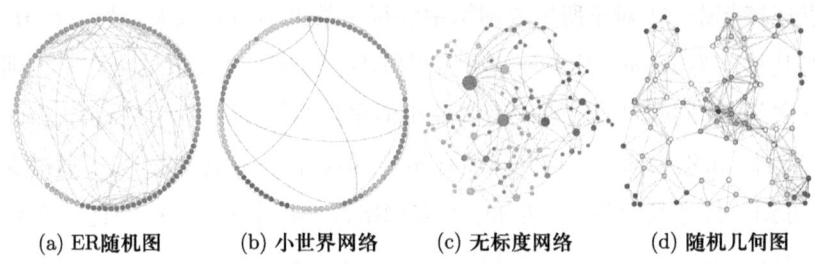

图 3.2 一些常见复杂网络模型的拓扑结构示意图

3.2 网络博弈模型

3.2.1 网络博弈的定义

给定一个网络 $\mathcal{G} = (\mathcal{V}, \mathcal{E})$,一般形式的网络博弈定义如下.

定义 3.1 (网络博弈). 网络博弈是一个三元组 $\Gamma_g = (\mathcal{G}, \{S_i | v_i \in \mathcal{V}\}, \{U_i | v_i \in \mathcal{V}\})$,其中 (1) $\mathcal{G} = (\mathcal{V}, \mathcal{E})$ 是一个无向连通网络,节点集 $\mathcal{V} = \{v_1, v_2, \cdots, v_n\}$ 中每个节点表示一个参与个体;(2) S_i 是参与个体 $v_i \in \mathcal{V}$ 的策略集合;(3) $U_i: \prod_{v_j \in \mathcal{N}_i} S_j \times S_i \to \mathcal{R}$ 是个体 $v_i \in \mathcal{V}$ 的收益函数.

网络博弈是一种特殊的博弈形式. 在网络博弈中, 参与个体组成了一个网络结构, 而且每个个体的收益函数仅与它相邻个体的策略相关. 与一般的博弈模型相比, 网络博弈给出了关于个体间交互的具体结构信息. 因此, 在构造网络博弈模型时, 需要获取个体间的交互模型. 下面, 我们给出两个网络博弈的例子.

例 3.1 (最大割博弈). 给定一个无向图 $\mathcal{G} = (\mathcal{V}, \mathcal{E})$. 图 $\mathcal{G}$ 的一个边割集是对其节点集 $\mathcal{V}$ 的一个分割,将其节点集分为不相交的两部分 $\mathcal{X}$ 和 $\mathcal{Y}$. 一个割集的大小是指图中两个节点集合之间所有边的数目,即 $|\{(v_i, v_j) \in \mathcal{E} | v_i \in \mathcal{X}, v_j \in \mathcal{Y}\}|$.

所谓图的最大割问题是指找出图中最大的割集[7].

基于图的最大割问题, 可以构造一个网络博弈. 给定一个图 $\mathcal{G}$, 将每个节点当作一个参与博弈的个体. 令每个个体 $v_i \in \mathcal{V}$ 的策略集合为 $\mathcal{S}_i = \{1, -1\}$, $s_i \in \mathcal{S}_i$ 表示个体 $v_i \in \mathcal{V}$ 的策略. 定义每个个体的收益为

$$U_i(s) = \sum_{v_j \in \mathcal{N}_i} -s_i s_j,$$

其中 $s = (s_1, s_2, \cdots, s_n)$ 为网络上所有节点的策略组合. 可以看到在这个博弈中, 每个个体的收益只和它相邻个体的策略相关.

上面定义网络博弈被称为最大割博弈. 可以证明, 给定一个图, 它的最大割问题等价于找出这个图上节点的一个策略组合, 使得图中所有个体在最大割博弈中的收益之和最大. 同时, 给定一个最大割集, 如果令分割的两部分节点集中的节点分别采取策略 1 和 −1, 那么所产生的策略分布是最大割博弈的一个纳什均衡. 图 3.3(a) 展示了图上最大割博弈中的一个纳什均衡, 根据纳什均衡中每个节点的策略可以将节点分为不相交的两部分, 对应于一个局部最优的割集.

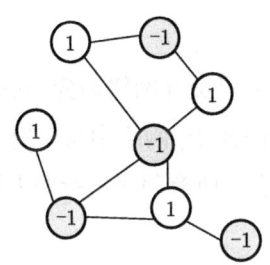 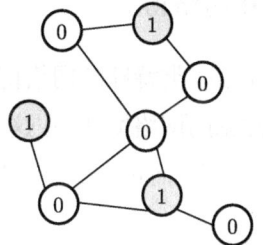

(a) 最大割博弈中的一个纳什均衡　　(b) 网络上的志愿者困境博弈的一个纳什均衡

图 3.3　两个网络博弈的例子

例 3.2 (网络上的志愿者困境博弈). 在志愿者困境博弈中, 每个参与个体可以选择 "采取行动" 或 "不采取行动" 两种策略. 如果群体中有任何一个个体采取了行动, 那么所有参与个体都可以得到一定的回报; 但是如果没有任何一个个体采取行动, 那么所有个体都将付出一定代价. 注意, 采取行动策略需要付出一定代价.

志愿者困境博弈可以拓展到一个网络群体中. 令策略 $s_i = 1$ 和 $s_i = 0$ 分别代表采取行动策略和不采取行动策略. 在一个网络群体中, 如果周围存在某个邻居采取行动, 那么这个个体的最优策略是不采取行动. 如果周围邻居都不采取行动, 那么这个个体最优策略是采取行动. 定义每个个体的收益函数为

$$U_i(s) = \begin{cases} \max_{v_j \in \mathcal{N}_i} s_j, & \text{如果 } s_i = 0, \\ 1 - c, & \text{如果 } s_i = 1. \end{cases}$$

其中 $c \in (0, 1)$ 是采取行动策略所需付出的代价. 显然, 在这个博弈中, 每个个体是否采取行动, 取决于他周围的邻居是否采取行动.

网络上的志愿者困境博弈可能存在多个纳什均衡. 图 3.3(b) 展示其中一个纳什均衡的策略分布情况. 有趣的是, 对于这个博弈的任何一个纳什均衡, 其中策略为 1 的节点集合必定是这个图上的一个极大独立点集. 这里, 所谓极大独立点集是指图中两两不相邻的节点组成的集合, 且对于图中不属于这个集合中任何节点, 必定存在一条边与集合中某个节点相连[7].

3.2.2 对交互网络博弈

本节我们介绍一类特殊的网络博弈, 称为对交互网络博弈. 对交互网络博弈是一类重要且常见的网络博弈. 在这类网络博弈中, 网络中每一对相邻节点进行同一个两人对称博弈, 而每个节点的收益是它与所有邻居进行两人博弈所产生收益的和.

具体地, 给定一个两人对称博弈 $\Gamma_2 = (\{v_i, v_j\}, \{\mathcal{S}_i, \mathcal{S}_j\}, \{u_i, u_j\})$. 由其对称性要求可知 $\mathcal{S}_i = \mathcal{S}_j = \mathcal{S}_0$, 且对任意 $s = (s_i, s_j) \in \mathcal{S}_0^2$, $u_i(s) = u_0(s_i, s_j)$, $u_j(s) = u_0(s_j, s_i)$ 成立. 因此, 一个两人对称博弈可以记为 $\Gamma_2 = (\mathcal{S}_0, u_0)$.

一个由两人对称博弈生成的对交互网络博弈定义如下:

定义 3.2 (对交互网络博弈). 给定一个网络博弈 $\Gamma_g = (\mathcal{G}, \{\mathcal{S}_i | v_i \in \mathcal{V}\}, \{U_i | v_i \in \mathcal{V}\})$ 和一个两人对称博弈 $\Gamma_2 = (\mathcal{S}_0, u_0)$, 如果 (1) 对所有个体 $v_i \in \mathcal{V}$, 其策略集满足 $\mathcal{S}_i = \mathcal{S}_0$; (2) 对所有个体 $v_i \in \mathcal{V}$, 其收益函数满足

$$U_i(s) = \sum_{v_j \in \mathcal{N}_i} u_0(s_i, s_j), \tag{3.2}$$

那么称网络博弈 Γ_g 是由两人对称博弈 Γ_2 生成的对交互网络博弈.

方便起见, 一般用 $\Gamma_g = (\mathcal{G}, \Gamma_2)$ 表示一个由两人对称博弈 Γ_2 在网络 $\mathcal{G}$ 上生成的对交互网络博弈. 同时, 称 Γ_2 为这个对交互博弈的局部元博弈.

上述对交互网络博弈可以推广到加权网络中. 考虑一个加权网络 $\mathcal{G}$, 它的权重矩阵为 $\boldsymbol{W} = (w_{ij})_{n \times n}$. 定义 3.2 中的收益函数 (3.2) 可以推广为

$$U_i(s) = \sum_{v_j \in \mathcal{N}_i} w_{ij} u_0(s_i, s_j). \tag{3.3}$$

即每个节点的总收益, 是它与所有邻居个体博弈收益的加权和. 例如, 一个常用的加权方式是对所有 $(i,j) \in \mathcal{E}$, 令 $w_{ij} = 1/d_i$. 在这种情形下, 每个节点的收益是它与所有邻居个体博弈收益的平均值.

对交互网络博弈具有一个非常好的性质.

定理 3.1. 给定对交互网络博弈 $\Gamma_g = (\mathcal{G}, \Gamma_2)$, 其中 $\Gamma_2 = (\mathcal{S}_0, u_0)$, 如果 u_0 是一个对称函数, 那么对交互网络博弈 Γ_g 是一个势博弈, 其势函数为

$$\phi(s) = \frac{1}{2} \sum_{v_i \in \mathcal{V}} \sum_{v_j \in \mathcal{N}_i} u_0(s_i, s_j), \tag{3.4}$$

其中 $s = (s_1, s_2, \cdots, s_n)$ 为网络博弈的策略组合.

证明: 根据势博弈的定义, 需要证明式

$$U_i(s_i, s_{-i}) - U_i(s_i', s_{-i}) = \phi(s_i, s_{-i}) - \phi(s_i', s_{-i}) \tag{3.5}$$

对所有 $v_i \in \mathcal{V}$, $s_i, s_i' \in \mathcal{S}_0$, 和 $s_{-i} \in \mathcal{S}_0^{n-1}$ 成立.

由 (3.4) 式可得

$$\begin{aligned}
&\phi(s_i, s_{-i}) - \phi(s_i', s_{-i}) \\
&= \frac{1}{2} \left(\sum_{v_j \in \mathcal{N}_i} (u_0(s_i, s_j) - u_0(s_i', s_j)) + \sum_{v_j \in \mathcal{N}_i} (u_0(s_j, s_i) - u_0(s_j, s_i')) \right) \\
&= \sum_{v_j \in \mathcal{N}_i} (u_i(s_i, s_j) - u_i(s_i', s_j)) \\
&= U_i(s_i, s_{-i}) - U_i(s_i', s_{-i})
\end{aligned}$$

其中, 第二个等式使用了 u_0 的对称性质. 定理得证. □

例 3.3 (多个体一致性博弈 – 续). 给定一个二维平面上的多个体系统，在第 1 章介绍的多个体一致性博弈中，我们定义了每个个体 $v_i \in \mathcal{V}$ 的收益函数为

$$U_i(s) = -\sum_{v_j \in \mathcal{V}} \|s_i - s_j\|^2.$$

这要求每个个体能够获取其他所有个体的位置信息.

现在假设个体之间的通信结构是一个网络 $\mathcal{G}$，且每个个体只能获取其邻居个体的位置信息. 在这种情况下，如果令网络每对相邻个体 $(v_i, v_j) \in \mathcal{E}$ 进行一个两人博弈，博弈收益定义为 $u_0(s_i, s_j) = \|s_i - s_j\|^2$，那么由此可以生成一个对交互网络博弈，其中每个个体 $v_i \in \mathcal{V}$ 的收益为

$$U_i(s) = -\sum_{v_j \in \mathcal{N}_i} \|s_i - s_j\|^2.$$

显然两人博弈的收益函数是一个对称函数，因此，这个对交互网络博弈是一个势博弈，其势函数为

$$\phi(s) = -\frac{1}{2} \sum_{v_i \in \mathcal{V}} \sum_{v_j \in \mathcal{N}_i} \|s_i - s_j\|^2.$$

例 3.4 (网络上的矩阵博弈). 给定一个具有局部交互结构的群体，用网络 $\mathcal{G} = (\mathcal{V}, \mathcal{E})$ 表示. 假设网络中每一对相邻节点都进行一个两人 m 策略的对称矩阵博弈，其中收益矩阵为 $\boldsymbol{M}$，那么由此生成了一个网络博弈，称为网络上的矩阵博弈. 显然，在网络上的矩阵博弈中，每个个体 $v_i \in \mathcal{V}$ 的收益为

$$U_i(s) = \sum_{v_j \in \mathcal{N}_i} s_i \boldsymbol{M} s_j'. \tag{3.6}$$

其中，$s_i \in \Delta_m$ 是个体 v_i 的策略.

显然如果收益矩阵 $\boldsymbol{M}$ 是一个对称矩阵，那么对应的网络博弈是一个势博弈，其势函数为

$$\phi(s) = \frac{1}{2} \sum_{v_i \in \mathcal{V}} \sum_{v_j \in \mathcal{N}_i} s_i \boldsymbol{M} s_j'.$$

通过对称矩阵博弈生成的对交互网络博弈，是网络博弈的一种重要形式. 基于网络上的矩阵博弈，探讨网络结构对于网络博弈行为的影响，是网络博弈研究中的一个重要课题.

3.2.3 群组交互网络博弈

群组交互网络博弈是另一类重要的网络博弈形式. 与对交互网络博弈不同, 在群组交互博弈中, 每个个体以及它所有邻居集合组成的整体形成一个局部博弈. 换言之, 个体不是和每个邻居单独地进行一对一的博弈, 而是和它的邻居集合形成的整体进行博弈[8]. 图 3.4 展示了网络中的对交互和群组交互两种形式.

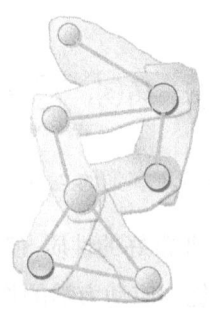

(a) 网络中的对交互　　(b) 网络中的群组交互

图 3.4　网络中的对交互和群组交互

定义 3.3. 给定一个网络博弈 $\Gamma_g = (\mathcal{G}, \{\mathcal{S}_i | v_i \in \mathcal{V}\}, \{U_i | v_i \in \mathcal{V}\})$, 如果 (1) 对所有个体 $v_i \in \mathcal{V}$, 其策略集是相同的, 即 $\mathcal{S}_i = \mathcal{S}_0$; (2) 对所有个体 $v_i \in \mathcal{V}$, 其收益函数满足如下形式

$$U_i(s) = U_i(s_i, \sum_{v_j \in \mathcal{N}_i} s_j), \tag{3.7}$$

那么称网络博弈 Γ_g 是一个群组交互网络博弈.

可以看到, 定义中的群组交互网络博弈要求个体的策略集具有加法定义. 一般地, 在群组交互网络博弈中, 个体的策略集通常是或者对应于一个欧几里得空间的子空间, 而策略的加法即为实数的加法.

同样地, 上述群组交互网络博弈可以推广到加权网络中. 考虑一个加权网络 $\mathcal{G}$, 它的权重矩阵为 $\boldsymbol{W} = (w_{ij})_{n \times n}$. 定义 3.3 中的收益函数 (3.7) 可以推广为

$$U_i(s) = U_i(s_i, \sum_{v_j \in \mathcal{N}_i} w_{ij} s_j), \tag{3.8}$$

定义 3.4. 给定一个群组交互网络博弈 $\Gamma_g = (\mathcal{G}, \{\mathcal{S}_i | v_i \in \mathcal{V}\}, \{U_i | v_i \in \mathcal{V}\})$，对任意 $s_i \geqslant s_i'$ 和任意 $\sum_{v_j \in \mathcal{N}_i} s_j \geqslant \sum_{v_j \in \mathcal{N}_i} s_j'$，如果下式

$$U_i(s_i, \sum_{v_j \in \mathcal{N}_i} s_j) - U_i(s_i', \sum_{v_j \in \mathcal{N}_i} s_j) \geqslant U_i(s_i, \sum_{v_j \in \mathcal{N}_i} s_j') - U_i(s_i', \sum_{v_j \in \mathcal{N}_i} s_j') \tag{3.9}$$

对任意个体 $v_i \in \mathcal{V}$ 成立，那么称这个群组交互网络博弈具有策略互补性. 相反地，如果

$$U_i(s_i, \sum_{v_j \in \mathcal{N}_i} s_j) - U_i(s_i', \sum_{v_j \in \mathcal{N}_i} s_j) \leqslant U_i(s_i, \sum_{v_j \in \mathcal{N}_i} s_j') - U_i(s_i', \sum_{v_j \in \mathcal{N}_i} s_j') \tag{3.10}$$

对任意个体 $v_i \in \mathcal{V}$ 成立，则称这个群组交互网络博弈具有策略互斥性.

具有策略互补性或互斥性的群组交互博弈具有非常好的性质，研究证明这类博弈中一定存在纯策略纳什均衡点，而且在顺序最优响应动力学的作用下，群体的策略一定收敛于某一纯策略纳什均衡点[9].

例 3.5 (网络上的 Cournot 竞争博弈). Cournot 竞争博弈是刻画生产同一产品的公司之间竞争关系的模型. 假定有 n 个公司，根据其地理位置的分布形成一个网络，其中任意两个邻近的公司存在竞争关系. 所有公司都生产同一种产品，每个公司 $v_i \in \mathcal{V}$ 的策略集是 $\mathcal{S}_0 = [0, +\infty)$，其中 $s_i \in \mathcal{S}_0$ 表示公司 v_i 生产的产品数量. 每个公司的收益是它的产品带来的回报减去其成本，具体如下：

$$U_i(s) = s_i p(s_i + \sum_{v_j \in \mathcal{N}_i} s_j) - c_i s_i,$$

其中，$p(x)$ 指产品的价格，它是关于邻域内所有产品总量的函数，$c_i > 0$ 是公司 v_i 生产产品的单位成本.

如果假定产品的价格 $p(x)$ 是关于产量 x 的单调递减函数，那么容易证明上述网络 Cournot 竞争博弈具有策略互斥性，因此这个博弈存在纳什均衡点，且可以通过顺序最优响应动力学得到.

3.3 网络诱导的纳什均衡

对于网络博弈来说,其纳什均衡是策略在网络上的一种特殊的分布,如图 3.3 所示. 如果给定两个交互结构不同的群体,但这两个群体中的个体进行同样的博弈,在这种情形下,显然最后形成的纳什均衡的策略分布也有可能不同. 本节,我们通过由两人两策略对称矩阵博弈生成的对交互网络博弈,来阐释个体交互结构对于网络博弈中纳什均衡策略分布的影响.

3.3.1 网络诱导的纳什均衡定义

考察一个两人两策略对称博弈 Γ_2,其收益矩阵 M 如下:

$$M = \begin{pmatrix} a & b \\ c & d \end{pmatrix}, \tag{3.11}$$

假设参与个体集合是一个网络 $\mathcal{G} = (\mathcal{V}, \mathcal{G})$. 对于两策略博弈,可以用 $x_i \in [0,1]$ 表示每个参与个体 $v_i \in \mathcal{V}$ 的策略,其中 $x_i = 1$ 或 $x_i = 0$ 分别对应两个纯策略; $x_i \in (0,1)$ 对应于一个混合策略,表示采取策略 1 的概率为 x_i,而采取策略 0 的概率为 $1 - x_i$.

根据收益矩阵中参数的不同,可以将两人两策略对称博弈分为协调博弈、对立博弈和单一策略支配的博弈三类,每类博弈具有的纳什均衡如下:

(1) 协调博弈 (coordination-class games),收益矩阵的参数满足 $a > c, d > b$. 这类博弈具有两个纯策略纳什均衡 $(0,0)$ 和 $(1,1)$,以及一个混合策略纳什均衡 (r,r),其中 $r = (d-b)/(a+d-b-c)$.

(2) 对立博弈 (anti-coordination class games),收益矩阵的参数满足 $a < c, d < b$. 这类博弈具有两个纯策略纳什均衡 $(0,1)$ 和 $(1,0)$,以及一个混合策略纳什均衡 (r,r),其中 $r = (d-b)/(a+d-b-c)$.

(3) 单一策略支配的博弈 (pure domination-class games), 收益矩阵的参数满足 $a>c, b>d$ 或 $a<c, b<d$. 这类博弈有且只有一个纳什均衡, 当 $a>c, b>d$ 时, 这个博弈的纳什均衡为 $(1,1)$; 当 $a<c, b<d$ 时, 这个博弈的纳什均衡为 $(0,0)$.

现在考虑由这个两人两策略对称博弈生成的对交互网络博弈 $\Gamma_g = (\mathcal{G}, \Gamma_2)$. 根据定义, 给定个体的策略分布 $x=(x_1, x_2, \cdots, x_n)$, 可得每个个体 $v_i \in \mathcal{V}$ 的收益为

$$U_i(x) = \sum_{v_j \in \mathcal{N}_i} (x_i, 1-x_i) \begin{pmatrix} a & b \\ c & d \end{pmatrix} \begin{pmatrix} x_j \\ 1-x_j \end{pmatrix}. \tag{3.12}$$

一些关于两策略对交互网络博弈的基本性质如下.

命题 3.1. 给定对交互网络博弈 $\Gamma_g = (\mathcal{G}, \Gamma_2)$, 其中 Γ_2 的收益矩阵为 M. 进行如下变换: (1) 对收益矩阵 M 的任意列中的每个元素加上一个相同的常数; (2) 将收益矩阵 M 乘以一个正常数, 对应网络博弈 Γ_p 的纳什均衡集保持不变.

注意到上述对收益矩阵的变换对应于对网络博弈中每个个体收益的仿射变换, 而一个函数的仿射变换并不会改变其最优解, 由此可得上述性质.

命题 3.2. 给定对交互网络博弈 $\Gamma_g = (\mathcal{G}, \Gamma_2)$ 和它一个策略分布 $x^* = (x_1^*, x_2^*, \cdots, x_n^*)$, 如果对于任意一对邻居个体 $(v_i, v_j) \in \mathcal{E}$, 策略对 (x_i^*, x_j^*) 是局部元博弈 Γ_2 的纳什均衡, 那么网络的策略分布 x^* 也是对交互网络博弈 Γ_p 的一个纳什均衡.

根据对交互网络博弈中个体收益是两人博弈收益的线性和, 可得这一性质. 根据这一性质, 容易得到两策略对交互网络博弈的一些纳什均衡, 具体如下:

(1) 如果局部元博弈 Γ_2 是协调博弈, 那么对任意的网络 $\mathcal{G}$, 若每个个体 $v_i \in \mathcal{V}$ 的策略为 $x_i = 1$ (或 $x_i = 0, x_i = r$), 那么对应的策略分布 x 是这个对交互网络博弈的一个纳什均衡, 这里 $r = (d-b)/(a+d-b-c)$.

(2) 如果局部元博弈 Γ_2 是单一策略支配的博弈, 且不失一般性, 设 1 为占优策略, 那么对任意的网络 $\mathcal{G}$, 策略分布 $x_i = 1, \forall v_i \in \mathcal{V}$ 是对应对交互网络博弈的一个纳什均衡.

(3) 如果局部元博弈 Γ_2 是对立博弈, 那么对任意二分图 $\mathcal{G} = (\mathcal{X} + \mathcal{Y}, \mathcal{E})$, 若

所有个体 $v_i \in \mathcal{X}$ 的策略为 $x_i = 1$ (或 $x_i = 0$), 个体 $v_j \in \mathcal{Y}$ 的策略为 $x_j = 0$ (或 $x_j = 1$), 那么对应策略分布 x 是这个对交互网络博弈的一个纳什均衡. 此外对于任意网络, 策略分布 $x_i = r, \forall v_i \in \mathcal{V}$ 也是对应对交互网络博弈的一个纳什均衡, 其中 $r = (d - b)/(a + d - b - c)$.

显然, 以上纳什均衡中的策略分布与网络的拓扑结构无关. 实际上, 除了以上基本的纳什均衡外, 一个对交互网络博弈可能具有其他更多的纳什均衡. 例如, 考虑一个收益参数为 $a = d = 1, b = c = 0$ 的协调博弈, 个体的交互结构如图 3.5(a) 所示. 对于这一对交互网络博弈, 除了图 3.5(a) 和图 3.5(b) 所示的两种基本类型的纳什均衡外, 还存在如图 3.5(c) 所示的纳什均衡. 同样地, 考虑另一个收益参数为 $a = d = 0, b = c = 1$ 的对立博弈, 个体的交互结构如图 3.5(d) 所示. 对于这一对交互网络博弈, 除了图 3.5(d) 和图 3.5(e) 所示的两种基本类型的纳什均衡外, 还存在如图 3.5(f) 所示的纳什均衡. 这些例子表明, 对于同一个局部元博弈, 个体交互的网络结构可能会诱导生成多种不同的纳什均衡.

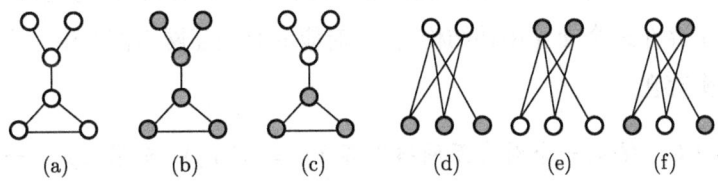

图 3.5　网络上的策略分布, 不同灰度代表不同的策略

定义 3.5 (网络诱导的纳什均衡). 对于一个对交互网络博弈 $\Gamma_g = (\mathcal{G}, \Gamma_2)$, 其中 $\mathcal{G} = (\mathcal{V}, \mathcal{E})$. 令 $x^* = (x_1^*, x_2^*, \cdots, x_n^*)$ 为这个网络博弈的一个纳什均衡. 如果对于任意相邻节点对 $(v_i, v_j) \in \mathcal{E}$, 策略对 (x_i^*, x_j^*) 是局部元博弈 Γ_2 的纳什均衡, 那么称网络博弈 Γ_p 的纳什均衡 x^* 与其局部元博弈 Γ_2 的纳什均衡一致. 否则, 如果存在相邻节点对 $(v_i, v_j) \in \mathcal{E}$, 其策略对 (x_i^*, x_j^*) 不是局部元博弈 Γ_2 的纳什均衡, 那么称纳什均衡 x^* 是网络诱导的纳什均衡.

3.3.2　网络诱导的纳什均衡存在性

在对交互网络博弈中, 网络诱导的纳什均衡不一定存在. 例如, 如果局部元博弈是一个单一策略支配的博弈，那么对任意网络交互结构，对应的对交互网络博弈不存在网络诱导的纳什均衡．

定理 3.2. 给定一个对交互网络博弈 $\Gamma_g = (\mathcal{G}, \Gamma_2)$．对于任意的无向连通图 $\mathcal{G}$，如果 Γ_2 是一个单一策略支配的博弈，那么这个对交互网络 Γ_g 有且只有一个纳什均衡，而且这个纳什均衡由两人博弈 Γ_2 的占优策略组成．

证明： 考虑网络上的任意策略分布 $x = (x_1, x_2, \cdots, x_n)$．假设存在某个个体 $v_i \in \mathcal{V}$ 的策略 x_i 不是 Γ_2 的占优策略，根据对交互网络博弈的定义，个体 v_i 可以通过将自己的策略改变为 Γ_2 的占优策略来获得更高的收益．因此，除了由占优策略组成的策略分布外，其他所有策略都不是纳什均衡．□

囚徒困境博弈是一个典型的单一策略支配的博弈，其占优策略为背叛策略．由上面定理 3.2 可知，在网络上的囚徒困境博弈中，不管个体间的交互结构如何，所有个体采取背叛策略仍然是其唯一的纳什均衡．

在对交互网络博弈中，如果局部元博弈是一个协调博弈或对立博弈，那么可以证明一定存在某个交互拓扑结构，使得对应的对交互网络博弈中存在网络诱导的纳什均衡存在．

定理 3.3. 给定一个对交互网络博弈 $\Gamma_g = (\mathcal{G}, \Gamma_2)$．如果 Γ_2 是一个协调博弈或对立博弈，那么总是存在一个无向连通图 $\mathcal{G}$，使得这个对交互网络 Γ_g 具有至少一个网络诱导的纳什均衡．

证明： 首先，考虑如下的协调博弈和对立博弈，其收益矩阵分别为

$$M' = \begin{pmatrix} 1 & 0 \\ 0 & t \end{pmatrix}, \quad 以及 \quad M'' = \begin{pmatrix} 0 & t \\ 1 & 0 \end{pmatrix}$$

其中 $t > 0$．

令 $k = \max\{\lceil 1/t \rceil, \lceil t \rceil\}$，其中 $\lceil x \rceil$ 表示不小于 x 的最小整数．构造如图 3.6 所示的网络结构，其中节点 v_1 和 v_2 的度为 $k+1$，其他节点的度为 1．令节点 v_1 和 v_2 分别采取策略 $x_1 = 1$ 和 $x_2 = 0$，节点 v_1 和 v_2 除彼此之外的邻居分别采取与节点 v_1 和 v_2 相同的策略．在这种情形下，如果网络中的局部元博弈是收益矩阵为 M' 的协调博弈，显然每个个体都无法通过改变自身策略来提高收益．因此，

图 3.6(a) 所示的策略分布是对应对交互网络博弈的纳什均衡. 此外, 因为相邻节点 v_1 和 v_2 的策略对不是协调博弈的纳什均衡, 所以根据定义, 图中所示的策略分布是一个网络诱导的纳什均衡.

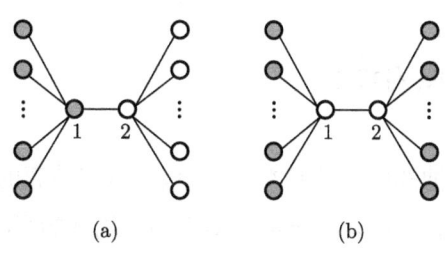

图 3.6 个体交互结构及其策略分布的构造, 不同颜色灰度分别表示不同的策略

同样地, 如果网络中的局部元博弈是收益矩阵为 M'' 的对立博弈, 那么容易证明图 3.6(b) 所示的策略分布是对应对交互网络博弈的一个网络诱导的纳什均衡.

对于一般的协调博弈和对立博弈, 通过进行仿射变换, 可以将其收益矩阵对应地变换为 M' 和 M'', 其中 $t = (d-b)/(a-c) > 0$. 而根据命题 3.1, 对局部元博弈的收益矩阵进行仿射变换, 不改变对交互网络博弈中的纳什均衡集合. 因此, 对于任意的协调博弈或对立博弈, 都存在一个网络交互结构, 使得所生成的对交互网络博弈中存在至少一个网络诱导的纳什均衡存在. 定理得证. □

由上面定理可知, 对于协调博弈或对立博弈, 参与个体之间的交互结构会对其博弈行为产生影响. 例如, 通过协调博弈, 两个个体的策略可以轻松地达成一致. 然而, 对于一个局部交互的群体来说, 同样进行两两协调博弈, 然而最终个体之间的策略可能不一致. 特别地, 实际的社交网络往往呈现出很强的社区结构特征, 每个社区内部个体之间的交互程度远远高于社区之间个体的交互程度, 在这种情形下, 即使进行两两协调博弈, 往往形成的是社区内部的策略一致性, 而整个网络上的策略一致性很难达到. 因此, 怎样构造个体之间的交互网络, 使得一个群体在协调博弈下能够达成策略一致, 是一个非常有意义的问题.

3.4 本章要点小结

本章介绍了网络博弈模型的基本内容,包括网络博弈的定义、网络博弈的两种主要类型以及网络拓扑结构对于网络博弈纳什均衡的影响.其核心内容涵盖下面三个问题:

(1) 什么是网络博弈: 网络博弈是一种更加细化的多人博弈,它将个体之间的利益关联关系通过一个网络结构来表示,使得个体之间的博弈关系更加清晰.

(2) 怎么构造网络博弈模型: 对交互和群组交互是构造网络博弈模型的两种主要方式. 具体地,在确定参与博弈的个体集合后,通过实际数据或网络模型确定参与个体的交互结构,建立相邻个体之间的博弈模型 (两两博弈或群组博弈),并将其应用于每个个体,即可得到相应的对交互或群组交互网络博弈模型.

(3) 网络交互结构对于个体的博弈行为有什么影响: 在无结构群体中,群体的策略分布由每种策略的数目确定,而在具有交互结构的群体中,群体的策略分布是对应网络上各节点策略的构型. 网络交互结构丰富了群体策略的组合形式,可能诱导出更多的纳什均衡.

博弈动力学是分析博弈行为的重要方式. 许多经典的博弈学习动力学,如最优响应动力学和择优响应动力学等,与个体间的交互方式无关,因此这些博弈学习规则可以直接应用到网络博弈模型中. 但群体博弈中的另一些演化动力学,如生灭过程和死生过程等,需要将其从无结构群体推广到网络群体中,才能对网络群体博弈策略的演化进行分析. 在接下来的几个章节中,将主要讨论网络上的演化动力学及其在网络博弈中的应用.

参考文献

[1] Newman M E J. Networks: An Introduction [M]. New York: Oxford University Press, 2010.

[2] Erdős P, Rényi A. On random graphs I [J]. Publ. Math. Debrecen, 1959, 6: 290–297.

[3] Watts D J, Strogatz S H. Collective dynamics of 'small-world' networks [J]. Nature, 1998, 393: 440–442.

[4] Barabási A L, Albert R. Emergence of scaling in random networks [J]. Science, 1999, 286: 509–512.

[5] Penrose M. Random Geometric Graphs [M]. New York: Oxford University Press, 2003.

[6] Hagberg A A, Schult D A, Swart P J. Exploring network structure, dynamics, and function using networkx [C]: Proceedings of the 7th Python in Science Conference (SciPy2008), Pasadena, CA USA, August 19–24, 2008, 11–15.

[7] Agnarsson G, Greenlaw R. Graph Theory: Modeling, Applications, and Algorithms [M]. New York: Prentice-Hall, Inc., 2006.

[8] Tan S, Feng S, Wang P, et al. Strategy selection in evolutionary game dynamics on group interaction networks [J]. Bulletin of Mathematical Biology, 2014, 76(11): 2785–2805.

[9] Young P, Zamir S. Handbook of Game Theory [M]. Vol. 4. Amsterdam: Elsevier Publisher, 2015.

第 4 章 网络上的随机漂移过程

基于生物进化论中选择和突变等思想提出的演化动力学,是分析和预测群体博弈行为的重要工具. 传统的演化博弈动力学研究了无结构群体中策略的更新演化过程. 为了进一步研究具有网络结构的群体博弈中策略的演化过程, 需要将传统的演化动力学推广到网络上, 形成网络上的演化动力学.

本章我们介绍网络上的演化动力学模型并探讨其中一类特殊的演化过程: 随机漂移过程. 具体地, 4.1 节介绍网络上的演化动力学模型; 4.2 节分析网络上随机漂移过程, 给出描述网络上随机漂移过程的数学模型及其主要性质; 4.3 节进一步考察动态网络上随机漂移过程; 最后 4.4 节对本章的要点内容进行总结.

第 4 章 网络上的随机漂移过程

4.1 网络上的演化动力学模型

网络上的演化动力学模型由三个基本元素组成: ① 一个给定的网络; ② 节点的状态集合及其适应度; ③ 节点状态的更新规则. 接下来, 分别介绍这些基本元素及其工作机理.

4.1.1 网络状态集及其适应度景观

一般地, 用 $\mathcal{G} = (\mathcal{V}, \mathcal{E}, \boldsymbol{W})$ 表示一个网络群体, 其中 $\mathcal{V} = \{v_1, v_2, \ldots, v_n\}$ 为个体集合, $\mathcal{E}$ 是边集, $\boldsymbol{W} = (w_{ij})_{n \times n}$ 是网络的权重矩阵, 用来刻画各节点之间交互的强度. $\boldsymbol{A} = (a_{ij})_{n \times n}$ 表示网络的邻接矩阵.

每个节点的状态集合及其适应度由网络博弈得到. 给定一个网络博弈 $\Gamma_g = (\mathcal{G}, \{\mathcal{S}_i | i \in \mathcal{V}\}, \{U_i | i \in \mathcal{V}\})$. 假设个体的策略集合与个体的身份无关, 此时不失一般性, 可令 $\mathcal{S}_i = \mathcal{S} = \{0, 1, 2, \cdots, m-1\}$ 为每个个体策略集合, 那么每个个体 $v_i \in \mathcal{V}$ 的状态 $s_i \in \mathcal{S}$ 表示其采取的策略. 每个个体的收益 $\pi_i(s)$ 由博弈的收益函数得到: $\pi_i(s) = U_i(s)$. 这里, $s = (s_1, s_2, \cdots, s_n)$ 是所有参与个体的策略组合. 注意, 在网络博弈中, 每个个体的收益仅与它相邻个体的状态相关.

与无结构群体博弈动力学相同, 个体的收益被转化为它的适应度. 令 $f_i(s)$ 表示个体 $v_i \in \mathcal{V}$ 在网络状态 s 时的适应度, 那么 $f_i(s) = \exp(w \times \pi_i(s))$, 其中 $w \geqslant 0$ 是选择强度.

4.1.2 状态更新规则

在网络上的演化动力学中, 每个个体根据其周围邻居的状态和适应度来更新自己的状态. 状态更新规则描述了节点在每一步更新状态的方式. 一些典型的更新规则如下.

1. 生灭过程[1]

每一步, 以正比于适应度的概率, 从网络中选择出一个个体, 这个个体产生一个与自己策略相同的复制个体, 并将这个复制个体随机地替代它的一个邻居, 如图 4.1(a) 所示. 如果网络是加权的, 那么被替代的邻居节点被选出来的概率正比于其连边的权重. 例如, 如果首先产生复制的节点为 $v_i \in \mathcal{V}$, 那么其邻居节点 $v_j \in \mathcal{N}_i$ 被选出来的概率正比于两者之间连边的权重 w_{ij}.

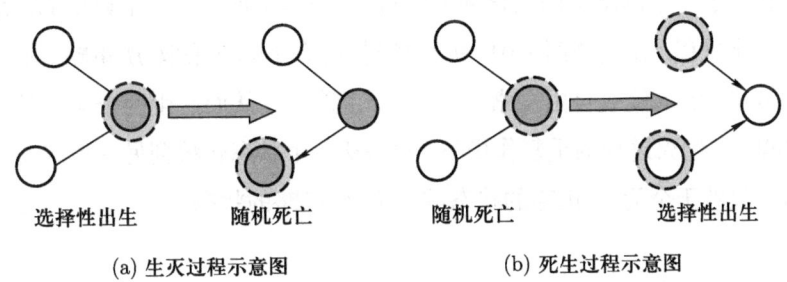

(a) 生灭过程示意图　　(b) 死生过程示意图

图 4.1　两类典型的状态更新过程

2. 死生过程[2]

每一步, 随机地从网络中淘汰一个个体, 然后以正比于适应度的概率, 从淘汰个体的邻居中选择出一个个体, 这个个体产生一个与自己策略相同的复制个体, 取代被淘汰个体的位置, 如图 4.1(b) 所示. 对于加权网络, 如果节点 $v_i \in \mathcal{V}$ 为淘汰个体, 那么它的一个邻居节点 $v_j \in \mathcal{N}_i$ 被选出来产生复制的概率正比于 $f_j w_{ji}$. 其中, f_j 为节点 v_j 的适应度, w_{ji} 为边 (v_j, v_i) 的权重.

3. 选边过程[3]

每一步, 以均匀的概率 (即 $1/|\mathcal{E}|$) 从网络中选择一条边 $(v_i, v_j) \in \mathcal{E}$, 然后个体 v_i 以 $f_i/(f_i + f_j)$ 的概率产生一个复制个体并取代个体 v_j, 否则, 个体 v_j 产生一个复制个体并取代个体 v_i. 对于加权网络, 网络中的一条边 $(v_i, v_j) \in \mathcal{E}$ 被选出来的概率正比于其权重 w_{ij}, 同时, 若 $(v_i, v_j) \in \mathcal{E}$ 被选择, 那么个体 v_i 以 $f_i/(f_i + f_j)$ 的概率产生一个复制个体并取代个体 v_j, 否则保持个体状态不变.

4. Wright-Fisher 过程[4]

每一步, 所有个体同时更新自己的状态. 每个个体以正比于适应度的概率, 从所有邻居中选择一个个体, 并模仿这个邻居个体的策略. 对于加权网络, 如果节点 $v_i \in \mathcal{V}$ 更新自己状态时, 它的一个邻居节点 $v_j \in \mathcal{N}_i$ 被选出来产生复制的概率正比于 $f_j w_{ji}$. 显然, Wright-Fisher 过程可以看作一个同步更新的死生过程.

4.1.3 演化过程的数学描述

个体间的交互网络、个体的状态集及其适应度以及个体状态的更新规则等三个元素确定了一个网络上的演化动力学过程. 图 4.2 展示了一个典型的网络上的两策略演化过程. 在这个例子中, 初始时刻, 所有个体都采取 B 策略. 某一时刻, 一个新策略 (由入侵或自由探索导致) 进入网络中, 从而产生两个策略的交互和竞争过程. 在生灭过程的重复作用下, 网络从一个状态转移到另一个状态. 最后, 整个网络收敛于全为 A 策略的状态或全为 B 策略的状态.

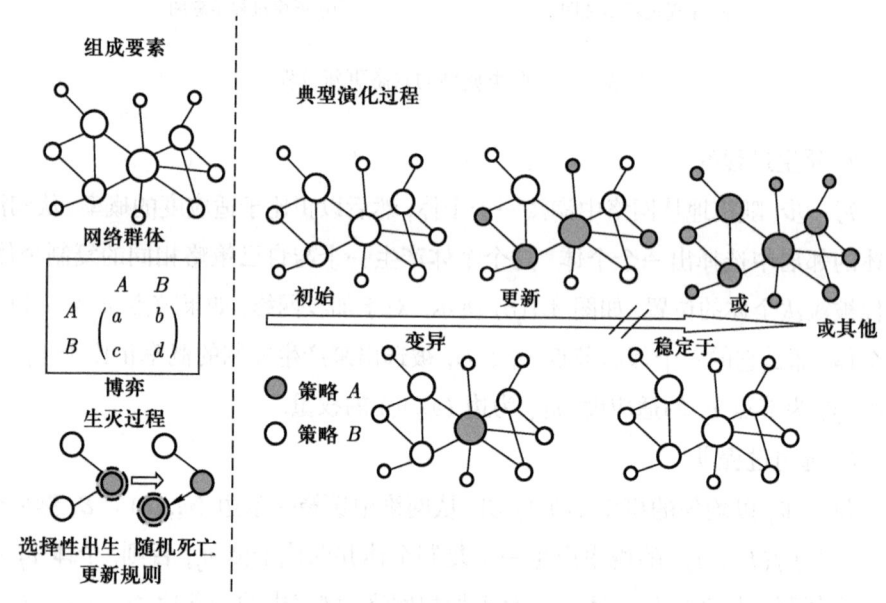

图 4.2 网络上的两策略演化过程

一般地, 网络上的演化动力学过程可以用一个有限状态离散时间马尔可夫链来描述. 给定网络 $\mathcal{G} = \{\mathcal{V}, \mathcal{E}\}$, 通常假定个体只有两种策略 $\mathcal{S} = \{A, B\}$ 可以选择. 令 $s(k) = (s_1(k), s_2(k), \cdots, s_n(k))^{\mathrm{T}}$ 表示 k 时刻群体的状态, 其中

$$s_i(k) = \begin{cases} 1, & \text{如果节点 } v_i \in \mathcal{V} \text{ 采取策略 } A, \\ 0, & \text{如果节点 } v_i \in \mathcal{V} \text{ 采取策略 } B. \end{cases}$$

令 $M_k = \{v_i \in \mathcal{V} | s_i(k) = 1\}$ 表示 k 时刻群体中的 A 策略个体集合, 那么网络上的演化过程可以通过 $\mathbf{M} = (M_T)_{T=0}^{\infty}$ 表示, 其中从 $M_T \in 2^{\mathcal{V}}$ 到 $M_{T+1} \in 2^{\mathcal{V}}$ 的转移概率 $\mathcal{P}(M_{T+1}|M_T)$ 由具体的网络博弈和更新动力学得到.

定理 4.1. 给定强连通非周期网络 $\mathcal{G} = \{\mathcal{V}, \mathcal{E}\}$ 和个体的策略集合 $\mathcal{S} = \{A, B\}$, 那么在网络上的生灭过程、死生过程、选边过程或 Wright-Fisher 过程作用下, 网络策略演化过程 $\mathbf{M} = (M_T)_{T=0}^{\infty}$ 将收敛于 $\mathcal{V}$ 或 $\varnothing$, 即 $\lim_{T\to\infty} M_T = \varnothing$ 或者 $\lim_{T\to\infty} M_T = \mathcal{V}$.

证明: 注意到 $M_k = \varnothing$ 对应的网络状态是 $s(k) = (0, 0, \cdots, 0)^{\mathrm{T}}$, 即所有个体采取 B 策略, 而 $M_k = \mathcal{V}$ 对应的网络状态是 $s(k) = (1, 1, \cdots, 1)^{\mathrm{T}}$, 即所有个体采取 A 策略. 显然, 对于生灭过程、死生过程、选边过程或 Wright-Fisher 过程, 这两个状态是吸收态. 而对于其他状态 $M_k \ne \varnothing$ 或 $M_k \ne \mathcal{V}$, 节点都可以分为 A 策略节点集合 M_k 和 B 策略节点集合 $\mathcal{V} - M_k$ 两部分. 因为图 $\mathcal{G}$ 是强连通图, 所以图中至少存在一条连接 A 策略节点集合 M_k 和 B 策略节点集合 $\mathcal{V} - M_k$ 的边. 因此, 在生灭过程、死生过程、选边过程或 Wright-Fisher 过程作用下, A 策略个体替代 B 策略个体的概率不为零, 即网络中的 A 策略个体数目增加的概率不为零. 由此可知, 除了 $M_k = \varnothing$, 所有其他状态都能转移到吸收态 $M_k = \mathcal{V}$. 因此, 除了 $M_k = \varnothing$ 和 $M_k = \mathcal{V}$ 之外, 所有其他状态都是瞬态. 因此, 网络策略的演化过程 $\mathbf{M} = (M_T)_{T=0}^{\infty}$ 将收敛于 $\mathcal{V}$ 或 $\varnothing$. □

令 $M_0 = \{v_i \in \mathcal{V} | s_i(0) = 1\}$ 表示初始时刻网络中 A 策略个体的集合, 令 $\rho_{M_0} = \mathcal{P}(\lim_{T\to\infty} M_T = \mathcal{V})$ 表示网络所有个体的策略收敛于 A 策略的概率. 这一概率, 称为 A 策略的固定概率, 是刻画演化博弈动力学行为的一个关键变量. 方便起见, 一般令 $\rho_{\{v_i\}} = \rho_i$, 表示一个 A 策略个体入侵节点 $v_i \in \mathcal{V}$ 后, 在演化规则下, 最终扩散到整个网络的概率.

求解固定概率是分析网络上演化动力学的一个最具挑战性的问题. 对于具有 n 个节点的两策略演化动力学, 由于每个节点具有两个状态, 那么整个网络具有

2^n 个状态. 因此, 需要求解一个大小为 2^n 的方程组才能得到对应马尔可夫链的吸收概率. 一般地, 这个方程的一般形式为

$$\rho_X = \sum_{Y \in 2^\mathcal{V}} \mathcal{P}(Y|X)\rho_Y. \tag{4.1}$$

其中, $X \in 2^\mathcal{V}$ 指网络的某一状态, $\mathcal{P}(Y|X)$ 是网络从状态 X 转移到状态 Y 的概率, 这一转移概率由具体的演化动力学决定.

例 4.1. 给定一个具有 3 个节点的网络, 如图 4.3 所示. 假设所有节点只有两个策略可以选择, 那么整个网络群体共有 8 种状态, 分别为 $s_0 = (0,0,0)^T$, $s_1 = (0,0,1)^T$, $s_2 = (0,1,0)^T$, $s_3 = (0,1,1)^T$, $s_4 = (1,0,0)^T$, $s_5 = (1,0,1)^T$, $s_6 = (1,1,0)^T$ 和 $s_7 = (1,1,1)^T$.

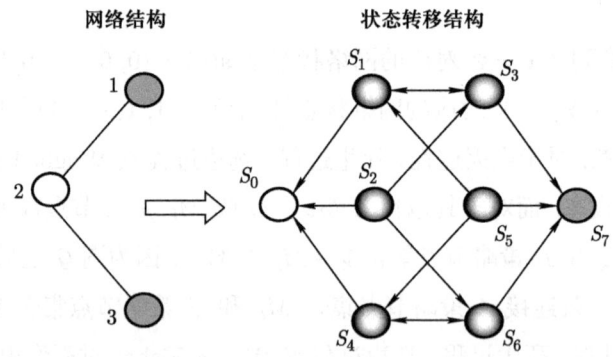

图 4.3　网络上的两策略演化过程

对于一个演化动力学, 如果其状态更新过程是顺序或随机时序更新, 如生灭过程、死生过程和选边过程等, 那么每次更新最多仅有一个个体调整自己的状态. 在对应这类演化过程的马尔可夫链中, 网络状态的转移结构如图 4.3 所示, 其中各状态之间的箭头表示存在一定概率从一个状态转移到另一个状态, 这里省略了从自身状态转移到自身状态的环状箭头. 显然, 在这类演化过程中, $s_0 = (0,0,0)^T$ 和 $s_7 = (1,1,1)^T$ 两个状态是吸收态.

4.1.4　应用例子

网络上的演化动力学模型可用于刻画许多实际系统中的状态演化过程[5-9].

下面给出 3 个例子来阐释其应用.

例 4.2 (社交网络上的观点动力学). 在社交群体中, 个体在政治观念、文化方式、宗教信仰等各个方面通常存在着多种不同的观点, 这些不同的观点通过交互、竞争在社交网络上传播. 某些情况下, 一种主流的观点 (称为潮流或社会趋势) 涌现出来; 另一些情况下, 不同的观点同时存在[10]. 如果将社交群体的结构用一个社交网络刻画, 将不同观点当作不同的策略 (状态), 同时, 将观点在个体间的交互传播过程通过个体的更新规则来描述, 那么社交群体中观点的演化过程可以通过网络上的演化动力学来建模.

例 4.3 (消费者网络上的产品竞争过程). 在工业品市场中, 同一类型的物品中常常具有多种不同品牌的产品. 这些产品相互竞争来争取更多的消费者 (如图 4.4(a) 所示). 将同类产品的每个品牌看作网络中的一个策略, 将每个品牌产品的质量、外观等对应于这个策略的效用, 同时, 将产品通过朋友推荐的传播方式用一个状态更新规则刻画, 那么产品在消费者网络上的竞争过程即可以表述为网络上的演化动力学过程[11]. 在这类过程中, 一个重要问题是: 如何找出消费者网络中的关键节点, 使得通过关键节点的影响力, 一个产品能够争取到最多的消费者.

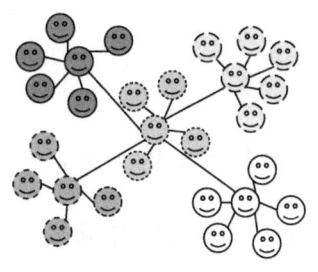
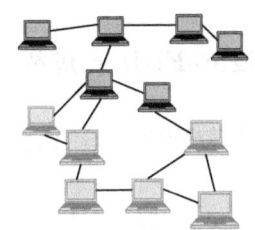

(a) 消费者网络示意图　　　　　　(b) P2P网络示意图

图 4.4　实际系统中的状态演化过程

例 4.4 (P2P 网络中的内容传播). 在 P2P 网络中, 两个个体之间能够进行直接的内容传播[12]. 每一个个体既可以是内容消费者, 也可以是内容创造者. 因此, 一些个体产生的新内容能够通过 P2P 网络在群体中传播, 通过每个节点产生的新内容也面临着其他内容的竞争 (如图 4.4(b) 所示). P2P 网络中的内容传播过程也可以通过网络上的演化动力学来建模. 此时, 一个核心问题是: 如何设计 P2P 网络的结构, 来促进有益内容在群体中的传播.

4.2 网络上的随机漂移

给定一个网络上的演化动力学过程, 如果不同的策略给予个体的收益完全相同, 那么称这个动力学过程为一个随机漂移过程 (random drift). 显然, 在随机漂移过程中, 所有个体的适应度完全相等, 此时策略在网络上的竞争扩散过程完全与策略本身的性质无关, 而是由状态更新过程本身的随机性决定.

随机漂移是促使集群行为涌现或变迁的一种基本作用力, 它也为一般演化博弈动力学过程提供了一个参照标准. 特别地, 虽然对于一般演化动力学过程, 求解某一策略的固定概率是一件计算度非常高的难题, 然而对于网络上的随机漂移这一类特殊的动力学过程, 策略的固定概率可以通过解析的方式得到[13−17].

4.2.1 Wright-Fisher 过程

给定一个加权网络 $\mathcal{G} = (\mathcal{V}, \mathcal{E}, \boldsymbol{W})$. 对所有 $v_i \in \mathcal{V}$, 令 $w_{\text{in}}(v_i) = \sum_{v_j \in \mathcal{V}} w_{ji}$ 且 $w_{\text{out}}(v_i) = \sum_{v_j \in \mathcal{V}} w_{ij}$. 假定个体只有两种策略 $\mathcal{S} = \{A, B\}$ 可以选择. 令 $\boldsymbol{s}(k) = (s_1(k), s_2(k), \cdots, s_n(k))^{\mathrm{T}}$ 表示 k 时刻群体的状态, 其中

$$s_i(k) = \begin{cases} 1, & \text{如果节点 } v_i \in \mathcal{V} \text{ 采取策略 } A, \\ 0, & \text{如果节点 } v_i \in \mathcal{V} \text{ 采取策略 } B. \end{cases}$$

令 $\boldsymbol{r}(k) = (r_1(k), r_2(k), \cdots, r_N(k))^{\mathrm{T}}$, 其中 $r_i(k) = \mathcal{P}(s_i(k) = 1)$ 表示 k 时刻 $s_i(k) = 1$ 的概率.

根据网络中的 Wright-Fisher 更新规则, 在所有个体适应度相等的情况下, 可

知

$$\mathcal{P}(s_i(k+1) = s_j(k)) = \frac{w_{ji}}{w_{\text{in}}(v_i)}, \qquad 对于所有 v_i \in \mathcal{V}. \tag{4.2}$$

直观地说, 每一步, 每个个体通过模仿一个随机选出的邻居的状态来更新自己的状态. 具体地, 节点 $v_i \in \mathcal{V}$ 模仿节点 $v_j \in \mathcal{V}$ 状态的概率正比于权重 w_{ji}.

令 $M_k = \{v_i \in \mathcal{V} | s_i(k) = 1\}$ 表示 k 时刻群体中的 A 策略个体集合. 由上式可知, $k+1$ 时刻节点 $v_i \in \mathcal{V}$ 为 A 策略的概率为

$$\begin{aligned} \mathcal{P}(s_i(k+1) = 1) &= \sum_{v_j \in M_k} \mathcal{P}(s_i(k+1) = s_j(k)) \\ &= \sum_{v_j \in M_k} \frac{w_{ji}}{w_{\text{in}}(v_i)} \\ &= \sum_{v_j \in \mathcal{V}} \frac{w_{ji}}{w_{\text{in}}(v_i)} s_j(k). \end{aligned} \tag{4.3}$$

令 $m_{ij} = w_{ji}/w_{\text{in}}(v_i)$, $\boldsymbol{M}_{WF} = (m_{ij})_{n \times n}$. 容易验证

$$\boldsymbol{M}_{WF} = \boldsymbol{W}^{\mathrm{T}}(\text{diag}(\boldsymbol{1W}))^{-1} \tag{4.4}$$

是一个随机矩阵, 其中 $\boldsymbol{1}$ 是所有元素都为 1 的横向量, $\text{diag}(\boldsymbol{x})$ 是以向量 $\boldsymbol{x}$ 中每个元素为对角元素的对角矩阵. 由式 (4.4) 可知, 在 Wright-Fisher 更新规则下的随机漂移作用下, 网络状态的演化可以通过下式描述:

$$\begin{cases} \boldsymbol{r}(k+1) = \boldsymbol{M}_{WF}\boldsymbol{s}(k), \\ \boldsymbol{s}(k+1) = \mathcal{B}(\boldsymbol{r}(k+1)), \end{cases} \tag{4.5}$$

其中, 算子 $\mathcal{B}(\boldsymbol{r}(k+1))$ 是对 $\boldsymbol{s}(k+1)$ 的一个实现. 具体地, 对每个节点 $v_i \in \mathcal{V}$, 以 $r_i(k+1)$ 的概率令 $s_i(k+1) = 1$, 以 $1 - r_i(k+1)$ 的概率令 $s_i(k+1) = 0$.

定理 4.2. 给定一个强连通非周期图 $\mathcal{G} = (\mathcal{V}, \mathcal{E}, \boldsymbol{W})$. 设初始时刻 A 策略个体集合为 M, 其他个体采取 B 策略. 那么, 在网络上的 Wright-Fisher 过程作用下, A 策略要么占据整个网络, 要么全部被淘汰. 特别地, 如果 A 策略和 B 策略带给所有个体的收益相同, 那么 A 策略的固定概率为 $\rho_M = \sum_{v_i \in M} \mu(i)$, 其中 $\boldsymbol{\mu}^{\mathrm{T}}$ 是随机矩阵 $\boldsymbol{M}_{WF}$ 的平稳分布.

证明: 由定理 4.1 可知, 在网络上的 Wright-Fisher 过程作用下, A 策略要么占据整个网络, 要么全部被淘汰.

注意 $\mathcal{G}$ 是一个强连通非周期图. 根据 $\boldsymbol{M}_{WF}$ 和 $\boldsymbol{W}$ 两个矩阵之间的关系, 易知随机矩阵 $\boldsymbol{M}_{WF}$ 是一个遍历型随机矩阵. 因此, 这个随机矩阵存在一个平稳分布 $\boldsymbol{\mu}^{\mathrm{T}}$, 使得

$$\lim_{k \to +\infty} \boldsymbol{M}_{WF}^k = \mathbf{1}^{\mathrm{T}} \boldsymbol{\mu}. \tag{4.6}$$

令 $\mathbb{E}(X)$ 表示随机变量 X 的期望. 由 (4.5) 式可得

$$\mathbb{E}(\boldsymbol{s}(k+1)|\boldsymbol{s}(k)) = \mathbb{E}(\boldsymbol{r}(k+1)) = \boldsymbol{M}_{WF}\boldsymbol{s}(k). \tag{4.7}$$

令 $k \to +\infty$ 可得

$$\mathbb{E}(\boldsymbol{s}(k+1)|\boldsymbol{s}(0)) = \lim_{k \to +\infty} \boldsymbol{M}_{WF}^k \boldsymbol{s}(0) = \mathbf{1}^{\mathrm{T}} \boldsymbol{\mu} \boldsymbol{s}^{\mathrm{T}}(0). \tag{4.8}$$

因此, 给定初始状态 $\boldsymbol{s}(0)$, 最终每个个体 $v_i \in \mathcal{V}$ 以 $\boldsymbol{\mu}\boldsymbol{s}^{\mathrm{T}}(0)$ 概率采取 A 策略. 注意到最终网络中所有节点采取相同的策略, 因此 $\boldsymbol{\mu}\boldsymbol{s}^{\mathrm{T}}(0)$ 即策略 A 的固定概率. 显然 $\rho_M = \boldsymbol{\mu}\boldsymbol{s}^{\mathrm{T}}(0) = \sum_{v_i \in M} \mu(i)$, 定理得证. □

上述定理说明了关于 Wright-Fisher 更新规则下的随机漂移过程两个事实: 1) A 策略占据一个节点集合后的固定概率等于 A 策略占据这个集合中每个节点的固定概率之和; 2) 任意初始条件下, A 策略的固定概率可以通过求解一个随机矩阵的平稳分布得到. 特别地, 如果网络中节点数目为 n, 那么对应随机矩阵的阶数也为 n, 因此求解固定概率的计算复杂度是关于网络节点数目的多项式.

如果个体的交互网络是一个无向加权图, 即 $\boldsymbol{W} = \boldsymbol{W}^{\mathrm{T}}$, 那么可以得到固定概率的显示表达式. 在无向图中, 对所有节点 $v_i \in \mathcal{V}$, 都有 $w_{\mathrm{in}}(v_i) = w_{\mathrm{out}}(v_i)$. 因此, 可以令 $w_i = w_{\mathrm{in}}(v_i) = w_{\mathrm{out}}(v_i)$, 表示节点 v_i 的权重. 特别地, 对于无向无权图, 即 $\boldsymbol{W} = \boldsymbol{A}$, w_i 就是节点 v_i 的度.

推论 4.1. 给定一个连通非周期图 $\mathcal{G} = (\mathcal{V}, \mathcal{E}, \boldsymbol{W})$. 设初始时刻 A 策略个体集合为 M, 其他个体采取 B 策略. 如果这个图是无向加权图, 即 $\boldsymbol{W} = \boldsymbol{W}^{\mathrm{T}}$, 那么, 在 Wright-Fisher 更新规则下的随机漂移过程作用下, A 策略的固定概率为

$$\rho_M = \sum_{v_i \in M}(\sum_{v_j \in \mathcal{V}} w_j/w_i)^{-1}.$$ 特别地, 如果这个图是无向无权图, 即 $\boldsymbol{W} = \boldsymbol{A} = \boldsymbol{A}^{\mathrm{T}}$, 那么 A 策略的固定概率为 $\rho_M = (\sum_{v_j \in \mathcal{V}} d_j)^{-1} \sum_{v_i \in M} d_i$.

证明: 如果 $\boldsymbol{W} = \boldsymbol{W}^{\mathrm{T}}$, 那么 $\boldsymbol{M}_{WF}$ 为

$$\boldsymbol{M}_{WF} = [\mathrm{diag}(w_1, w_2, \cdots, w_N)]^{-1} \boldsymbol{W}, \tag{4.9}$$

其中 $\mathrm{diag}(w_1, w_2, \cdots, w_N)$ 表示第 i 个对角元素为 w_i 的对角矩阵. 根据定理 4.2, 我们只需验证

$$\boldsymbol{\mu}^{\mathrm{T}} = (\sum_{k=1}^{N} w_k)^{-1}(w_1, w_2, \cdots, w_N)$$

是随机矩阵 $\boldsymbol{M}_{WF}$ 的平稳分布. 容易验证, $\mu(i) \geqslant 0$ 且 $\sum_{i=1}^{N} \mu(i) = 1$. 因此, $\boldsymbol{\mu}^{\mathrm{T}}$ 是一个概率分布. 此外, 由 $\boldsymbol{W} = \boldsymbol{W}^{\mathrm{T}}$ 可得

$$\begin{aligned}
&\boldsymbol{\mu}^{\mathrm{T}} \boldsymbol{M}_{WF} \\
&= (\sum_{k=1}^{N} w_k)^{-1}(w_1, w_2, \cdots, w_N)[\mathrm{diag}(w_1, w_2, \cdots, w_N)]^{-1} \boldsymbol{W}^{\mathrm{T}} \\
&= (\sum_{k=1}^{N} w_k)^{-1}(1, 1, \cdots, 1) \boldsymbol{W}^{\mathrm{T}} \\
&= (\sum_{k=1}^{N} w_k)^{-1}(w_1, w_2, \cdots, w_N) = \boldsymbol{\mu}^{\mathrm{T}}.
\end{aligned}$$

因此, 当 $\boldsymbol{W} = \boldsymbol{W}^{\mathrm{T}}$ 时, $\boldsymbol{\mu}^{\mathrm{T}}$ 是随机矩阵 $\boldsymbol{M}_{WF}$ 的平稳分布.

特别地, 如果 $\boldsymbol{W} = \boldsymbol{A} = \boldsymbol{A}^{\mathrm{T}}$, 那么 $\boldsymbol{\mu}^{\mathrm{T}} = (\sum_{k=1}^{N} d_k)^{-1}(d_1, d_2, \cdots, d_N)$. 根据定理 4.2, 上述推论成立. □

由上述推论可知, 如果个体间的交互结构是无向无权图, 在 Wright-Fisher 更新规则下的随机漂移过程作用下, 一个策略入侵网络中某个节点后并最终占据整个网络的概率正比于这个节点的度.

4.2.2 生灭过程

根据生灭过程的更新规则, 在随机漂移情况下, 网络状态的演化通过邻居节

点之间策略的替代产生. 每一步, 一个随机选择的个体产生一个复制并替代它的一个邻居个体. 具体地, 对任意两个个体 $v_l \in \mathcal{V}$ 和 $v_m \in \mathcal{V}$, 个体 v_m 被个体 v_l 的后代替代的概率为

$$p_{ml} = \frac{1}{n} \frac{w_{lm}}{w_{\text{out}}(v_l)}, \tag{4.10}$$

其中 $n = |\mathcal{V}|$, $1/n$ 是个体 v_l 被选择出来产生复制个体的概率, $w_{lm}/w_{\text{out}}(v_l)$ 是个体 v_l 产生的复制个体替代它的邻居 v_m 的概率.

现在假定在 k 时刻, 个体 v_l 和 v_m 分别被选择出来进行复制和淘汰, 那么可以得到网络节点的演化如下:

$$\begin{aligned} r_i(k+1) &= \mathcal{P}(s_i(k+1) = 1) \\ &= \begin{cases} s_i(k), & \text{若 } v_i \neq v_m, \\ s_l(k), & \text{若 } v_i = v_m. \end{cases} \end{aligned} \tag{4.11}$$

令 $\boldsymbol{D}^{ml} = (d_{ij}^{ml})_{n \times n}$, 其中

$$d_{ij}^{ml} = \begin{cases} 1, & \text{若 } i = m, j = l \text{ 或 } i = j \neq m, \\ 0, & \text{其他情形}. \end{cases}$$

那么, 上述的演化过程可以描述为

$$\begin{cases} \boldsymbol{r}(k+1) = \boldsymbol{D}^{ml} \boldsymbol{s}(k), \\ \boldsymbol{s}(k+1) = \mathcal{B}(\boldsymbol{r}(k+1)). \end{cases} \tag{4.12}$$

令 $\mathcal{D} = \{\boldsymbol{D}^{ij} | v_i, v_j \in \mathcal{V}\}$ 为一个矩阵集合. 在生灭过程中, 每一步, 以一定的概率选出矩阵 $\boldsymbol{D}^{ml}$, 然后个体状态按照 (4.12) 式更新. 从而, 生灭过程更新规则下的随机漂移过程可以表述成如下形式:

$$\begin{cases} \boldsymbol{D}_{BD} = \mathcal{R}_{BD}(\mathcal{D}), \\ \boldsymbol{r}(k+1) = \boldsymbol{D}_{BD} \boldsymbol{s}(k), \\ \boldsymbol{s}(k+1) = \mathcal{B}(\boldsymbol{r}(k+1)). \end{cases} \tag{4.13}$$

这里, $\mathcal{R}_{BD}(\mathcal{D})$ 算子为从集合 $\mathcal{D}$ 选择一个替代矩阵的过程. 具体地, 这个操作以 p_{ij} 的概率从矩阵集合 $\mathcal{D}$ 选出矩阵 $\boldsymbol{D}^{ij}$, 其中 $i, j = 1, 2, \cdots, n$.

4.2 网络上的随机漂移

令 $M_{BD} = \mathbb{E}(\mathcal{R}_{BD}) = \sum_{i,j=1}^{N} p_{ij} \boldsymbol{D}^{ij} = (m_{ij})_{n \times n}$,那么可得

$$m_{ij} = \begin{cases} \dfrac{w_{ji}}{nw_{\text{out}}(j)}, & \text{若 } i \neq j, \\ 1 - \dfrac{1}{n}\sum_{k=1,k\neq i}^{n} \dfrac{w_{ki}}{w_{\text{out}}(k)}, & \text{若 } i = j. \end{cases} \quad (4.14)$$

定理 4.3. 给定一个强连通图 $\mathcal{G} = (\mathcal{V}, \mathcal{E}, \boldsymbol{W})$. 设初始时刻 A 策略个体集合为 M,其他个体采取 B 策略. 在网络上的生灭过程作用下, A 策略要么占据整个网络,要么全部被淘汰. 特别地,如果 A 策略和 B 策略带给所有个体的收益相同,那么 A 策略的固定概率为 $\rho_M = \sum_{v_i \in M} \mu(i)$,其中 $\boldsymbol{\mu}^{\mathrm{T}}$ 为随机矩阵 M_{BD} 的平稳分布.

证明: 由定理 4.1 可知,在网络上生灭过程的作用下, A 策略要么占据整个网络,要么全部被淘汰.

因为图 $\mathcal{G}$ 是强连通图,根据 (4.14) 式,可知矩阵 M_{BD} 的结构图也是强连通的. 此外,由于对所有 $v_i \in \mathcal{V}, m_{ii} > 0$ 都成立,可知矩阵 M_{BD} 的结构图也是非周期的. 因此,随机矩阵 M_{BD} 是遍历型随机矩阵,因而具有一个平稳分布 $\boldsymbol{\mu}^{\mathrm{T}}$ 使得 $\lim_{k \to \infty} (M_{BD})^k = \boldsymbol{1}\boldsymbol{\mu}^{\mathrm{T}}$, 其中 $\boldsymbol{1} = (1,1,\cdots,1)^{\mathrm{T}}$.

由 (4.13) 式可得

$$\mathbb{E}(\boldsymbol{s}(k+1)|\boldsymbol{s}(k)) = \mathbb{E}(\boldsymbol{r}(k+1))$$
$$= \mathbb{E}(\boldsymbol{D}_{BD})\boldsymbol{s}(k) = M_{BD}\boldsymbol{s}(k).$$

因此,

$$\mathbb{E}(\boldsymbol{s}(k)|\boldsymbol{s}(0)) = (M_{BD})^k \boldsymbol{s}(0).$$

令 $k \to \infty$, 可以得到

$$\lim_{k \to \infty} \mathbb{E}(\boldsymbol{s}(k)|\boldsymbol{s}(0)) = \lim_{k \to \infty}(M_{BD})^k \boldsymbol{s}(0) = \boldsymbol{1}\boldsymbol{\mu}^{\mathrm{T}}\boldsymbol{s}(0).$$

这表明最后每个个体采取 A 策略的概率都为 $M^{\mathrm{T}}\boldsymbol{s}(0)$. 注意到最后整个群体都收敛于同一状态. 因此, $M^{\mathrm{T}}\boldsymbol{s}(0)$ 就是 A 策略的固定概率. 这就是说,

$$\rho_M = \boldsymbol{\mu}^{\mathrm{T}}\boldsymbol{s}(0) = \sum_{i=1}^{n} \mu(i)s_i(0) = \sum_{v_i \in M} \mu(i).$$

定理得证. □

推论 4.2. 给定一个连通图 $\mathcal{G} = (\mathcal{V}, \mathcal{E}, \boldsymbol{W})$，设初始时刻 A 策略个体集合为 M，其他个体采取 B 策略. 如果图 $\mathcal{G}$ 是无向加权图，即 $\boldsymbol{W} = \boldsymbol{W}^{\mathrm{T}}$，那么在生灭更新规则下的随机漂移过程作用下，$A$ 策略的固定概率为 $\rho_M = \sum_{v_i \in M}(\sum_{v_j \in \mathcal{V}} w_i/w_j)^{-1}$. 特别地，如果图 $\mathcal{G}$ 是无向无权图，即 $\boldsymbol{W} = \boldsymbol{A} = \boldsymbol{A}^{\mathrm{T}}$，那么 A 策略的固定概率为 $\rho_M = \sum_{v_i \in M}(\sum_{v_j \in \mathcal{V}} d_i/d_j)^{-1}$.

证明: 若 $\boldsymbol{W} = \boldsymbol{W}^{\mathrm{T}}$，此时 $\boldsymbol{M}_{BD}$ 为

$$\boldsymbol{M}_{BD} = \begin{pmatrix} 1 - \sum_{k=2}^{n} \frac{w_{k1}}{nw_k} & \frac{w_{21}}{nw_2} & \cdots & \frac{w_{n1}}{nw_n} \\ \frac{w_{12}}{nw_1} & 1 - \sum_{k=1,k\neq 2}^{n} \frac{w_{k2}}{nw_k} & \cdots & \frac{w_{n2}}{nw_n} \\ \vdots & \vdots & & \vdots \\ \frac{w_{1n}}{nw_1} & \frac{w_{2n}}{nw_2} & \cdots & 1 - \sum_{k=1}^{n-1} \frac{w_{kn}}{nw_k} \end{pmatrix}. \quad (4.15)$$

令

$$\boldsymbol{\mu}^{\mathrm{T}} = \left((\sum_{k=1}^{n} \frac{w_1}{w_k})^{-1}, (\sum_{k=1}^{n} \frac{w_2}{w_k})^{-1}, \cdots, (\sum_{k=1}^{n} \frac{w_n}{w_k})^{-1}\right).$$

根据定理 4.3，我们只需证明 $\boldsymbol{\mu}^{\mathrm{T}}$ 是随机矩阵 $\boldsymbol{M}_{BD}$ 的平稳分布. 显然，$\boldsymbol{\mu}^{\mathrm{T}}$ 是一个概率分布. 又由图 $\mathcal{G}$ 是无向图可知 $w_{ij} = w_{ji}$. 令 $\boldsymbol{\omega} = \boldsymbol{\mu}^{\mathrm{T}} \boldsymbol{M}_{BD}$. 可以得到

$$\begin{aligned} \omega(j) &= \sum_{i=1}^{n} \mu(i) \boldsymbol{M}_{BD}(i,j) \\ &= \sum_{\substack{i=1 \\ i\neq j}}^{n}(\sum_{k=1}^{n} \frac{w_i}{w_k})^{-1} \frac{w_{ji}}{Nw_j} + (\sum_{k=1}^{n} \frac{w_j}{w_k})^{-1}(1 - \sum_{\substack{k=1 \\ k\neq j}}^{n} \frac{w_{kj}}{nw_k}) \\ &= (\sum_{k=1}^{n} \frac{w_j}{w_k})^{-1} + (\sum_{k=1}^{N} \frac{nw_j}{w_k})^{-1}\left(\sum_{\substack{i=1 \\ i\neq j}}^{n} \frac{w_{ji}}{w_i} - \sum_{\substack{k=1 \\ k\neq j}}^{n} \frac{w_{kj}}{w_k}\right) \\ &= (\sum_{k=1}^{n} \frac{w_j}{w_k})^{-1} = \mu(j). \end{aligned}$$

因此，当 $\boldsymbol{W} = \boldsymbol{W}^{\mathrm{T}}$ 时，$\boldsymbol{\mu}^{\mathrm{T}}$ 是随机矩阵 $\boldsymbol{M}_{BD}$ 的平稳分布. 特别地，如果 $\boldsymbol{W} =$

$A = A^{\mathrm{T}}$, 那么 $\mu^{\mathrm{T}} = (\sum_{k=1}^{n} \frac{1}{d_k})^{-1}(d_1^{-1}, d_2^{-1}, \cdots, d_n^{-1})$. 根据定理 4.3, 上述推论成立.
□

由上述推论可知, 如果个体的交互结构是无向无权图, 那么在生灭更新规则下的随机漂移过程作用下, 一个策略入侵网络中某个节点后并最终占据整个网络的概率反比于这个节点的度.

4.2.3 死生过程

与生灭过程相同, 在死生过程中, 网络状态的演化也是通过邻居节点之间的策略替代产生. 具体地, 在每一步的死生过程中, 对任意两个个体 $v_l \in \mathcal{V}$ 和 $v_m \in \mathcal{V}$, 个体 v_m 被个体 v_l 的复制替代的概率为

$$p_{ml} = \frac{1}{n} \frac{w_{lm}}{w_{\mathrm{in}}(v_m)}, \tag{4.16}$$

其中 $1/n$ 是个体 v_m 被选择淘汰的概率, $w_{lm}/w_{\mathrm{in}}(v_m)$ 是邻居个体 v_l 产生复制个体替代 v_m 的概率.

现在假定在 k 时刻, 个体 v_m 和 v_l 分别被选择出来淘汰和产生复制, 那么可以得到网络节点的演化如下:

$$r_i(k+1) = \mathcal{P}(s_i(k+1) = 1)$$
$$= \begin{cases} s_i(k), & 若\ v_i \neq v_m, \\ s_l(k), & 若\ v_i = v_m. \end{cases} \tag{4.17}$$

令 $\boldsymbol{D}^{ml} = (d_{ij}^{ml})_{n \times n}$, 其中

$$d_{ij}^{ml} = \begin{cases} 1, & 若\ i = m, j = l\ 或\ i = j \neq m, \\ 0, & 其他情形. \end{cases}$$

那么, 上述的演化过程可以描述为

$$\begin{cases} \boldsymbol{r}(k+1) = \boldsymbol{D}^{ml} \boldsymbol{s}(k), \\ \boldsymbol{s}(k+1) = \mathcal{B}(\boldsymbol{r}(k+1)). \end{cases} \tag{4.18}$$

令 $\mathcal{D} = \{\boldsymbol{D}^{ij} | v_i, v_j \in \mathcal{V}\}$ 为一个替代矩阵集合. 在死生过程中, 每一步, 以一定的概率选出矩阵 $\boldsymbol{D}^{ml}$, 然后个体状态按照 (4.18) 式更新. 从而, 死生更新规则

下的随机漂移过程可以表述成如下形式:

$$\begin{cases} \boldsymbol{D}_{DB} = \mathcal{R}_{DB}(\mathcal{D}), \\ \boldsymbol{r}(k+1) = \boldsymbol{D}_{DB}\boldsymbol{s}(k), \\ \boldsymbol{s}(k+1) = \mathcal{B}(\boldsymbol{r}(k+1)), \end{cases} \quad (4.19)$$

其中, $\mathcal{R}_{DB}(\mathcal{D})$ 算子为从集合 $\mathcal{D}$ 选择一个替代矩阵的过程. 具体地, 这个算子以 p_{ij} 的概率从矩阵集合 $\mathcal{D}$ 选出替代矩阵 $\boldsymbol{D}^{ij}$, 其中 $i,j = 1,2,\cdots,n$.

令 $\boldsymbol{M}_{DB} = \mathbb{E}(\mathcal{R}_{DB}) = \sum_{i,j=1}^{n} p_{ij} \boldsymbol{D}^{ij} = (m_{ij})_{n\times n}$, 那么可得

$$m_{ij} = \begin{cases} \dfrac{w_{ji}}{nw_{\text{in}}(i)}, & \text{若 } j \neq i, \\ \dfrac{n-1}{n} + \dfrac{w_{ii}}{nw_{\text{in}}(i)}, & \text{若 } j = i. \end{cases} \quad (4.20)$$

和生灭过程相似, 同样可以得到死生过程的收敛性定理及其对应的推论. 因为证明方法和生灭过程相似, 所以下面定理的证明略去.

定理 4.4. 给定一个强连通图 $\mathcal{G} = (\mathcal{V}, \mathcal{E}, \boldsymbol{W})$. 设初始时刻 A 策略个体集合为 M, 其他个体采取 B 策略. 在网络上的死生过程作用下, A 策略要么占据整个网络, 要么全部被淘汰. 特别地, 如果 A 策略和 B 策略带给所有个体的收益相同, 那么 A 策略的固定概率为 $\rho_M = \sum_{v_i \in M} \mu(i)$, 其中 $\boldsymbol{\mu}^{\mathrm{T}}$ 为随机矩阵 $\boldsymbol{M}_{DB}$ 的平稳分布.

推论 4.3. 给定一个强连通非周期图 $\mathcal{G} = (\mathcal{V}, \mathcal{E}, \boldsymbol{W})$. 设初始时刻 A 策略个体集合为 M, 其他个体采取 B 策略. 如果 A 策略和 B 策略带给所有个体的收益相同, 那么在网络的 Wright-Fisher 过程与死生过程两种情形下, A 策略的固定概率相同.

证明: 因为群体的结构图是强连通非周期图, 所以在 Wright-Fisher 和死生过程下, 网络群体最终都采取 A 策略或 B 策略. 进一步, 可以得到

$$\boldsymbol{M}_{DB} = \frac{n-1}{n} \boldsymbol{I}_n + \frac{1}{n} \boldsymbol{M}_{WF}, \quad (4.21)$$

其中, $\boldsymbol{I}_n$ 是大小为 n 的单位矩阵. 由此可知, 随机矩阵 $\boldsymbol{M}_{DB}$ 和 $\boldsymbol{M}_{WF}$ 的平稳分

布相同. 由定理 4.2 和定理 4.4 可知, 在 Wright-Fisher 过程和死生过程下, A 策略的固定概率相同. □

由上述推论可知, 如果个体的交互结构是无向无权图, 在死生更新规则下的随机漂移过程作用下, 一个策略入侵网络中某个节点后并最终占据整个网络的概率正比于这个节点的度.

4.2.4 选边过程

根据选边过程的更新规则, 每一步, 对任意两个个体 $v_l \in \mathcal{V}$ 和 $v_m \in \mathcal{V}$, 个体 v_m 被个体 v_l 的复制替代的概率为

$$p_{ml} = \frac{1}{2} \frac{w_{lm}}{w_{\text{total}}}, \tag{4.22}$$

其中 $w_{\text{total}} = \sum_{v_i \in \mathcal{V}} \sum_{v_j \in \mathcal{V}} w_{ij}$, w_{lm}/w_{total} 是边 $(v_l, v_m) \in \mathcal{E}$ 被选中的概率, $1/2$ 是个体 v_l 的复制替代 v_m 的概率.

现在假定在 k 时刻, 个体 v_l 和 v_m 分别被选择出来产生复制和淘汰, 那么可以得到网络节点的演化如下:

$$r_i(k+1) = \mathcal{P}(s_i(k+1) = 1) \\ = \begin{cases} s_i(k), & 若 \ v_i \neq v_m, \\ s_l(k), & 若 \ v_i = v_m. \end{cases} \tag{4.23}$$

令 $\boldsymbol{D}^{ml} = (d_{ij}^{ml})_{n \times n}$, 其中

$$d_{ij}^{ml} = \begin{cases} 1, & 若 \ i = m, j = l \ 或 \ i = j \neq m, \\ 0, & 其他情形. \end{cases}$$

那么, 上述的演化过程可以描述为

$$\begin{cases} \boldsymbol{r}(k+1) = \boldsymbol{D}^{ml} \boldsymbol{s}(k), \\ \boldsymbol{s}(k+1) = \mathcal{B}(\boldsymbol{r}(k+1)). \end{cases} \tag{4.24}$$

令 $\mathcal{D} = \{\boldsymbol{D}^{ij} | v_i, v_j \in \mathcal{V}\}$ 为一个矩阵集合. 在选边过程中, 每一步, 以一定的概率选出矩阵 $\boldsymbol{D}^{ml}$, 然后个体状态按照 (4.24) 式更新. 从而, 选边过程更新规则

下的随机漂移过程可以表述成如下形式：

$$\begin{cases} \boldsymbol{D}_{LK} = \mathcal{R}_{LK}(\mathcal{D}), \\ \boldsymbol{r}(k+1) = \boldsymbol{D}_{LK}\boldsymbol{s}(k), \\ \boldsymbol{s}(k+1) = \mathcal{B}(\boldsymbol{r}(k+1)), \end{cases} \quad (4.25)$$

其中，$\mathcal{R}_{LK}(\mathcal{D})$ 算子为从集合 $\mathcal{D}$ 选择一个替代矩阵的过程. 具体地，这个算子以 p_{ij} 的概率从矩阵集合 $\mathcal{D}$ 选出矩阵 $\boldsymbol{D}^{ij}$，其中 $i,j=1,2,\cdots,n$.

令 $M_{LK} = \mathbb{E}(\mathcal{R}_{LK}) = \sum_{i,j=1}^{n} p_{ij}\boldsymbol{D}^{ij} = (m_{ij})_{n\times n}$，那么可得

$$m_{ij} = \begin{cases} \dfrac{w_{ji}}{2w_{\text{total}}}, & \text{若 } j \neq i, \\ 1 - \sum_{k=1,k\neq i}^{n} \dfrac{w_{ki}}{2w_{\text{total}}}, & \text{若 } j = i. \end{cases}$$

定理 4.5. 给定一个强连通图 $\mathcal{G}=(\mathcal{V},\mathcal{E},\boldsymbol{W})$. 设初始时刻 A 策略个体集合为 M，其他个体采取 B 策略. 在网络上的选边过程作用下，A 策略要么占据整个网络，要么全部被淘汰. 特别地，如果 A 策略和 B 策略带给所有个体的收益相同，那么 A 策略的固定概率为 $\rho_M = \sum_{v_i \in M} \mu(i)$，其中 $\boldsymbol{\mu}^{\mathrm{T}}$ 为随机矩阵 $\boldsymbol{M}_{LD}$ 的平稳分布.

推论 4.4. 给定一个连通图 $\mathcal{G}=(\mathcal{V},\mathcal{E},\boldsymbol{W})$，设初始时刻 A 策略个体集合为 M，其他个体采取 B 策略. 如果图 $\mathcal{G}$ 是无向加权图，即 $\boldsymbol{W}=\boldsymbol{W}^{\mathrm{T}}$，那么在生灭更新规则下的随机漂移过程作用下，$A$ 策略的固定概率为 $\rho_M = \sum_{v_i \in M} 1/n = |M|/n$.

由上述推论可知，如果个体的交互结构是无向图，在选边更新规则下的随机漂移过程作用下，一个策略入侵网络中某个节点后并最终占据整个网络的概率等于 $1/n$，这个概率与网络结构无关.

4.2.5 入侵关键节点

一个中性策略入侵网络中某个节点后，其最终的固定概率显然取决于网络上的演化动力学、整个网络的连接结构以及其入侵节点的位置. 给定网络演化动力

学和网络结构后, 一个中性策略入侵每个节点的固定概率为衡量节点在网络演化中的重要性提供了一个度量. 这里, 称网络中固定概率最大的节点为入侵关键节点. 显然, 如果中性策略首先出现在入侵关键节点, 那么这个中性策略生存下来并占据整个网络的可能性最大.

对于一个复杂系统或复杂网络, 对其演化过程的控制或干预是实际应用中的一个重要议题[18,19]. 例如, 对入侵物种的控制对于保持生态平衡来说非常重要. 又如, 对虚假信息在社交网络上的传播限制有利于社会和谐. 然而, 对于大系统来说, 几乎不可能控制所有个体的行为[20,21]. 一个可行的策略是控制一些重要个体的行为, 并通过这些重要个体来逐步影响整个系统的行为. 因此, 需要对节点在演化过程中的重要性进行度量.

根据上面对网络上随机漂移过程的分析, 可以得到网络节点在不同演化过程中的重要性度量.

1. 无向无权图

对于生灭过程, 中性策略入侵节点 $v_i \in \mathcal{V}$ 的固定概率为

$$\rho_i = \left(\sum_{v_j \in \mathcal{V}} \frac{d_i}{d_j} \right)^{-1}. \tag{4.26}$$

因此, 在这种情形下, 一个中性策略所入侵的节点的度越小, 其固定概率越大. 而对于 Wright-Fisher 过程和死生过程, 中性策略入侵节点 $v_i \in \mathcal{V}$ 的固定概率为

$$\rho_i = \left(\sum_{v_j \in \mathcal{V}} \frac{d_j}{d_i} \right)^{-1}. \tag{4.27}$$

因此, 在这种情形下, 策略所入侵的节点的度越大, 其固定概率越大. 而对于选边过程, 中性策略入侵节点 $v_i \in \mathcal{V}$ 的固定概率为 $\rho_i = 1/n$, 其中 n 是网络中节点的数目. 在这种情形下, 策略的固定概率与整个网络的拓扑结构和入侵节点的度无关.

2. 一类特殊的加权图

给定一个加权网络 $\mathcal{G} = (\mathcal{V}, \mathcal{E}, \boldsymbol{W})$, 令 $\boldsymbol{A}$ 为网络的邻接矩阵, 这里假设 $\boldsymbol{A} = \boldsymbol{A}^{\mathrm{T}}$. 考虑这样一类特殊的加权网络, 其每条边的权重为 $w_{ij} = c_i a_{ij} h_j$, 这里 c_i 和 h_i 分别是赋予节点 $v_i \in \mathcal{V}$ 的两个值, 称为传输能力和接收能力. 对于这一类特殊

的加权图, 策略入侵每个节点的固定概率也可以解析得到. 具体地, 对于生灭过程, 一个中性策略入侵节点 $v_i \in \mathcal{V}$ 的固定概率为

$$\rho_i = \left(\sum_{v_j \in \mathcal{V}} \frac{h_i \sum_{v_k \in \mathcal{N}_i} h_k}{h_j \sum_{k \in \mathcal{N}_j} h_k} \right)^{-1}. \tag{4.28}$$

因此, 在这种情形下, 策略入侵某个节点的固定概率仅与节点的接收能力相关. 对于 Wright-Fisher 过程和死生过程, 中性策略入侵节点 $v_i \in \mathcal{V}$ 的固定概率为

$$\rho_i = \left(\sum_{v_j \in \mathcal{V}} \frac{c_j \sum_{k \in \mathcal{N}_j} c_k}{c_i \sum_{k \in \mathcal{N}_i} c_k} \right)^{-1}. \tag{4.29}$$

因此, 在这种情形下, 策略入侵某个节点的固定概率仅与节点的传输能力相关. 而对于选边过程, 中性策略入侵节点 $v_i \in \mathcal{V}$ 的固定概率为

$$\rho_i = \left(\sum_{v_j \in \mathcal{V}} \frac{h_i/c_i}{h_j/c_j} \right)^{-1}. \tag{4.30}$$

因此, 在这种情形下, 策略入侵某个节点的固定概率仅与节点的传输–接受能力比值相关.

3. 一般的加权图

对于一般的加权图, 在生灭过程、Wright-Fisher 过程、死生过程以及选边过程作用下, 一个中性策略入侵每个节点 $v_i \in \mathcal{V}$ 的固定概率分别对应于随机矩阵 M_{BD}、M_{WF}、M_{DB} 及 M_{LK} 平稳分布的第 i 个元素.

例 4.5. 考察一个由 5 个节点构成的网络, 其拓扑结构如图 4.5 所示. 图 4.5(b) 为特殊的加权图, 每条边的权重为 $w_{ij} = c_i a_{ij} h_j$, 其中 $\boldsymbol{c} = (1,1,1,2,1)$, $\boldsymbol{h} = (3,1,2,1,1)$; 图 4.5(c) 为一般的加权图, 其中每条边的权重分别为 $w_{15} = w_{34} = w_{35} = w_{51} = w_{52} = w_{54} = 1$, $w_{24} = w_{25} = 5$, $w_{42} = w_{45} = 2$, $w_{43} = 2w_{53} = 0.8$. 假设初始时刻所有个体采取同一种策略, 记为 B 策略. 某一时刻, 某个节点改变原来的策略, 采取一种新的策略, 记为 A 策略. 假设 A 策略和 B 策略带给个体的收益相同, 那么在演化过程中, A 策略最终扩散并占据整个网络的概率是多少?

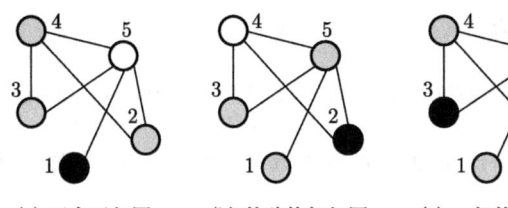

(a) 无向无权图　　(b) 特殊的加权图　　(c) 一般的加权图

图 4.5　不同网络中的入侵关键节点, 其中黑色节点和白色节点分别是生灭过程和死生过程中的入侵关键节点.

如果网络连接是无向无权的, 那么在生灭过程下, 由 (4.26) 式可得, 每个节点的固定概率为 $\rho_1 = 12/31, \rho_2 = \rho_3 = 6/31, \rho_4 = 4/31, \rho_5 = 3/31$. 此时, 节点 1 的固定概率最大, 为入侵关键节点. 在死生过程下, 由 (4.27) 式可得, 每个节点的固定概率为 $\rho_1 = 1/12, \rho_2 = \rho_3 = 1/6, \rho_4 = 1/4, \rho_5 = 1/3$. 此时, 节点 5 的固定概率最大, 为入侵关键节点.

如果网络是一类特殊的加权图, 每条边的权重为 $w_{ij} = c_i a_{ij} h_j$, 其中 $\boldsymbol{c} = (1,1,1,2,1)$, $\boldsymbol{h} = (3,1,2,1,1)$. 那么在生灭过程下, 由 (4.28) 式可得, 每个节点的固定概率为 $\rho_1 = 7/31, \rho_2 = 21/62, \rho_3 = \rho_4 = 21/124, \rho_5 = 3/31$. 此时, 节点 2 的固定概率最大, 为入侵关键节点. 而在死生过程下, 由 (4.29) 式可得, 每个节点的固定概率为 $\rho_1 = 1/18, \rho_2 = \rho_3 = 1/6, \rho_4 = 1/3, \rho_5 = 5/18$. 此时, 节点 4 的固定概率最大, 为入侵关键节点.

如果网络是一个一般的加权图, 每条边的权重分别为 $w_{15} = w_{34} = w_{35} = w_{51} = w_{52} = w_{54} = 1$, $w_{24} = w_{25} = 5$, $w_{42} = w_{45} = 2$, $w_{43} = 2w_{53} = 0.8$. 由定理 4.3 可知, 在生灭过程下, 一个中性策略入侵每个节点的固定概率由随机矩阵 $\boldsymbol{M}_{BD}$ 的平稳分布得到. 将权重矩阵代入 (4.14) 式可得

$$\boldsymbol{M}_{BD} = \begin{pmatrix} 0.9412 & 0 & 0 & 0 & 0.0588 \\ 0 & 0.8578 & 0 & 0.0833 & 0.0588 \\ 0 & 0 & 0.9431 & 0.0333 & 0.0235 \\ 0 & 0.1000 & 0.1000 & 0.7412 & 0.0588 \\ 0.2000 & 0.1000 & 0.1000 & 0.0833 & 0.5167 \end{pmatrix}.$$

容易得到其平稳分布为

$$\boldsymbol{\mu} = (0.2890 \quad 0.1445 \quad 0.3612 \quad 0.1204 \quad 0.0850),$$

其中第 i 个分量对应第 i 个节点的固定概率. 可以看出, 此时节点 3 的固定概率最大, 为入侵关键节点.

同样地, 在死生过程下, 一个中性策略入侵每个节点的固定概率由随机矩阵 M_{DB} 的平稳分布得到. 将权重矩阵代入 (4.20) 式可得

$$M_{DB} = \begin{pmatrix} 0.8000 & 0 & 0 & 0 & 0.2000 \\ 0 & 0.8000 & 0 & 0.1333 & 0.0667 \\ 0 & 0 & 0.8000 & 0.1333 & 0.0667 \\ 0 & 0.1429 & 0.0286 & 0.8000 & 0.0286 \\ 0.0222 & 0.1111 & 0.0222 & 0.0444 & 0.8000 \end{pmatrix}.$$

容易得到其平稳分布为

$$\boldsymbol{\mu} = (0.0238 \quad 0.3571 \quad 0.0714 \quad 0.3333 \quad 0.2143),$$

其中第 i 个分量对应第 i 个节点的固定概率. 可以看出, 此时节点 2 的固定概率最大, 为入侵关键节点.

4.3 动态网络上的随机漂移

4.3.1 动态网络上的随机漂移模型

一个无向动态网络 $\mathcal{G}(t)$ 由一个固定的节点集合 $\mathcal{V} = \{v_1, v_2, \cdots, v_n\}$ 和一个随时间变化的边集 $\mathcal{E}(t) = \{(v_i, v_j)_t |$ 节点对 $\{v_i, v_j\}$ 在 t 时刻连接, $v_i, v_j \in \mathcal{V}\}$ 构成. 这里, $n = |\mathcal{V}|$ 是指网络中节点的数目. 一般地, 离散时间 $t \in \mathbb{N}$ 上的动态网络可以由一个网络集合 $\mathcal{G}_d = (\mathcal{V}, \mathcal{E}(t))|_{t=0}^{\infty}$ 表示, 其中 $\mathcal{G}(t) = (\mathcal{V}, \mathcal{E}(t))$ 为 t 时刻的连接关系图.

令 $\boldsymbol{A}(t) = (a_{ij}(t))_{n\times n}$ 表示 t 时刻连接网络 $\mathcal{G}(t)$ 的邻接矩阵. 其中, 对于 $v_i, v_j \in \mathcal{V}$,

$$a_{ij}(t) = \begin{cases} 1, & \text{如果 } (v_i, v_j) \in \mathcal{E}(t), \\ 0, & \text{如果 } (v_i, v_j) \notin \mathcal{E}(t). \end{cases} \quad (4.31)$$

同样地, 可以定义 t 时刻连接网络 $\mathcal{G}(t)$ 每个节点 $v_i \in \mathcal{V}$ 的邻居集为 $\mathcal{N}_i(t) = \{v_j \in \mathcal{V} | a_{ij} = 1\}$, 节点的度为邻居的数目 $d_i(t) = |\mathcal{N}_i(t)|$.

与静态网络不同, 在动态网络中, 个体间的交互结构随着时间在不断地变化[22−24]. 如果网络中节点的状态随时间演化的同时, 节点之间的交互结构也在演化, 那么称这种情形为动态网络上的演化动力学过程. 本节考察动态网络上的随机漂移过程, 并将证明上节关于静态网络上随机漂移过程的分析和结论也可以推广到动态网络上的随机漂移过程中. 简单起见, 接下来仅考虑无向无权动态网络以及生灭、死生和选边三类更新规则. 其分析方法和结论可以相应地应用于加权动态网络以及其他更新规则中.

网络上的生灭、死生和选边过程都是随机时序的状态更新过程. 具体地, 这三类更新过程, 在每一时刻都以一定的概率从网络中选择两个节点, 其中一个节点产生一个复制个体, 替代另一个节点. 如果所选取的两个节点的状态不同, 那么上述更新规则就会导致网络状态的更新. 不断重复上述更新步骤, 则形成一个网络上的演化过程. 生灭、死生和选边过程的区别在于每一步从网络中选取两个节点的概率.

具体地, 令 $\boldsymbol{s}(t) = (s_1(t), s_2(t), \cdots, s_n(t))^{\mathrm{T}}$ 表示网络节点的状态, 其中 $s_i = 0$ 和 $s_i = 1$ 分别对应节点 v_i 的两种不同策略 B 和 A. 令 $r_i(t) = \mathbb{P}(s_i(t) = 1)$ 为 t 时刻节点 v_i 采取 A 策略的概率, 同时记 $\boldsymbol{r}(t) = (r_1(t), r_2(t), \cdots, r_n(t))^{\mathrm{T}}$.

令 $\boldsymbol{D}^{ml} = (d_{ij}^{ml})_{n\times n}$, 其中

$$d_{ij}^{ml} = \begin{cases} 1, & \text{若 } i = m, j = l \text{ 或 } i = j \neq m, \\ 0, & \text{其他情形}. \end{cases}$$

称这种形式的矩阵为替代矩阵. 令 $\mathcal{D} = \{\boldsymbol{D}^{ml} | m, l = 1, 2, \cdots, n\}$ 为一个由替代矩阵组成的矩阵集合. 令 $\mathcal{P}(t) = \{p_{ij}(t) | i, j = 1, 2, \cdots, n\}$ 为 t 时刻关联矩阵集合 $\mathcal{D}$ 的选择概率分布, 其中 $p_{ij} \geqslant 0$ 表示从矩阵集合 $\mathcal{D}$ 选出替代矩阵 $\boldsymbol{D}^{ij}$ 的概率, 这

里 $\sum_{i,j=1}^{n} p_{ij} = 1$.

网络上的生灭过程、死生过程和选边过程都可以表示为如下数学模型:

$$\begin{cases} \boldsymbol{D}(t) = \mathcal{R}_t(\mathcal{D}), \\ \boldsymbol{r}(t+1) = \boldsymbol{D}(t)\boldsymbol{s}(t), \\ \boldsymbol{s}(t+1) = \mathcal{B}(\boldsymbol{r}(t+1)). \end{cases} \quad (4.32)$$

这里, 算子 $\mathcal{R}_t(\mathcal{D})$ 是从矩阵集合 $\mathcal{D}$ 选出替代矩阵 $\boldsymbol{D}(t)$ 的操作. 具体地, 这个操作以 p_{ij} 的概率选出替代矩阵 $\boldsymbol{D}^{ij} \in \mathcal{D}$. 算子 $\mathcal{B}(\boldsymbol{r}(t+1))$ 是对 $\boldsymbol{s}(t+1)$ 的一个实现. 具体地, 对每个节点 $v_i \in \mathcal{V}$, 以 $r_i(t+1)$ 的概率令 $s_i(t+1) = 1$; 以 $1 - r_i(t+1)$ 的概率令 $s_i(t+1) = 0$.

根据 (4.32) 式, 网络节点状态在每一步的更新过程可以理解如下: 第一个方程 $\boldsymbol{D}(t) = \mathcal{R}_t(\mathcal{D})$ 对应于从网络中选择出生和死亡节点的过程; 第二和第三个方程对应于节点状态的替代过程. 具体地, 假设 t 时刻, 替代矩阵 $\boldsymbol{D}^{ml}$ 被选择出来, 那么由 (4.32) 式可得, 对所有节点 $v_i \in \mathcal{V}$, 都有

$$\begin{aligned} \mathbb{P}(s_i(t+1) = 1) &= r_i(t+1) \\ &= \sum_{j=1}^{N} d_{ij}^{ml} s_j(t) \\ &= \begin{cases} s_i(t), & \text{如果 } i \neq m, \\ s_l(t), & \text{如果 } i = m. \end{cases} \end{aligned} \quad (4.33)$$

在对概率 $r_i(t+1)$ 进行实现后, 可知节点 $v_m \in \mathcal{V}$ 的状态被节点 $v_l \in \mathcal{V}$ 替代, 而所有其他节点保持原来状态不变.

显然, 选择概率分布 $\mathcal{P}(t)$ 是整个演化过程的决定性变量. 这个概率分布描述了节点的状态如何影响其他节点并在网络中扩散. 根据生灭过程、死生过程和选边过程的更新规则, 可以得到其对应的选择概率分布.

(1) 生灭过程. 当且仅当节点 $v_l \in \mathcal{V}$ 被选出来产生一个复制, 且它的邻居 $v_m \in \mathcal{N}_l$ 被选择死亡时, 节点 v_m 的状态才会被节点 v_l 的状态所替代. 在动态网络上的随机漂移过程中, 上述情形发生的概率为

$$p_{ml}(t) = \frac{1}{n} \frac{a_{lm}(t)}{d_l(t)}.$$

(2) 死生过程. 当且仅当节点 $v_m \in \mathcal{V}$ 被选择死亡, 且它的邻居 $v_l \in \mathcal{N}_m$ 被选择产生一个复制时, 节点 v_m 的状态才会被节点 v_l 的状态所替代. 在动态网络上的随机漂移过程中, 上述情形发生的概率为

$$p_{ml}(t) = \frac{1}{n} \frac{a_{lm}(t)}{d_m(t)}.$$

(3) 选边过程. 当且仅当边 $(v_l, v_m) \in \mathcal{E}$ 被选出来, 同时 v_l 产生复制个体替代 v_m 时, 节点 v_m 的状态才会被节点 v_l 的状态所替代. 在动态网络上的随机漂移过程中, 上述情形发生的概率为 $p_{ml}(t) = a_{lm}(t)/(2|\mathcal{E}(t)|)$.

4.3.2 动态网络上中性策略的固定概率

令 $\boldsymbol{M}_t = \sum_{m,l=1}^{N} p_{ml}(t) \boldsymbol{D}^{ml}$, 称为期望影响矩阵. 将生灭过程、死生过程和选边过程对应的选择概率分布代入 $\boldsymbol{M}_t$ 的表达式中, 可得在生灭过程下, $\boldsymbol{M}_t = (m_{ij}(t))_{n \times n}$ 为

$$m_{ij}(t) = \begin{cases} \dfrac{a_{ij}}{nd_j(t)}, & \text{如果 } i \neq j, \\ 1 - \dfrac{1}{n} \sum_{\substack{k=1 \\ k \neq i}}^{N} \dfrac{a_{ki}}{d_k(t)}, & \text{如果 } i = j. \end{cases} \quad (4.34)$$

在死生过程下, 期望影响矩阵 $\boldsymbol{M}_t$ 为

$$m_{ij}(t) = \begin{cases} \dfrac{a_{ij}}{Nd_i(t)}, & \text{如果 } i \neq j, \\ \dfrac{N-1}{N}, & \text{如果 } i = j. \end{cases} \quad (4.35)$$

在选边过程下, 期望影响矩阵 $\boldsymbol{M}_t$ 为

$$m_{ij}(t) = \begin{cases} \dfrac{a_{ij}}{2|\mathcal{E}|}, & \text{如果 } i \neq j, \\ 1 - \dfrac{d_i(t)}{2|\mathcal{E}|}, & \text{如果 } i = j. \end{cases} \quad (4.36)$$

显然, 在三种不同的更新规则下, 对应的期望影响矩阵 $\boldsymbol{M}_t$ 都是随机矩阵.

引理 4.1. 给定一个有限的随机矩阵集合 $\mathcal{M} = \{\boldsymbol{M}_1, \boldsymbol{M}_2, \cdots, \boldsymbol{M}_m\}$. 如果对所有 $i = 1, 2, \cdots, m$, 随机矩阵 $\boldsymbol{M}_i$ 都是遍历型随机矩阵且其对角元素都大于

0, 那么对任意时间序列 $s_t|_{t=0}^\infty$, 其中 $s_k \in \{1, 2, \cdots, m\}$, 都存在一个平稳概率分布 $\boldsymbol{\mu}^\mathrm{T}$, 使得

$$\lim_{t\to\infty} \boldsymbol{M}_{s_t} \cdots \boldsymbol{M}_{s_2} \boldsymbol{M}_{s_1} = \boldsymbol{1}\boldsymbol{\mu}^\mathrm{T}, \tag{4.37}$$

其中 $\boldsymbol{1} = (1, 1, \cdots, 1)^\mathrm{T}$[25-27].

下面证明, 在动态网络上的随机漂移过程作用下, 一个中性策略在网络上的固定概率由 $\boldsymbol{M}_t|_{t=0}^\infty$ 的乘积决定[28].

定理 4.6. 令 $\mathcal{G} = \{\mathcal{G}_1, \mathcal{G}_2, \cdots, \mathcal{G}_m\}$ 为同一个节点集合 $\mathcal{V}$ 上的有限个无向图的集合. 网络中存在 A 与 B 两种中性策略. 对任意动态网络 $\mathcal{G}(t) = \mathcal{G}_{s_t}|_{t=0}^\infty$, 其中 $s_t \in \{1, 2, \cdots, m\}$, 如果 $\mathcal{G}_i, i \in \{1, 2, \cdots, m\}$ 是连通图, 那么在生灭过程、死生过程和选边更新规则作用下的随机漂移过程中, 网络中所有节点的策略将达成一致, 即全为 A 策略或全为 B 策略. 同时, A 策略的固定概率为 $\rho = \boldsymbol{\mu}^\mathrm{T}\boldsymbol{s}(0)$. 这里 $\boldsymbol{s}(0)$ 是指网络节点的初始状态, 而 $\boldsymbol{\mu}^\mathrm{T}$ 由下式决定

$$\lim_{t\to\infty} \boldsymbol{M}_{s_t} \cdots \boldsymbol{M}_{s_2} \boldsymbol{M}_{s_1} = \boldsymbol{1}\boldsymbol{\mu}^\mathrm{T}. \tag{4.38}$$

证明: 注意到动态网络中节点状态的演化过程对应于一个有限状态的马尔可夫链. 显然, 在生灭、死生或选边过程的更新规则下, 网络节点状态全为 A 策略或 B 策略是对应马尔可夫链的两个吸收态. 同时, 如果动态网络在每个时刻都是连通的, 那么除上述两个吸收态外, 在演化更新规则下, 网络节点的其他所有状态都存在路径到达任一吸收态. 因此, 在演化动力学作用下, 网络中所有节点的策略将达成一致, 最终全为 A 策略或全为 B 策略.

由 (4.32) 式可得

$$\mathbb{E}(\boldsymbol{s}(t+1)|\boldsymbol{s}(t)) = \mathbb{E}(\boldsymbol{r}(t+1)) = \mathbb{E}(\boldsymbol{D}(t))\boldsymbol{s}(t) = \boldsymbol{M}_{s_t}\boldsymbol{s}(t).$$

令 $t \to \infty$ 可得

$$\lim_{t\to\infty} \mathbb{E}(\boldsymbol{s}(t)|\boldsymbol{s}(0)) = \lim_{t\to\infty} \boldsymbol{M}_{s_t} \cdots \boldsymbol{M}_{s_2} \boldsymbol{M}_{s_1} \boldsymbol{s}(0)$$

注意到 $\mathcal{G}_{s_t}$ 是连通图, 根据三种更新规则下 $\boldsymbol{M}_{s_t}$ 与 $\mathcal{G}_{s_t}$ 的关系, 可知 $\boldsymbol{M}_{s_t}$ 所诱导的结构图也是连通的. 此外, 因为 $\boldsymbol{M}_{s_t}$ 的对角元素显然都大于 0, 可知 $\boldsymbol{M}_{s_t}$

所诱导的结构图也是非周期的. 因此, 根据引理 4.1 可知, 存在一个平稳概率分布 $\boldsymbol{\mu}^{\mathrm{T}}$ 使得

$$\lim_{t\to\infty} \boldsymbol{M}_{s_t}\cdots \boldsymbol{M}_{s_2}\boldsymbol{M}_{s_1}\boldsymbol{s}(0) = \mathbf{1}\boldsymbol{\mu}^{\mathrm{T}}\boldsymbol{s}(0)$$

由此可知, $\lim_{t\to\infty} \mathbb{E}(\boldsymbol{s}(t)|\boldsymbol{s}(0)) = \mathbf{1}\boldsymbol{\mu}^{\mathrm{T}}\boldsymbol{s}(0)$. 这表明, 最终每个节点采取 A 策略的概率都为 $\boldsymbol{\mu}^{\mathrm{T}}\boldsymbol{s}(0)$. 因为最终网络所有节点的策略一致, 所以 $\boldsymbol{\mu}^{\mathrm{T}}\boldsymbol{s}(0)$ 就是 A 策略的固定概率. 定理得证. □

上述定理给出了一个求解动态网络上随机漂移过程中策略固定概率的算法. 令 ρ_i 表示初始时刻节点 $v_i \in \mathcal{V}$ 为 A 策略, 其他所有节点为 B 策略的情形下, 在演化更新规则下, A 策略最终占据整个网络的概率. 那么这个概率, 可以通过求解一系列随机矩阵乘积的平稳概率分布得到.

特别地, 如果时间序列 s_t 是一个周期为 T 的函数, 即 $s_t = s_{t+T}$. 令 $\overline{\boldsymbol{M}} = \boldsymbol{M}_{s_1}\boldsymbol{M}_{s_2}\cdots \boldsymbol{M}_{s_T}$. 那么, 根据定理 4.6, 一个中性策略入侵某个节点后的固定概率 ρ_i 对应于随机矩阵 $\overline{\boldsymbol{M}}$ 平稳概率分布的第 i 个元素. 显然, 静态网络对应于周期为 1 的动态网络.

考虑这样一类动态网络: 在每一时刻, 网络是连通的, 而且网络中每个节点的度保持不变. 显然, 在这类网络中, 每个时刻个体的交互对象可能不同, 但个体交互对象的数目保持不变. 容易证明, 在这类动态网络中, 中性策略入侵某个节点后的固定概率, 与其在任意具有同样度分布的静态网络中的固定概率相同. 特别地, 对于选边过程, 策略的固定概率与其所入侵的节点位置无关, 因此对任意动态网络, 中性策略入侵任一节点后的固定概率为 $1/|\mathcal{V}|$.

图 4.6 为一组连通图集合 $\mathcal{G}_1, \mathcal{G}_2, \mathcal{G}_3$, 以及它们对应的集成图 $\mathcal{G}_4$, 图下面的矩阵为对应的死生过程下的期望影响矩阵.

最后, 通过一个例子来说明个体间的动态交互对其状态演化过程的影响.

例 4.6. 给定一组连通图集合 $\mathcal{G} = \{\mathcal{G}_1, \mathcal{G}_2, \mathcal{G}_3\}$. 假设个体间的动态交互结构网络为 $\mathcal{G}(t) = \mathcal{G}_{s_t}|_{t=0}^{\infty}$, 其中 $\mathcal{G}_{s_t} \in \mathcal{G}$. 初始时刻, 假设起初所有节点采取同样品牌的产品 B, 在某一时刻某个节点开始使用一个新品牌的产品 A, 这两个品牌的产品带给个体的收益相同, 并且其质量、价格、外观等没有显著差异. 那么在死生过程的更新规则下, A 品牌产品占据整个网络的概率是多少?

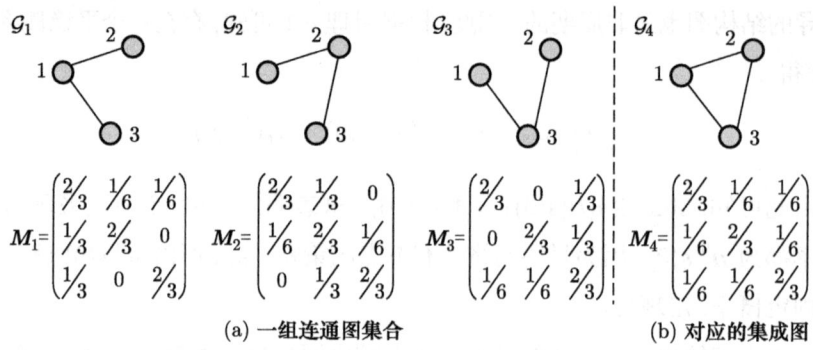

图 4.6 一组连通图集合及它们对应的集成图

(1) 如果个体间的动态交互网络为 $\mathcal{G}_{s_2t+1} = \mathcal{G}_1, \mathcal{G}_{s_2t} = \mathcal{G}_2$，那么根据定理 4.6，品牌 A 的固定概率取决于随机矩阵 M_2M_1 的平稳概率分布。通过简单计算可得：品牌 A 入侵三个节点的固定概率分别为 $\rho_1 = 0.4545, \rho_2 = 0.3636, \rho_3 = 0.1818$。因此，这种情形下，为了最大化固定概率，品牌 A 应该先占据节点 1。

(2) 如果个体间的动态交互网络为 $\mathcal{G}_{s_3t+1} = \mathcal{G}_1, \mathcal{G}_{s_3t+2} = \mathcal{G}_2, \mathcal{G}_{s_3t} = \mathcal{G}_3$，那么根据定理 4.6，品牌 A 的固定概率取决于随机矩阵 $M_3M_2M_1$ 的平稳概率分布。通过简单计算可得：品牌 A 入侵三个节点的固定概率分别为 $\rho_1 = 0.4194, \rho_2 = 0.3226, \rho_3 = 0.2581$。因此，这种情形下，为了最大化固定概率，品牌 A 应该先占据节点 1。

(3) 在实际应用中，为了简便起见，通常用一个静态的集成网络来简化动态网络模型。例如，上述两种动态网络常常可以被简化为一个静态集成网络 $\mathcal{G}_4$。在这种情形下，三个节点是对称的，品牌 A 入侵每个节点的固定概率都为 $1/3$。

4.4 本章要点小结

本章首先介绍了网络上的演化动力学模型，包括网络上的生灭过程、死生过程、选边过程以及 Wright-Fisher 过程等几类典型的状态更新模型；然后着重分析了网络上一类特殊的演化动力学过程, 称为随机漂移过程; 并给出了计算任意网络上随机漂移过程中策略固定概率的解析方法.

(1) 如果个体交互结构是一个静态的无向无权图, 那么在生灭过程下, 策略入侵一个节点后的固定概率, 与这个节点的度成反比; 在死生过程和 Wright-Fisher 过程下, 策略入侵一个节点后的固定概率, 与这个节点的度成正比; 而在选边过程下, 策略入侵一个节点的固定概率, 与节点的度无关.

(2) 如果个体交互结构是一个静态的加权图, 那么在生灭过程、死生过程、Wright-Fisher 过程以及选边过程下, 策略入侵一个节点的固定概率, 分别对应于一个随机矩阵平稳概率分布的某个分量. 其中, 每个更新过程对应的随机矩阵完全由加权图的权重矩阵决定.

(3) 如果个体交互结构是一个动态图, 那么在各类随机漂移过程下, 策略入侵一个节点的固定概率, 分别对应于一系列随机矩阵乘积的平稳概率分布的某个分量. 其中, 这一系列随机矩阵分别由每个时刻个体间交互网络的邻接矩阵 (如果是加权图, 则权重矩阵) 决定.

随机漂移是一类特殊的演化过程, 它假定了不同的策略给予个体相同的适应度, 即从个体的角度讲, 不同类型的策略之间没有差异. 这里, 策略作为一个泛指, 可以指代不同的观点、行为以及产品等. 下一章我们讨论一类更广的演化过程, 称为常数选择过程. 与随机漂移不同, 常数选择过程假定不同策略给予个体不同的适应度, 而且这个适应度是一个与网络状态无关的常数. 显然随机漂移也是一类特殊的常数选择过程, 它假定不同策略给予个体的适应度是相等的常数. 下一章主要讨论网络中两个具有差异的策略相互竞争的演化过程, 分析优势策略如何扩散, 而劣势策略如何被淘汰; 同时也讨论网络交互结构对于上述过程的影响.

参考文献

[1] Ewens W J. Mathematical Population Genetics 1: Theoretical Introduction [M]. 2nd ed. New York: Springer, 2004.

[2] Lieberman E, Hauert C, Nowak M A. Evolutionary dynamics on graphs [J]. Nature, 2005, 433(7023): 312–316.

[3] Ohtsuki H, Nowak M A. Evolutionary games on cycles [J]. Proc. R. Soc. B, 2006, 273(1598): 2249–2256.

[4] Imhof L A, Nowak M A. Evolutionary game dynamics in a Wright-Fisher process [J]. J. Math. Biol., 2006, 52(5): 667–681.

[5] Ziman J. Technological Innovation as An Evolutionary Process [M]. Cambridge: Cambridge University Press, 2000.

[6] Bentley R A, Hahn M W, Shennan S J. Random drift and culture change [J]. Proc. R. Soc. B, 2004, 271(1547): 1443–1450.

[7] Herzog H A, Bentley R A, Hahn M W. Random drift and large shifts in popularity of dog breeds [J]. Proc. R. Soc. B, 2004, 271(Suppl. 5): 353–356.

[8] Mesoudi A, Lycett S J. Random copying, frequecy-dependent copying and culture change [J]. Evol. Hum. Behav., 2009, 30(1): 41–48.

[9] Arakji R Y, Lang K R. Adoption and diffusion of business practice innovations: An evolutionary analysis [J]. Int. J. Electron. Comm., 2010, 15(1): 145–168.

[10] Olfati-Saber R. Evolutionary dynamics of behavior in social networks [C]: Proceedings of the 46th IEEE Conference on Decision and Control, New Orleans, USA, December 12–14, 2007, 4051–4056.

[11] Kempe D, Kleinberg J, Tardos E. Maximizing the spread of influence through a social network [C]: Proc. of the 9th ACM SIGKDD International Conference on Knowledge Discovery and Data Mining, Washington, DC, USA, August 24–27, 2003, 137–146.

[12] Damiani E, di Vimercati D C, Paraboschi S, et al. A reputation-based approach for choosing reliable resources in peer-to-peer networks [C]: Proc. of the 9th ACM Conf. on Computer and Communication Security, Washington, DC, USA, November 18–22, 2002, 207–216.

[13] Tan S, Lü J, Hill D J. Towards a theoretical framework for analysis and intervention of random drift on general networks [J]. IEEE Trans. Automat. Contr., 2015, 60(2): 576–582.

[14] Tan S, Lü J, Yu X, Hill D J. Exploring evolutionary dynamics in a class of structured populations [C]: Proc. of the 2012 IEEE International Symposium on Circuits and Systems, Seoul, Korea, May 20–23, 2012, 169–172.

[15] Asavathiratham C, Roy S. The influence model [J]. IEEE Contr. Syst. Mag., 2001,

21(6): 52–64.

[16] Asavathiratham C. The Influence Model: A Tractable Representation for the Dynamics of Networked Markov Chains [D]. Cambridge: Massachusetts Institute of Technology, 2001.

[17] Tan S, Lü J, Setti G. An analysis of fixation probability of a mutant on a class of weighted networks under neutral selection [C]: Proc. of the 37th Annual Conf. IEEE Industr. Electr. Soc., New Jersey, USA, November 7–10, 2011, 4024–4028.

[18] Vincent T L, Vincent T L S. Evolution and control system design: The evolutionary game [J]. IEEE Contr. Syst. Mag., 2000, 20(5): 20–35.

[19] Guo P, Wang Y, Li H. Algebraic formulation and strategy optimization for a class of evolutionary networked games via semi-tensor product method [J]. Automatica, 2013, 49(11): 3384–3389.

[20] Liu Y Y, Slotine J J, Barabási A L. Controllability of complex networks [J]. Nature, 2011, 473(7346): 167–173.

[21] Wang W, Slotine J J. A theoretical study of different leader roles in networks [J]. IEEE Trans. Autom. Contr., 2006, 51(7): 1156–1161.

[22] Holme P. Analyzing temporal networks in social media [J]. Proc. of the IEEE, 2014, 102(12): 1922–1933.

[23] Schwarzkopf Y, Rakos A, Mukamel D. Epidemic spreading in evolving networks [J]. Phys. Rev. E, 2010, 82: 036112.

[24] Wen G, Hu G, Chen G. Distributed $\mathcal{H}_\infty$ consensus of higher order multiagent systems with switching topologies [J]. IEEE Trans. Circ. Syst. II, 2014, 61(5): 359–363.

[25] Chen Y, Lü J, Yu X, et al. Multi-agent systems with dynamical topologies: consensus and applications [J]. IEEE Cir. Syst. Mag., 2013, 13(3): 21–34.

[26] Wolfowitz J. Products of indecomposable, aperiodic, stochastic matrices [J]. Am. Math. Soc., 1963, 14(5): 733–737.

[27] Chen Y, Lü J, Lin Z. Consensus of discrete-time multi-agent systems with transmission nonlinearity [J]. Automatica, 2013: 49(6): 1768–1775.

[28] Tan S, Wang Y, Chen Y. A unified tractable approach for random drifts on dynamical networks [J]. IEEE Trans. Circ. Syst. II, 2016, 63(3): 299–303.

第 5 章 网络上的常数选择过程

网络上的演化动力学描述了具有复杂交互结构的群体在一定适应度景观下的状态演化过程. 根据个体适应度与其本身策略的关系, 网络上的演化动力学可以分为两类: 常数选择过程和频率依赖型选择过程. 在常数选择过程中, 个体的适应度是关于其自身策略的常数, 且不随群体状态的变化而变化. 而在频率依赖型选择过程中, 个体的适应度依赖于群体中各种策略的个体组成. 演化博弈是一类最典型的频率依赖型选择模型.

本章探讨网络上的常数选择过程, 这类过程一般用于刻画效用值不同的策略在网络群体中竞争和扩散过程. 常数选择也可以视为一类特殊的网络博弈: 在这类博弈中, 个体收益是仅依赖于自身策略的常数, 与其他邻居个体的策略无关. 具体地, 5.1 节给出描述网络上常数选择过程的数学模型; 5.2 节分析网络上常数选择过程的一般性质, 建立节点状态的局部更新与网络状态全局演化之间的关系; 5.3 节进一步考察个体间的交互网络结构对于常数选择的放大缩小作用; 最后 5.4 节对本章的要点内容进行总结.

第 5 章 网络上的常数选择过程

5.1 网络上常数选择过程的数学模型

考虑一个具有复杂交互结构的群体,用一个连通的无向简单图 $\mathcal{G} = (\mathcal{V}, \mathcal{E})$ 表示. 其中 $\mathcal{V} = \{v_1, v_2, \cdots, v_n\}$ 为节点集,每个节点表示一个个体; $\mathcal{E} \subseteq \mathcal{V} \times \mathcal{V}$ 为边集,描述个体之间的连接关系. 令 $\boldsymbol{A} = (a_{ij})_{n \times n}$ 为网络的邻接矩阵,如果网络中存在一条从节点 $v_i \in \mathcal{V}$ 到 $v_j \in \mathcal{V}$ 的边,那么 $a_{ij} = 1$; 否则 $a_{ij} = 0$. 令 $\mathcal{N}_i = \{v_j \in \mathcal{V} | a_{ij} = 1\}$ 和 $d_i = |\mathcal{N}_i|$ 分别表示节点 $v_i \in \mathcal{V}$ 的邻居集和节点度.

假设每个个体有两种策略可以选择,分别记作 A 和 B. 不失一般性,假设策略 A 给予个体的适应度为 $r > 0$,而策略 B 给予个体的适应度为 1. 其中 r 是一个常数,刻画策略 A 相对于策略 B 的竞争力. 如果 $r > 1$,那么称策略 A 为优势策略;如果 $0 < r < 1$,那么称策略 A 为劣势策略;如果 $r = 1$,那么策略 A 和 B 的竞争力相同,称为中性策略. 最后一种情形常见于随机漂移过程中,参见第 4 章.

现在考虑网络群体策略的演化过程. 如果每个个体都是完全理性的并以最大化自身适应度为目标,那么显然所有个体将选择两个策略中的优势策略. 但在实际情形中,个体常常表现出一些非理性行为,如从众行为、模仿行为、随机探索行为等[1-3]. 基于这些行为规则,一系列网络群体策略的演化动力学过程被提出来. 一般地,在这些演化动力学过程中,每个个体的策略选择被假定仅依赖于其周围邻居所采取的策略情形以及每个策略的适应度这两个因素.

具体地,令 $s_i(t)$ 为 t 时刻节点 $v_i \in \mathcal{V}$ 的状态,其中

$$s_i(t) = \begin{cases} 1, & \text{当节点 } v_i \text{ 采取 } A \text{ 策略时,} \\ 0, & \text{当节点 } v_i \text{ 采取 } B \text{ 策略时.} \end{cases}$$

记 t 时刻网络中 A 策略的节点集合为 $M_t = \{v_k | s_k(t) = 1, k = 1, 2, \cdots, n\}$. 考虑顺序或随机时序的更新过程,即每一步最多只有一个个体更新自己的策略. 在

5.1 网络上常数选择过程的数学模型

这种情形下，网络上的常数选择过程可以用 $\mathbf{M} = (M_t)_{t=0}^{\infty}$ 描述，其中对于 $t \geqslant 0$,

$$M_{t+1} = \begin{cases} M_t \cup \{v_i\}, & \text{以 } p(M_t, r, v_i) \text{ 的概率发生}, \\ M_t - \{v_i\}, & \text{以 } q(M_t, r, v_i) \text{ 的概率发生}. \end{cases} \quad (5.1)$$

在上述方程中，转移概率 $p(M_t, r, v_i)$ 和 $q(M_t, r, v_i)$ 取决于演化动力学具体的更新规则，其中 $\sum_{v_i \in \mathcal{V}} (p(M_t, r, v_i) + q(M_t, r, v_i)) = 1$. 图 5.1 展示了这一网络上常数选择过程中节点的策略更新过程示意图.

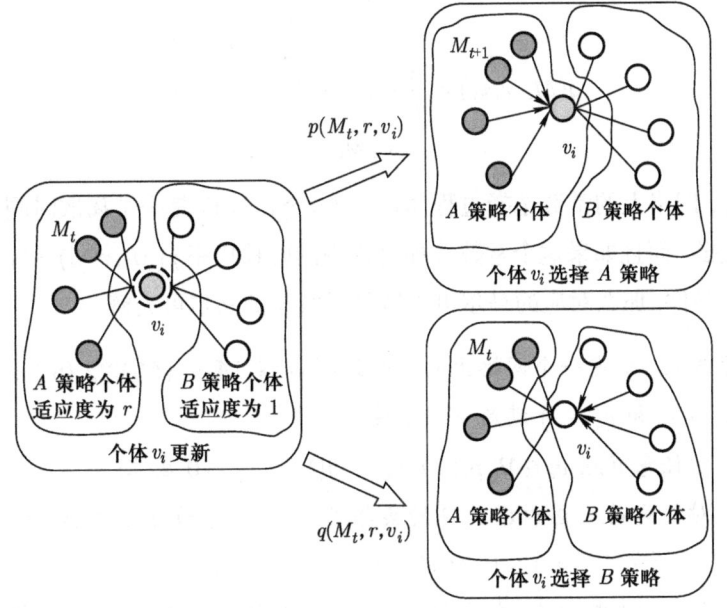

图 5.1　节点的策略更新过程示意图

例 5.1 (常数选择下的生灭过程[4,5]). 给定一个网络 $\mathcal{G} = (\mathcal{V}, \mathcal{E})$, 其中 $|\mathcal{V}| = n$. 在生灭过程中，首先以正比于个体适应度的概率从网络中选出一个节点; 然后这个节点产生一个后代并代替它的一个邻居. 容易得到，常数选择下的生灭过程中，对应的转移概率为

$$p(M_t, r, v_i) = \sum_{v_j \in M_t} \frac{r}{n - r + r|M_t|} \frac{a_{ji}}{d_j} \quad (5.2)$$

$$q(M_t, r, v_i) = \sum_{v_j \notin M_t} \frac{1}{n - r + r|M_t|} \frac{a_{ji}}{d_j} \quad (5.3)$$

例 5.2 (常数选择下的死生过程)[6]. 给定一个网络 $\mathcal{G} = (\mathcal{V}, \mathcal{E})$, 其中 $|\mathcal{V}| = n$. 在死生过程中, 首先从网络中随机选出一个淘汰节点, 然后以正比于个体适应度的概率选出这个淘汰节点的一个邻居, 最后用这个邻居的一个复制替代淘汰节点. 容易得到, 常数选择下的死生过程中, 对应的转移概率为

$$p(M_t, r, v_i) = \frac{1}{n} \frac{\sum_{v_j \in M_t} r a_{ji}}{\sum_{v_j \in M_t} r a_{ji} + \sum_{v_k \notin M_t} a_{ki}} \tag{5.4}$$

$$q(M_t, r, v_i) = \frac{1}{n} \frac{\sum_{v_j \notin M_t} a_{ji}}{\sum_{v_j \notin M_t} a_{ji} + \sum_{v_k \in M_t} r a_{ki}} \tag{5.5}$$

显然, 网络上的常数选择过程 $\mathbf{M} = (M_t)_{t=0}^{\infty}$ (5.1) 是一个离散时间有限状态马尔可夫链. 而且如果这个常数选择过程中的转移概率 $p(M_t, r, v_i)$ 和 $q(M_t, r, v_i)$ 满足一定条件, 那么对应的马尔可夫链是吸收型的马尔可夫链.

定理 5.1. 给定一个网络上的常数选择过程 $\mathbf{M} = (M_t)_{t=0}^{\infty}$ (5.1), 如果其转移概率 $p(\cdot, \cdot, \cdot)$ 和 $q(\cdot, \cdot, \cdot)$ 满足下列条件:

(C1) 对任意节点 $v_i \in \mathcal{V}$, $p(\varnothing, r, v_i) = q(\mathcal{V}, r, v_i) = 0$ 成立;

(C2) 对任意满足 $\varnothing \subset C \subset \mathcal{V}$ 的集合 C, 存在一个节点 $v_i \in \mathcal{V} - C$ 和一个节点 $v_j \in C$, 使得 $p(C, r, v_i) > 0$ 和 $q(C, r, v_j) > 0$ 成立.

那么从任意初始状态开始, 在这个常数选择过程的作用下, 整个网络将收敛于全 B 策略或全 A 策略, 即 $\lim_{t \to \infty} M_t = \varnothing$ 或者 $\lim_{t \to \infty} M_t = \mathcal{V}$.

证明: 由条件 (C1) 可知, 状态 $\varnothing$ 和 $\mathcal{V}$ 是马尔可夫过程 $\mathbf{M}$ 的两个吸收态, 即如果在某个时刻 $k > 0$, 有 $M_k = \varnothing$ 或 $M_k = \mathcal{V}$, 那么对所有 $t \geq k$, 都有 $M_t = M_k$. 由条件 (C2) 可知, 除 $\varnothing$ 和 $\mathcal{V}$ 这两个状态外, 从其他任意状态 C 出发, 都有一定的概率转移到 $\varnothing$ 和 $\mathcal{V}$ 这两个状态, 因此其他状态都是瞬态. 定理得证. □

令 $\rho(\mathbf{M}) = \mathbb{P}(\lim_{t \to \infty} M_t = \mathcal{V})$, 称为策略 A 的固定概率. 根据上述定理, 策略 A 的固定概率刻画了常数选择过程的最终行为. 在给定网络结构和策略更新规则后, 一个策略的固定概率显然取决于这个策略初始时刻所占据的个体集合以及这个策略的适应度. 为了突出这两个要素的作用, 下面记 $\mathbf{M} = \mathbf{M}(S, r)$, 其中 $S = M_0$

是初始时刻网络中采取 A 策略的个体集合, r 是 A 策略的相对适应度. 对应地, A 策略的固定概率被记为 $\rho(\mathbf{M}) = \rho(\mathbf{M}, S, r)$. 根据马尔可夫链的相关理论, 容易得到

$$\rho(\mathbf{M}, S, r) = \sum_{v_i \notin S} p(S, r, v_i) \rho(\mathbf{M}, S \cup \{v_i\}, r) + \sum_{v_j \in S} q(S, r, v_j) \rho(\mathbf{M}, S - \{v_j\}, r)$$
$$+ \left(1 - \sum_{v_i \notin S} p(S, r, v_i) - \sum_{v_j \in S} q(S, r, v_j)\right) \rho(\mathbf{M}, S, r) \tag{5.6}$$

以及边界条件 $\rho(\mathbf{M}, \varnothing, r) = 0$ 和 $\rho(\mathbf{M}, \mathcal{V}, r) = 1$.

一般地, 为了得到一个具有 n 个节点的网络上某个策略的固定概率, 需要求解一个大小为 2^n 的方程组. 因此, 求解 (5.6) 式的计算复杂度随着网络规模的增大呈指数增长[7].

5.2 网络上常数选择的一般性质

在网络上的常数选择过程中, 个体对于策略的选择性更新导致了整个网络群体对于策略的选择. 如图 5.2 所示, 每个个体 $v_i \in \mathcal{V}$ 对于策略的选择由转移概率 $p(M_t, r, v_i)$ 和 $q(M_t, r, v_i)$ 刻画, 而网络群体最终对于策略的选择由固定概率

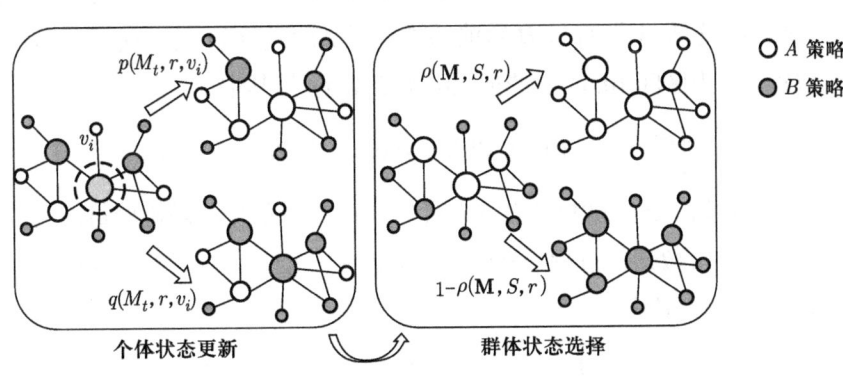

图 5.2 策略的局部选择与全局选择示意图

$\rho(\mathbf{M},S,r)$ 刻画. 那么个体局部的策略更新与网络群体整体的状态演化之间有什么关系呢? 本节我们针对这一问题, 讨论转移概率 $p(M_t,r,v_i)$、$q(M_t,r,v_i)$ 与策略固定概率 $\rho(\mathbf{M},S,r)$ 之间的性质关联.

5.2.1 等价随机过程与相关数学概念

给定一个网络上的常数选择过程 $\mathbf{M}=(M_t)_{t=0}^{\infty}$ (5.1). 接下来, 我们假定其转移概率 $p(M_t,r,v_i)$ 和 $q(M_t,r,v_i)$ 除满足条件 (C1) 和 (C2) 外, 还满足

(C3)对任意满足 $\varnothing \subseteq C \subseteq \mathcal{V}$ 的集合 C 和 $r > 0$, $p(C,r,v_i)+q(C,r,v_i)=a_i$ 都成立, 其中 $a_i > 0$ 是一个与 C 和 r 无关的常数.

条件 (C3) 进一步细化了每个个体进行策略更新的概率. 这个条件意味着: 在每一步, 个体 $v_i \in \mathcal{V}$ 被选出来进行策略更新的概率为 a_i; 而且这个概率与网络当前的策略分布和策略的适应度无关, 仅取决于节点的编号. 容易验证, 死生过程中的转移概率满足条件 (C3).

令 $(X_t)_{t=1}^{\infty}$ 为节点集合 $\mathcal{V}=\{v_i|i=1,2,\cdots,n\}$ 上的独立随机变量序列, 其中

$$\text{对任意 } v_k \in \mathcal{V}, \text{ 以及 } t \geqslant 1, \quad \mathbb{P}(X_t=v_k)=a_k. \tag{5.7}$$

独立随机变量序列 $(X_t)_{t=0}^{\infty}$ 对应于从网络中选择节点进行策略更新的过程. 在每个时刻 $t \geqslant 0$, 以大小为 a_i 的概率, 节点 $v_i \in \mathcal{V}$ 被选择出来并赋值给 X_t.

对任意 $v_i \in \mathcal{V}$, 令 $\tilde{p}(C,r,v_i)=p(C,r,v_i)/a_i$ 以及 $\tilde{q}(C,r,v_i)=q(C,r,v_i)/a_i$. 显然, 如果节点 v_i 被选择出来进行策略更新, 那么概率 $\tilde{p}(C,r,v_i)$ 和 $\tilde{q}(C,r,v_i)$ 分别表示节点 v_i 选择 A 策略和 B 策略的概率. 显然有 $\tilde{p}(C,r,v_i)+\tilde{q}(C,r,v_i)=1$.

令 $(Y_t)_{t=0}^{\infty}$ 为区间 $(0,1)$ 上的独立随机变量序列, 其中

$$\text{对任意 } u \in (0,1), \text{ 以及 } t \geqslant 0, \quad \mathbb{P}(Y_t \leqslant u)=u. \tag{5.8}$$

显然, 在任意时刻 $t \geqslant 0$, 随机变量 Y_t 是区间 $(0,1)$ 中的均匀随机变量.

容易证明, 常数选择过程 $\mathbf{M}(S,r)=(M_t(S,r))_{t=0}^{\infty}$ (5.1) 与下面的随机过程 $\mathbf{A}=(A_t)_{t=0}^{\infty}$ 等价, 其中

$$A_{t+1}=\begin{cases} A_t \cup \{X_t\}, & \text{若 } Y_t \leqslant \tilde{p}(A_t,r,X_t), \\ A_t - \{X_t\}, & \text{若 } Y_t > \tilde{q}(A_t,r,X_t). \end{cases} \tag{5.9}$$

而且 $A_0 = S$. 下面称随机过程 $\mathbf{A} = (A_t)_{t=0}^{\infty}$ 为常数选择过程 $\mathbf{M}(S, r)$ 的等价过程. 基于这一等价过程, 多个独立的常数选择过程可以耦合到同一个概率空间中, 从而进行比较.

下面介绍一些集值函数的概念, 用于刻画转移概率 $p(M_t, r, v_i)$, $q(M_t, r, v_i)$ 以及固定概率 $\rho(\mathbf{M}, S, r)$ 关于集值 M_t 和 S 的性质.

定义 5.1 (单调递增). 对于函数 $f: 2^{\mathcal{V}} \to \mathcal{R}$, 如果对所有 $\mathcal{U} \subseteq \mathcal{W} \subseteq \mathcal{V}$, $f(\mathcal{U}) \leqslant f(\mathcal{W})$ 都成立, 则称函数 f 是单调递增的.

定义 5.2. 对于函数 $f: 2^{\mathcal{V}} \to \mathcal{R}$, 如果对所有 $\mathcal{U}, \mathcal{W} \subseteq \mathcal{V}$, 都有

$$f(\mathcal{U}) + f(\mathcal{W}) \geqslant f(\mathcal{U} \cap \mathcal{W}) + f(\mathcal{U} \cup \mathcal{W}),$$

或者等价地, 对所有 $\mathcal{U} \subseteq \mathcal{W} \subseteq \mathcal{V}$ 和 $v \in \mathcal{V}$, 都有

$$f(\mathcal{U} \cup \{v\}) - f(\mathcal{U}) \geqslant f(\mathcal{W} \cup \{v\}) - f(\mathcal{W}),$$

那么称函数 f 是次模函数.

定义 5.3. 对于函数 $f: 2^{\mathcal{V}} \to \mathcal{R}$, 如果对所有 $\mathcal{U}, \mathcal{W} \subseteq \mathcal{V}$, 都有

$$f(\mathcal{U}) + f(\mathcal{W}) \leqslant f(\mathcal{U} \cap \mathcal{W}) + f(\mathcal{U} \cup \mathcal{W}),$$

或者等价地, 对所有 $\mathcal{U} \subseteq \mathcal{W} \subseteq \mathcal{V}$ 和 $v \in \mathcal{V}$, 都有

$$f(\mathcal{U} \cup \{v\}) - f(\mathcal{U}) \leqslant f(\mathcal{W} \cup \{v\}) - f(\mathcal{W}),$$

那么称函数 f 是超模函数.

5.2.2 局部性质与全局性质

在网络上的常数选择过程中, 状态更新规则只在一步更新和局部作用下成立, 所以称更新规则的性质为局部性质. 而策略的固定概率刻画了网络整体的演化过程, 所以称策略固定概率的性质为全局性质. 下面建立常数选择过程中局部性质和全局性质之间的关系[8].

定理 5.2. 给定网络上的常数选择过程 $\mathbf{M}(S,r)$ (5.1), 其转移概率满足 (C1)~(C3) 三个条件. 如果对所有节点 $v_i \in \mathcal{V}$, 转移概率 $p(C,r,v_i)$ 都关于集合 C 单调递增, 那么 A 策略的固定概率 $\rho(\mathbf{M},S,r)$ 关于初始 A 策略集合 S 也单调递增.

证明: 考虑同一网络上两个初始状态不同的演化动力学过程 $\mathbf{M}(S_1,r)$ 和 $\mathbf{M}(S_2,r)$, 其中 $S_1 \subseteq S_2$. 通过随机变量序列 $(X_t)_{t=0}^{\infty}$ (5.7) 和 $(Y_t)_{t=0}^{\infty}$ (5.8), 构造上述两个常数选择过程对应的等价随机过程 $\mathbf{A} = (A_t)_{t=0}^{\infty}$ 和 $\mathbf{B} = (B_t)_{t=0}^{\infty}$ 如下:

$$A_{t+1} = \begin{cases} A_t \cup \{X_t\}, & \text{若 } Y_t \leqslant \tilde{p}(A_t, r, X_t), \\ A_t - \{X_t\}, & \text{若 } Y_t > \tilde{q}(A_t, r, X_t), \end{cases}$$

其中 $A_0 = S_1$;

$$B_{t+1} = \begin{cases} B_t \cup \{X_t\}, & \text{若 } Y_t \leqslant \tilde{p}(B_t, r, X_t), \\ B_t - \{X_t\}, & \text{若 } Y_t > \tilde{q}(B_t, r, X_t), \end{cases}$$

其中 $B_0 = S_2$.

下面通过归纳法来证明定理 5.2. 假定在 $k \geqslant 0$ 时有 $A_k \subseteq B_k$, 根据转移概率 $p(C,r,v_i)$ 关于 C 的单调性, 可以得到 $p(A_k, r, X_k) \leqslant p(B_k, r, X_k)$. 进一步, 可以得到 $\tilde{p}(A_k, r, X_k) \leqslant \tilde{p}(B_k, r, X_k)$. 由此可知 $A_{k+1} \subseteq B_{k+1}$. 注意到 $A_0 \subseteq B_0$, 从而在任意时刻 $t \geqslant 0$, $A_t \subseteq B_t$ 都成立. 根据固定概率的定义, $\rho(\mathbf{M},S,r) = \mathbb{P}(\lim_{t\to\infty} M_t = \mathcal{V})$, 可以得到 $\rho(\mathbf{M},S_1,r) = \rho(\mathbf{A}) \leqslant \rho(\mathbf{B}) = \rho(\mathbf{M},S_2,r)$. 这就证明了固定概率 $\rho(\mathbf{M},S,r)$ 关于初始变异集合 S 单调递增. □

定理 5.2 建立了常数选择过程中网络群体对于策略选择的第一原理: 在复杂网络上的常数选择过程中, 如果每个个体在策略选择时倾向于选择邻居中占多数的策略, 那么整个网络最终倾向于选择初始时刻占多数的策略. 也就是说, 如果个体具有从众行为, 那么由个体组成的群体也具有从众行为[9].

定理 5.3. 给定网络上的常数选择过程 $\mathbf{M}(S,r)$ (5.1), 其转移概率满足 (C1)~(C3) 三个条件. 如果

(1) 对所有 $r > 0$ 和 $v_i \in \mathcal{V}$, 转移概率 $p(C,r,v_i)$ 关于集合 C 都单调递增;

(2) 对所有 $\varnothing \subseteq C \subseteq \mathcal{V}$ 和 $v_i \in \mathcal{V}$, 转移概率 $p(C,r,v_i)$ 关于 A 策略个体的适应度 r 单调递增.

那么 A 策略的固定概率 $\rho(\mathbf{M},S,r)$ 是关于 A 策略个体适应度 r 的单调递增函数.

证明: 考虑同一个网络上两个常数选择过程 $\mathbf{M}(S,r_1)$ 和 $\mathbf{M}(S,r_2)$, 其中 $0 < r_1 \leqslant r_2$. 通过随机变量序列 $(X_t)_{t=0}^{\infty}$ (5.7) 和 $(Y_t)_{t=0}^{\infty}$ (5.8), 构造上述两个常数选择过程对应的等价随机过程 $\mathbf{A} = (A_t)_{t=0}^{\infty}$ 和 $\mathbf{B} = (B_t)_{t=0}^{\infty}$ 如下:

$$A_{t+1} = \begin{cases} A_t \cup \{X_t\}, & \text{若 } Y_t \leqslant \tilde{p}(A_t,r_1,X_t), \\ A_t - \{X_t\}, & \text{若 } Y_t > \tilde{q}(A_t,r_1,X_t), \end{cases}$$

其中 $A_0 = S$;

$$B_{t+1} = \begin{cases} B_t \cup \{X_t\}, & \text{若 } Y_t \leqslant \tilde{p}(B_t,r_2,X_t), \\ B_t - \{X_t\}, & \text{若 } Y_t > \tilde{q}(B_t,r_2,X_t), \end{cases}$$

其中 $B_0 = S$.

下面用归纳法来证明定理 5.3. 假定在 $k \geqslant 0$ 时刻有 $A_k \subseteq B_k$, 由转移概率关于适应度 r 的单调递增性可得 $p(A_k,r_1,X_k) \leqslant p(A_k,r_2,X_k) \leqslant p(B_k,r_2,X_k)$. 进一步可以得到 $\tilde{p}(A_k,r_1,X_k) \leqslant \tilde{p}(B_k,r_2,X_k)$ 和 $A_{k+1} \subseteq B_{k+1}$. 注意到 $A_0 \subseteq B_0$, 由此可知在任意时刻 $t \geqslant 0$, $A_t \subseteq B_t$ 都成立. 由固定概率的定义可得 $\rho(\mathbf{M},S,r_1) = \rho(\mathbf{A}) \leqslant \rho(\mathbf{B}) = \rho(\mathbf{M},S,r_2)$. 这就证明了 A 策略的固定概率 $\rho(\mathbf{M},S,r)$ 是关于 A 策略个体适应度 r 的单调递增函数. □

注 5.1. 众所周知, 适者生存是自然演化的基本定律[10]. 适者生存意味着适应度越高的个体存活下来的概率也越大. 作为自然演化的模型, 演化动力学也应当满足这一基本原理. 也就是说, 一种策略的固定概率应该是关于该策略适应度的单调递增函数. 定理 5.3 给出了复杂网络上的常数选择过程具有适者生存这一性质的充分条件.

定理 5.4. 给定网络上的常数选择过程 $\mathbf{M}(S,r)$ (5.1), 其转移概率满足 (C1)~(C3) 三个条件. 如果

(1) 对所有 $v_i \in \mathcal{V}$, 转移概率 $p(C,r,v_i)$ 关于集合 C 都单调递增;

(2) 对所有 $v_i \in \mathcal{V}$, 转移概率 $p(C,r,v_i)$ 是关于集合 C 的次模函数.

那么 A 策略的固定概率 $\rho(\mathbf{M},S,r)$ 是关于初始 A 策略集合 S 的次模函数.

证明: 考虑同一个网络上 4 个常数选择过程 $\mathbf{M}(S_1,r)$, $\mathbf{M}(S_2,r)$, $\mathbf{M}(S_3,r)$ 和 $\mathbf{M}(S_4,r)$. 这 4 个常数选择过程区别在于其初始状态不同, 其中 $S_3 = S_1 \cap S_2$,

$S_4 = S_1 \cup S_2$，而 $S_1, S_2 \subseteq \mathcal{V}$ 是任意两个集合. 接下来, 通过随机变量序列 $(X_t)_{t=0}^{\infty}$ (5.7) 和 $(Y_t)_{t=0}^{\infty}$ (5.8), 构造出上述 4 个常数选择过程对应的等价随机过程 $\mathbf{A} = (A_t)_{t=0}^{\infty}$, $\mathbf{B} = (B_t)_{t=0}^{\infty}$, $\mathbf{C} = (C_t)_{t=0}^{\infty}$ 和 $\mathbf{D} = (D_t)_{t=0}^{\infty}$ 如下:

- 令 $\mathbf{A} = (A_t)_{t=0}^{\infty}$ 为

$$A_{t+1} = \begin{cases} A_t \cup \{X_t\}, & \text{若 } Y_t \leqslant \tilde{p}(A_t, r, X_t), \\ A_t - \{X_t\}, & \text{若 } Y_t > \tilde{q}(A_t, r, X_t), \end{cases}$$

其中 $A_0 = S_1$;

- 令 $\mathbf{D} = (D_t)_{t=0}^{\infty}$ 为

$$D_{t+1} = \begin{cases} D_t \cup \{X_t\}, & \text{若 } Y_t \leqslant \tilde{p}(D_t, r, X_t), \\ D_t - \{X_t\}, & \text{若 } Y_t > \tilde{q}(D_t, r, X_t), \end{cases}$$

其中 $D_0 = S_4$;

- 令 $\mathbf{C} = (C_t)_{t=0}^{\infty}$ 为

$$C_{t+1} = \begin{cases} C_t \cup \{X_t\}, & \text{若 } \tilde{p}(A_t, r, X_t) - \tilde{p}(C_t, r, X_t) < Y_t \leqslant \tilde{p}(A_t, r, X_t), \\ C_t - \{X_t\}, & \text{其他情形}, \end{cases}$$

其中 $C_0 = S_3$;

- 随机过程 $\mathbf{B} = (B_t)_{t=0}^{\infty}$ 的构造分两种情形:

情形 (A): $\tilde{p}(B_t, r, X_t) \leqslant 1 - \tilde{p}(A_t, r, X_t) + \tilde{p}(C_t, r, X_t)$. 此时, 若

$$Y_t > \tilde{p}(A_t, r, X_t) - \tilde{p}(C_t, r, X_t),$$

而且

$$Y_t \leqslant \tilde{p}(A_T, r, X_t) - \tilde{p}(C_t, r, X_t) + \tilde{p}(B_t, r, X_t),$$

则令 $B_{t+1} = B_t \cup \{X_t\}$; 否则令 $B_{t+1} = B_t - \{X_t\}$.

情形 (B): $\tilde{p}(B_t, r, X_t) > 1 - \tilde{p}(A_t, r, X_t) + \tilde{p}(C_t, r, X_t)$. 此时, 令

$$B_{t+1} = \begin{cases} B_t \cup \{X_t\}, & \text{若 } Y_t > \tilde{p}(B_t, r, X_t), \\ B_t - \{X_t\}, & \text{若 } Y_t \leqslant \tilde{q}(B_t, r, X_t). \end{cases}$$

对于情形 (A) 和 (B), 都令 $B_0 = S_2$.

5.2 网络上常数选择的一般性质

根据上面定义,随机过程 **A**、**B**、**C** 和 **D** 之间的耦合关系示意图如 5.3 图所示.

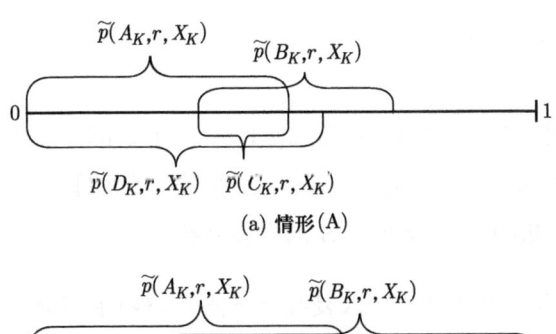

(a) 情形(A)

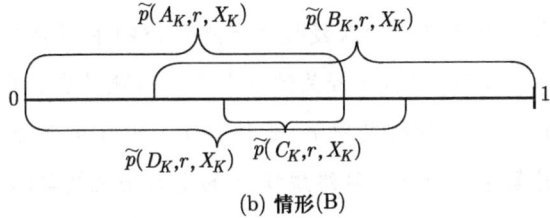

(b) 情形(B)

图 5.3 随机过程 **A**、**B**、**C** 和 **D** 之间的耦合关系示意图

下面通过归纳法来证明定理 5.4. 假定在 $k \geqslant 0$ 时刻 $C_k \subseteq A_k \cap B_k$ 和 $D_k \subseteq A_k \cup B_k$ 都成立,由转移概率 $p(C, r, v_i)$ 关于集合 C 的单调性和次模性可得

$$\tilde{p}(C_k, r, X_k) \leqslant \min\{\tilde{p}(A_k, r, X_k), \tilde{p}(B_k, r, X_k)\},$$

以及

$$\tilde{p}(A_k, r, X_k) + \tilde{p}(B_k, r, X_k) \geqslant \tilde{p}(C_k, r, X_k) + \tilde{p}(D_k, r, X_k).$$

根据随机过程 **A**, **B**, **C** 和 **D** 之间的耦合关系,容易得到 $C_{k+1} \subseteq A_{k+1} \cap B_{k+1}$ 和 $D_{k+1} \subseteq A_{k+1} \cup B_{k+1}$. 注意到 $C_0 \subseteq A_0 \cap B_0$ 以及 $D_0 \subseteq A_0 \cup B_0$. 由归纳法可知:在任意时刻 $t \geqslant 0$, $C_t \subseteq A_t \cap B_t$ 和 $D_t \subseteq A_t \cup B_t$ 都成立. 为方便起见,将 $\lim_{t \to \infty} M_t$ 记作 M_∞. 由于 A_∞ 和 B_∞ 要么为 $\varnothing$,要么为 $\mathcal{V}$,可以得到 $\mathbb{P}((A_\infty \cup B_\infty) = \mathcal{V}) = \mathbb{P}((A_\infty = \mathcal{V}) \cup (B_\infty = \mathcal{V}))$. 由此可得

$$\rho(\mathbf{C}) + \rho(\mathbf{D}) = \mathbb{P}(C_\infty = \mathcal{V}) + \mathbb{P}(D_\infty = \mathcal{V})$$
$$\leqslant \mathbb{P}((A_\infty \cap B_\infty) = \mathcal{V}) + \mathbb{P}((A_\infty \cup B_\infty) = \mathcal{V})$$

$$= \mathbb{P}((A_\infty = \mathcal{V}) \cap (B_\infty = \mathcal{V})) + \mathbb{P}((A_\infty = \mathcal{V}) \cup (B_\infty = \mathcal{V}))$$

$$\leqslant \mathbb{P}(A_\infty = \mathcal{V}) + \mathbb{P}(B_\infty = \mathcal{V})$$

$$= \rho(\mathbf{A}) + \rho(\mathbf{B}).$$

因此, 对任意 $S_1, S_2 \subseteq \mathcal{V}$, 都有 $\rho(\mathbf{M}, S_3, r) + \rho(\mathbf{M}, S_4, r) \leqslant \rho(\mathbf{M}, S_1, r) + \rho(\mathbf{M}, S_2, r)$, 其中 $S_3 = S_1 \cap S_2$, $S_4 = S_1 \cup S_2$. 这就证明了 A 策略的固定概率 $\rho(\mathbf{M}, S, r)$ 是关于初始 A 策略集合 S 的次模函数. □

注 5.2. 找出复杂网络中的入侵关键节点是控制不利变异传播的一个重要议题[11]. 从数学的角度讲, 寻找入侵关键节点这一问题对应着在约束 $|S| = m$ 下最大化 $\rho(\mathbf{M}, S, r)$ 的优化问题, 其中 m 是大于 0 小于 n 的整数. 一般地, 找出入侵关键节点的计算复杂度是随着网络规模 n 的增大而呈指数增长的. 然而, 如果固定概率是关于初始 A 策略集合的单调次模函数 (参见定理 5.2 和 5.4), 上述问题成为基数约束下单调次模函数的最大化问题. 对于这一问题, 目前已经知道, 存在简单的贪婪算法能够得到 $(1 - 1/e)$ 的近似解[12,13].

定理 5.5. 给定网络上的常数选择过程 $\mathbf{M}(S, r)$ (5.1), 其转移概率满足 (C1)~(C3) 三个条件. 如果

(1) 对所有 $v_i \in \mathcal{V}$, 转移概率 $p(C, r, v_i)$ 关于集合 C 都单调递增;

(2) 对所有 $v_i \in \mathcal{V}$, 转移概率 $p(C, r, v_i)$ 是关于集合 C 的超模函数.

那么 A 策略的固定概率 $\rho(\mathbf{M}, S, r)$ 是关于初始 A 策略集合 S 的超模函数.

证明: 令 $\mathbf{R} = (R_t)_{t=0}^\infty$ 表示常数选择过程 $\mathbf{M}(S, r)$ 中 B 策略个体集合的演化过程, 其中对任意 $t \geqslant 0$, $R_t = \mathcal{V} - M_t$. 也就是说,

$$R_{t+1} = \begin{cases} R_t \cup \{v_i\}, & \text{以概率 } q(\mathcal{V} - R_t, r, v_i) \text{ 发生}, \\ R_t - \{v_i\}, & \text{以概率 } p(\mathcal{V} - R_t, r, v_i) \text{ 发生}, \end{cases}$$

其中 $R_0 = \mathcal{V} - S$. 注意到 $q(\mathcal{V} - C, r, v_i) = a_i - p(\mathcal{V} - C, r, v_i)$. 因为对所有 $v_i \in \mathcal{V}$, $p(C, r, v_i)$ 关于集合 C 都单调递增, 所以对所有 $v_i \in \mathcal{V}$, $q(\mathcal{V} - C, r, v_i)$ 也关于集合 C 单调递增. 而且, 由 $p(C, r, v_i)$ 是关于 C 的超模函数, 可知对任意 $\mathcal{U}, \mathcal{W} \subseteq \mathcal{V}$, 都

5.2 网络上常数选择的一般性质

有

$$q(\mathcal{V}-\mathcal{U},r,v_i) + q(\mathcal{V}-\mathcal{W},r,v_i)$$
$$= a_i - p(\mathcal{V}-\mathcal{U},r,v_i) + a_i - p(\mathcal{V}-\mathcal{W},r,v_i)$$
$$\geqslant 2a_i - [p((\mathcal{V}-\mathcal{U})\cap(\mathcal{V}-\mathcal{W})) + p((\mathcal{V}-\mathcal{U})\cup(\mathcal{V}-\mathcal{W}))]$$
$$= q(\mathcal{V}-(\mathcal{U}\cup\mathcal{W})) + q(\mathcal{V}-(\mathcal{U}\cap\mathcal{W})).$$

因此, 对所有 $v_i \in \mathcal{V}$, $q(\mathcal{V}-C,r,v_i)$ 是关于 C 的次模函数. 由定理 5.4 可知, $\rho(\mathbf{R},\mathcal{V}-S,r)$ 是关于初始常态集合 $\mathcal{V}-S$ 的次模函数. 又因为 $\rho(\mathbf{M},S,r)=1-\rho(\mathbf{R},V-S,r)$, 所以 A 策略固定概率 $\rho(\mathbf{M},S,r)$ 是关于初始 A 策略集合的超模函数. □

次模和超模特性刻画了一个新增 A 策略节点对 A 策略固定概率的边际效应. 如果 A 策略的固定概率是关于其初始集合的次模函数, 那么一个新增 A 策略节点对其固定概率的边际效应随着其初始集合的增大而减小. 相反地, 如果 A 策略的固定概率是关于其初始集合的超模函数. 那么一个新增 A 策略节点对其固定概率的边际效应随着其初始集合的增大而增大.

推论 5.1. 给定网络上的常数选择过程 $\mathbf{M}(S,r)$ (5.1), 其转移概率满足 (C1)~(C3) 三个条件. 如果对所有 $C \subseteq \mathcal{V}$ 和 $v_i \in \mathcal{V}$, $p(C,r,v_i) = \sum_{v_k \in C} p(\{v_k\},r,v_i)$ 都成立, 那么对所有 $S \subseteq \mathcal{V}$, A 策略的固定概率满足:

$$\rho(\mathbf{M},S,r) = \sum_{v_k \in S} \rho(\mathbf{M},\{v_k\},r).$$

而且, 若对所有 $v_i, v_j \in \mathcal{V}$, 令 $\rho_i = \rho(\mathbf{M},\{v_i\},r)$, $l_{ij} = p(\{v_i\},r,v_j)/a_i$, 那么列向量

$$(\rho_1, \rho_2, \cdots, \rho_n)^{\mathrm{T}}$$

是矩阵 $L = (l_{ij})_{n \times n}$ 特征值为 1 的归一化右特征向量, 即平稳概率分布.

证明: 注意到 $p(\{v_k\},r,v_i)$ 表示常数选择过程中 A 策略从节点 v_k 传播到节点 v_i 的转移概率. 因此, 对所有 $v_k, v_i \in \mathcal{V}$, $p(\{v_k\},r,v_i) \geqslant 0$ 都成立. 由 $p(C,r,v_i) = \sum_{v_k \in C} p(\{v_k\},r,v_i)$ 可知, 对任意 $v_i \in \mathcal{V}$, 转移概率 $p(C,r,v_i)$ 关于初始 A 策略集合

C 单调递增. 同时, 容易验证 $p(C,r,v_i)$ 是关于 C 的次模和超模函数. 由定理 5.4 和定理 5.5 可知, A 策略的固定概率 $\rho(\mathbf{M},S,r)$ 是关于初始变异集合 S 的次模和超模函数. 也就是说, 对任意 $\mathcal{U}, \mathcal{W} \subseteq \mathcal{V}$, 都有

$$\rho(\mathbf{M},\mathcal{U},r)+\rho(\mathbf{M},\mathcal{W},r)=\rho(\mathbf{M},\mathcal{U}\cap\mathcal{W},r)+\rho(\mathbf{M},\mathcal{U}\cap\mathcal{W},r). \tag{5.10}$$

上式等价于对任意 $S \subseteq \mathcal{V}$, $\rho(\mathbf{M},S,r) = \sum_{v_k \in S} \rho(\mathbf{M},\{v_k\},r)$.

将 (5.10) 式代入到 (5.6) 中, 同时令 $S = \{v_k\}$, $l_{ki} = p(\{v_k\},r,v_i)/a_k$, $\rho_k = \rho(\mathbf{M},\{v_k\},r)$, 可以得到

$$\sum_{i \neq k} l_{ki}\rho_i = \frac{q(\{v_k\},r,k)}{a_k}\rho_k = (1-l_{kk})\rho_k.$$

上式可以写为

$$\sum_{v_i \in \mathcal{V}} l_{ki}\rho_i = \rho_k.$$

令 k 分别取值 1 到 n, 可以得到

$$\begin{pmatrix} l_{11} & l_{12} & \cdots & l_{1n} \\ l_{21} & l_{22} & \cdots & l_{2n} \\ \vdots & \vdots & \ddots & \vdots \\ l_{n1} & l_{n2} & \cdots & l_{nn} \end{pmatrix} \begin{pmatrix} \rho_1 \\ \rho_2 \\ \vdots \\ \rho_n \end{pmatrix} = \begin{pmatrix} \rho_1 \\ \rho_2 \\ \vdots \\ \rho_n \end{pmatrix} \tag{5.11}$$

同时, 由 $\rho(\mathcal{V}) = 1$ 和 $\rho(\mathcal{V}) = \sum_{v_i \in \mathcal{V}} \rho_i$ 可知, 向量 $(\rho_1, \rho_2, \cdots, \rho_n)^\mathrm{T}$ 是归一化的. 因此, $(\rho_1, \rho_2, \cdots, \rho_n)^\mathrm{T}$ 是矩阵 $\boldsymbol{L} = (l_{ij})_{n \times n}$ 特征值为 1 的归一化右特征向量. 容易验证 $\boldsymbol{L}$ 是一个随机矩阵, 因此它的归一化右特征向量即平稳概率分布. □

一般来说, 为了得到规模为 n 的网络上演化动力学的固定概率, 需要求解大小为 2^n 的方程组 (见 (5.6) 式). 然而如果转移概率 $p(C,r,v_i)$ 是关于 A 策略集合 C 的线性函数, 推论 5.1 表明, 只需要求解大小为 n 的方程组, 就可以解得固定概率.

5.2.3 示例: 死生过程

上一小节建立了复杂网络上常数选择过程中局部性质与全局性质之间的关

5.2 网络上常数选择的一般性质

联. 具体包括:

(1) 关联一: 如果每个个体在每一步策略更新时选择某一策略的概率是关于其邻居集合中使用这一策略的个体集合的单调递增函数, 那么最终网络群体倾向于收敛于这一策略的概率, 是关于初始时刻网络中使用这一策略的个体集合的单调递增函数.

(2) 关联二: 如果每个个体在每一步策略更新时选择某一策略的概率是关于这一策略适应度的单调递增函数, 那么最终网络群体倾向于收敛于这一策略的概率, 也是关于这一策略适应度的单调递增函数.

(3) 关联三: 如果每个个体在每一步策略更新时选择某一策略的概率是关于其邻居集合中使用这一策略的个体集合的次模 (超模) 函数, 那么最终网络群体倾向于收敛于这一策略的概率, 是关于初始时刻网络中使用这一策略的个体集合的次模 (超模) 函数.

下面我们通过网络上的死生过程[5], 来具体地阐释这些性质.

给定一个加权网络 $\mathcal{G} = (\mathcal{V}, \mathcal{E}, \mathbf{W})$, 其中 $\mathbf{W} = (w_{ij})_{n \times n}$ 为权重矩阵. 令 f_i 表示节点 $v_i \in \mathcal{V}$ 的适应度. 根据上一章介绍的网络上的死生过程, 其节点的状态更新规则如下: 每一步, 首先从网络中随机选取一个节点, 不妨设为 $v_i \in \mathcal{V}$; 然后以正比于 $f_j w_{ji}$ 的概率从节点 v_i 的邻居中选出一个节点 $v_j \in \mathcal{N}_i$; 最后, 节点 v_i 被节点 v_j 的复制个体取代.

在常数选择过程中, 节点的适应度是关于其策略的常数. 设当节点 v_i 为 A 策略个体时, $f_i = r$; 当 v_i 为 B 策略个体时, $f_i = 1$. 通过简单的计算, 可以得到常数选择下的死生过程对应的转移概率如下:

$$p(M_t, r, v_i) = \frac{1}{n} \frac{r \sum_{v_j \in M_t} w_{ji}}{r \sum_{v_j \in M_t} w_{ji} + \sum_{v_k \notin M_t} w_{ki}}, \tag{5.12}$$

$$q(M_t, r, v_i) = \frac{1}{n} \frac{\sum_{v_j \notin M_t} w_{ji}}{\sum_{v_j \notin M_t} w_{ji} + r \sum_{v_k \in M_t} w_{ki}}. \tag{5.13}$$

如果网络 $\mathcal{G}$ 的结构是一个强连通图, 容易验证上述转移概率满足基本条件 (C1)~(C3).

根据 (5.12) 和 (5.12) 式, 可以发现网络上的死生过程具有如下的局部性质.

引理 5.1. 对于加权网络上的死生过程, 转移概率 $p(C,r,v_i)$ (5.12) 具有下列性质:

(a) 对任意 $\varnothing \subseteq C \subseteq \mathcal{V}$ 和 $v_i \in \mathcal{V}$, $p(C,r,v_i)$ 是关于 A 策略个体适应度 r 的单调递增函数;

(b) 对任意 $v_i \in \mathcal{V}$, $p(C,r,v_i)$ 是关于集合 C 的单调递增函数;

(c) 对任意 $v_i \in \mathcal{V}$, 如果 $r \geqslant 1$, 那么 $p(C,r,v_i)$ 是关于 C 的次模函数;

(d) 对任意 $v_i \in \mathcal{V}$, 如果 $r \leqslant 1$, 那么 $p(C,r,v_i)$ 是关于 C 的超模函数.

证明: 性质 (a) 可由 (5.12) 式直接得到. 接下来, 分别验证性质 (b)、(c) 和 (d). 记

$$F(C,r,v_i) = r \sum_{v_j \in C} w_{ji} + \sum_{v_k \notin C} w_{ki}.$$

取任意集合 $C \subseteq \mathcal{V}$ 和节点 $v_j \in \mathcal{V} - C$, 通过简单计算可得

$$\Delta(C,v_j) = p(C \cup \{v_j\}, r, v_i) - p(C,r,v_i)$$
$$= \frac{rw_{ji} \sum_{v_k \in \mathcal{V}} w_{ki}}{F(C,r,v_i)[F(C,r,v_i) + (r-1)w_{ji}]}.$$

注意到 $F(C,r,v_i) > w_{ji}$, 因此, $\Delta(C,v_j) > 0$. 由此可知 $p(C,r,v_i)$ 是关于集合 C 的单调递增函数. 同时, 若 $r \geqslant 1$, 那么 $F(C,r,v_i)$ 关于 C 单调递增. 因此 $\Delta(C,v_j)$ 是关于 C 的单调递减函数. 也就是说, 如果 $r \geqslant 1$, $p(C,r,v_i)$ 是关于集合 C 的次模函数. 相似地, 如果 $r \leqslant 1$, $F(C,r,v_i)$ 关于 C 单调递减. 因此, $\Delta(C,v_j)$ 是关于 C 的单调递增函数. 也就是说, 如果 $r \leqslant 1$, $p(C,r,v_i)$ 是关于集合 C 的次模函数. 上述推导对所有节点 $v_i \in \mathcal{V}$ 都满足. 这就证明了性质 (b)、(c) 和 (d). □

简便起见, 令 $\rho(S,r)$ 表示网络上死生过程中 A 策略的固定概率, 其中 $S \subseteq \mathcal{V}$ 和 r 分别为初始 A 策略个体集合和 A 策略个体的相对适应度. 令 $\rho_i = \rho(\{i\},1)$. 根据定理 5.2 ∼ 定理 5.5 和引理 5.1, 可得下面的推论.

推论 5.2. 对于复杂网络上的死生过程, 固定概率 $\rho(S,r)$ 具有如下性质:

(a) $\rho(S,r)$ 是关于 A 策略个体适应度 r 的单调递增函数;

(b) $\rho(S,r)$ 是关于初始 A 策略个体集合 S 的单调递增函数;

(c) 若 $r \geqslant 1$, $\rho(S,r)$ 是关于 S 的次模函数;

(d) 若 $r \leqslant 1$, $\rho(S,r)$ 是关于 S 的超模函数.

推论 5.3. 对于网络上的死生过程, 如果 A 策略是中性的, 即 $r = 1$, 那么 $\rho(S,1) = \sum_{v_i \in S} \rho_i$. 而且, 向量 $(\rho_1, \rho_2, \cdots, \rho_n)$ 是随机矩阵 $L = (l_{ij})_{n \times n}$ 的平稳概率分布. 其中, $l_{ij} = w_{ji} / \sum_{k=1}^{n} w_{ki}$. 特别地, 如果网络结构是无向无权图, 那么 $\rho_i = (\sum_{k=1}^{n} d_k)^{-1} d_i$. 这里, d_j 为节点 v_j 的度.

证明: 容易验证矩阵 L 为随机矩阵. 由于网络群体的结构被假定为强连通网络, 根据 l_{ij} 和 w_{ji} 之间的关系, 可知矩阵 L 是一个遍历型矩阵. 因此, 随机矩阵 L 具有一个平稳概率分布. 由 (5.12) 式可得 $p(\{v_j\}, 1, v_i) = w_{ji}/(n \sum_{k=1}^{n} w_{ki})$, 而且 $p(C, 1, v_i)$ 是关于 C 的线性函数. 因此, 由推论 5.2 可知:

$$\rho(S, 1) = \sum_{v_i \in S} \rho_i.$$

此外, $(\rho_1, \rho_2, \cdots, \rho_n)^{\mathrm{T}}$ 是随机矩阵 L^{T} 特征值为 1 的归一化右特征向量. 因此, $(\rho_1, \rho_2, \cdots, \rho_N)$ 是随机矩阵 L 的平稳概率分布.

如果网络结构是无向无权图, 那么随机矩阵 L 为

$$L = \mathrm{diag}(d_1^{-1}, d_2^{-1}, \cdots, d_n^{-1}) A.$$

其中, A 是上述网络群体的邻接矩阵. 此时, 随机矩阵 L 的平稳分布为

$$(\sum_{k=1}^{n} d_k)^{-1} (d_1, d_2, \cdots, d_n)$$

因此, 对所有节点 $v_i \in \mathcal{V}$, 都有 $\rho_i = (\sum_{k=1}^{n} d_k)^{-1} d_i$. □

推论 5.3 表明在中性死生过程中, 一个策略的固定概率完全取决于群体交互网络的权重矩阵. 特别地, 当群体交互网络为无向无权图时, 一个策略的固定概率完全由网络的度分布决定. 推论 5.3 中的结果在第 4 章网络上的随机漂移中由一种完全不同的方法得到.

下面通过一个数值仿真来展示上述关于死生过程中策略固定概率的性质. 考虑一个具有 20 个节点的随机几何图[14], 如图 5.4 所示. 这个图通过如下步骤生成: ① 将 20 个节点随机洒在 $[0,1] \times [0,1]$ 的平面上; ② 将任意两个距离小于 0.4 的节点用边连接起来. 下面假定个体间的交互结构是由此生成的随机几何图.

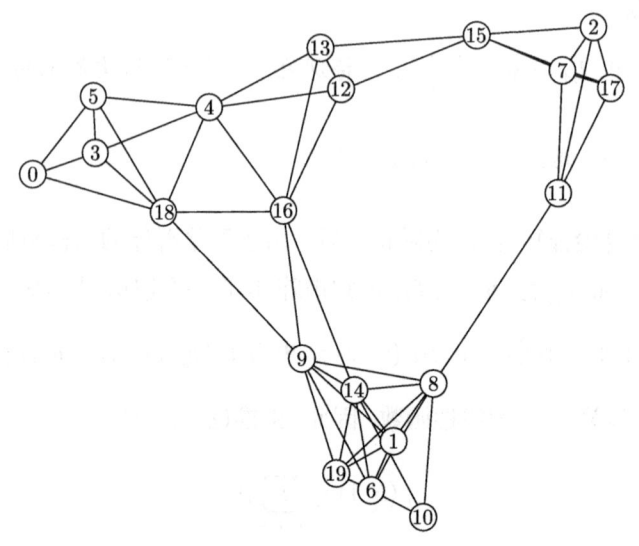

图 5.4　一个具有 20 个节点的随机几何图[14]

仿真实验过程如下. 给定一个初始 A 策略集合 $S \subseteq \mathcal{V}$ 及其适应度 $r > 0$, 我们在上述随机几何图上模拟死生过程 N 次, 并记录其中 A 策略占据整个网络的次数 M. 因此, 当 N 充分大时, 比值 M/N 逼近于 A 策略的固定概率 $\rho(S,r)$. 这里, 我们取 $N = 10^4$. 此时当 N 取更大值时, 比值 M/N 的波动小于 10^{-3}. 在这种情形下, 通过模拟仿真得到的固定概率与真实固定概率的误差小于 10^{-3}.

图 5.5 和图 5.6 展示了固定概率 $\rho(S,r)$ 随着 A 策略个体适应度 r 和初始 A 策略个体集合 S 的变化情况. 在图 5.6 中, 初始 A 策略个体集合 $|S| = k$ 是指 $S = \{v_0, v_1, \cdots, v_{k-1}\}$, 其中 $k = 1, 2, \cdots, 20$. 可以看到, 固定概率 $\rho(S,r)$ 是关于 r 和 S 的单调递增函数. 此外, 当 $r \leqslant 1$ 时, $\rho(S,r) - \rho(S - \{0\}, r)$ 单调递减; 当 $r \geqslant 1$ 时, $\rho(S,r) - \rho(S - \{0\}, r)$ 单调递增. 这表明当 $r \leqslant 1$ 时, 固定概率 $\rho(S,r)$ 是关于 S 的超模函数; 而当 $r \geqslant 1$ 时, 固定概率 $\rho(S,r)$ 是关于 S 的次模函数.

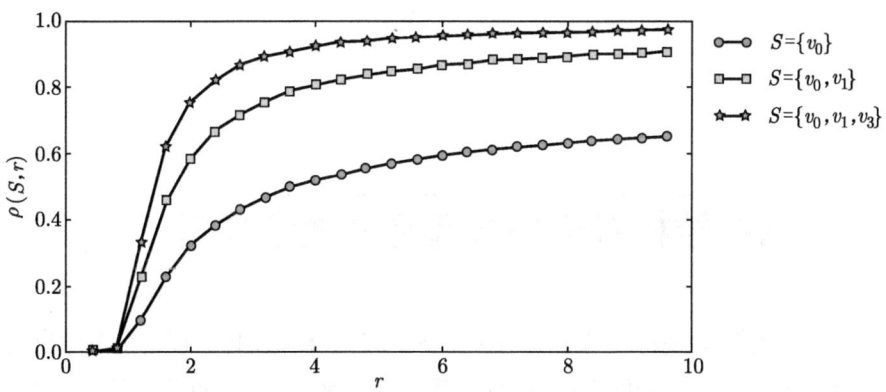

图 5.5　固定概率随策略适应度的变化情况

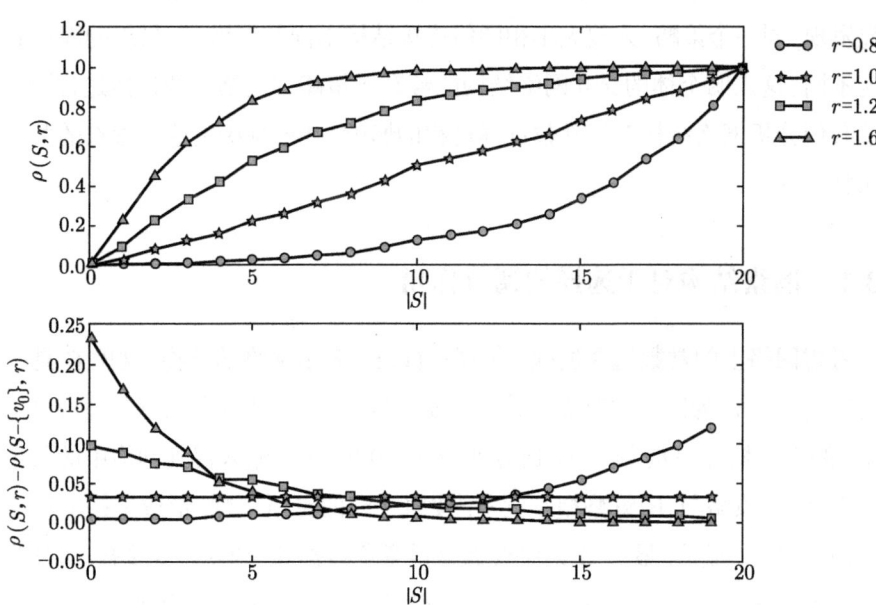

图 5.6　固定概率随初始 A 策略个体集合的变化情况

5.3 网络结构对于常数选择的放缩作用

在常数选择过程中,一个适应度为 $r > 0$ 的 A 策略个体入侵一个由适应度为 1 的 B 策略个体组成的网络群体中后,其最终扩散占据整个网络群体的概率 (即固定概率) 依赖与其入侵的节点位置. 但是如果假设 A 策略随机地从网络中选择入侵节点,那么其最后占据整个网络概率的期望值仅与个体间交互网络结构相关. 研究发现,同一个策略,入侵大小相同但连接结构不同的网络,其最终的固定概率可能不同,这表明个体的交互网络结构能够影响策略在网络中的传播过程[15−19]. 本节我们分析网络结构对于常数选择过程的影响,并挖掘决定这一影响的关键网络拓扑特征.

5.3.1 网络结构对于选择的调节作用

考虑网络上的常数选择过程. 令 $\mathcal{G} = (\mathcal{V}, \mathcal{E})$ 表示网络的结构, 这里 $\mathcal{G}$ 是一个连通图, $|\mathcal{V}| = n$ 为网络中节点的数目. 假设初始时刻, 所有节点都是适应度为 1 的 B 策略个体. 某一时刻, 一个适应度为 $r > 0$ 的 A 策略入侵到网络中的某个节点. 随后, A 策略与 B 策略相互竞争, 按照一定的更新规则, 形成网络上策略分布的演化过程. 显然, 最后 A 策略要么赢得竞争占据整个网络, 要么被 B 策略所淘汰. 令 $\rho_i(r)$ 为适应度为 $r > 0$ 的 A 策略发生在节点 $v_i \in \mathcal{V}$ 处的固定概率, 令 $\bar{\rho}(r)$ 为 A 策略随机入侵一个节点的期望固定概率, 显然有 $\bar{\rho}(r) = \sum_{v_i \in \mathcal{V}} \rho_i(r)/n$.

当 $r = 1$ 时, A 策略个体与 B 策略个体适应度相等, 两者之间没有选择性差异. 这种情形下的常数选择过程称为随机漂移过程. 根据上一章分析可知, 对于任意大小为 n 的网络, 一个随机入侵的 A 策略在随机漂移作用下的固定概率为 $\bar{\rho} = 1/n$. 因此, 在随机漂移过程中, 一个随机入侵的中性策略的固定概率与网络的拓扑结构无关.

5.3 网络结构对于常数选择的放缩作用

当 $r \neq 1$ 时, 通过计算可得, 对于正则图上的生灭过程, 一个随机入侵的 A 策略的固定概率为

$$\bar{\rho}(r) = \frac{1 - 1/r}{1 - 1/r^n}, \tag{5.14}$$

其中 n 是网络中节点的数目. 由于个体的策略更新是由选择性和随机性两个因素决定, 因此上式中的固定概率被称为是选择和随机漂移的平衡[20,21].

然而对于大小为 n 的星状图, 通过近似计算得到一个随机入侵的 A 策略的固定概率约为[15]

$$\bar{\rho}(r) \approx \frac{1 - 1/r^2}{1 - 1/r^{2n}}. \tag{5.15}$$

可以发现, 与正则图相比, 在星状图中, 一个优势策略 ($r > 1$) 固定下来的概率更大, 这说明星状图更有利于优势策略的固定; 而一个劣势策略 ($r < 1$) 固定下来的概率更小, 这说明星状图不利于劣势策略的固定. 从另一个角度看, 生灭过程中的选择作用被星状图放大了, 使得优势策略固定概率更大而劣势策略的固定概率更小. 一般地, 如果网络的结构能够放大选择的作用, 那么称这个网络为选择放大器.

同样地, 一些网络能够缩小选择在群体状态演化中的作用. 例如, 考虑一个 n 个节点的有向路径, 假设一个适应度为 r 的策略入侵这个网络. 显然, 这个入侵策略能够扩散并固定下来, 当且仅当它发生在这个有向路径的源节点. 因此这个入侵策略的固定概率为 $1/n$. 显然这个概率与入侵策略的适应度无关, 且与随机漂移过程中的固定概率相等. 因此整个常数选择过程完全由随机性决定, 选择不起作用. 一般地, 如果网络的结构抑制了选择的作用, 那么称这个网络为选择抑制器. 如图 5.7 所示, 仅具有一个源节点的网络都是选择抑制器.

选择放大器和选择抑制器统称为选择调节器, 因为这类网络能够打破选择和随机漂移的平衡. 人群、经济和工业组织往往具有复杂的网络结构. 不同的观点、行为以及技术革新在这些网络组织上相互竞争并扩散. 一个基本的问题是节点间的交互网络结构如何影响这些观点、行为或创新的扩散过程. 上述发现说明有一些网络能促进有利创新的扩散, 相反地, 另一些网络能抑制有利创新的传播. 所以, 需要回答的问题是什么样的网络结构是选择放大器或选择抑制器? 选择调节器具有什么样的结构特征?

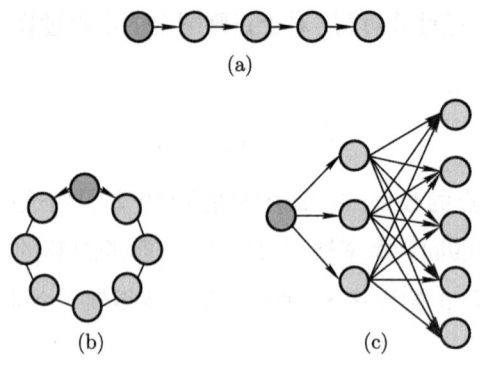

图 5.7　一些典型的选择抑制器

5.3.2　节点温度与网络的热异质度

2010 年, Broom 等人发现网络的度异质度与随机入侵策略的固定概率具有一定的相关性[22]. 在 2014 年, 我们提出了一个度量网络异质度的新概念, 称为热异质度[23], 并发现热异质度与随机入侵策略的固定概率相关性更强.

具体地, 给定一个具有 n 个节点的无向无权连通网络 $\mathcal{G} = (\mathcal{V}, \mathcal{E})$. 记每个节点的节点度为 $d_1, d_2, \cdots, d_n$, 网络的平均度为 $\bar{d} = \sum_{v_i \in \mathcal{V}} d_i / n$. 网络 $\mathcal{G}$ 的度异质度定义为

$$H_d(\mathcal{G}) = \frac{1}{n} \sum_{v_i \in \mathcal{V}} (d_i - \bar{d})^2. \tag{5.16}$$

显然, 一个网络 $\mathcal{G}$ 的度异质度为 $H_d(\mathcal{G}) = 0$ 当且仅当这个网络是正则图, 即 $d_1 = d_2 = \cdots = d_n$.

给定网络 $\mathcal{G} = (\mathcal{V}, \mathcal{E})$, 其节点 $v_i \in \mathcal{V}$ 的温度定义为

$$T_i = \sum_{v_j \in \mathcal{N}_i} \frac{1}{d_j}. \tag{5.17}$$

可见, 一个节点的温度是其所有邻居节点度的倒数之和[15]. 对于连通网络, 对所有节点 $v_j \in \mathcal{V}, d_j \geqslant 1$ 都成立. 因此, 上述关于节点温度的定义对所有连通网络都有效.

网络的热异质度定义为温度分布的方差. 具体地, 令 $\overline{T} = \frac{1}{n} \sum_{v_i \in \mathcal{V}} T_i$ 为网络的

平均温度，令 $H_t(\mathcal{G})$ 为网络 $\mathcal{G}$ 的热异质度，那么网络 $\mathcal{G}$ 的热异质度定义为

$$H_t(\mathcal{G}) = \frac{1}{n} \sum_{v_i \in \mathcal{V}} (T_i - \overline{T})^2. \tag{5.18}$$

热异质度也是刻画复杂网络结构异质度的一种度量．对于热异质度为 0 的网络，每个节点的温度都相等，这类网络被称为恒温图．正则图就是一类典型的恒温图[15,17]．对于热异质度很高的网络，网络中必然存在一些"热"节点和"冷"节点．由 (5.17) 式可知，这些热节点有很多节点度很低的邻居，而这些冷节点只具有少量节点度很高的邻居．星状网络就是一个典型的高热异质度网络．图 5.8 展示了一些典型图的温度分布．在每个图中，温度相对高、相对低和居中的节点分别用白色、深灰色和浅灰色表示．

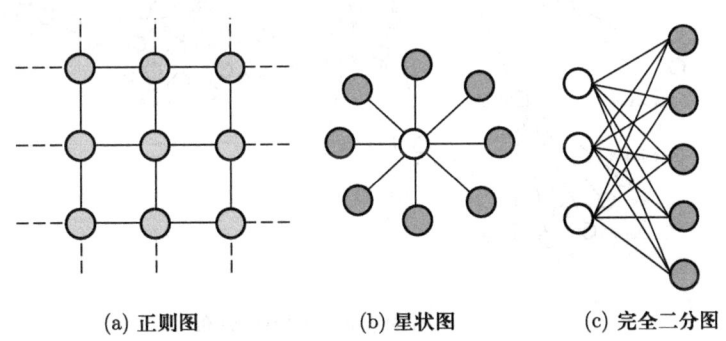

(a) 正则图　　　　(b) 星状图　　　　(c) 完全二分图

图 5.8　一些典型图的温度分布

图 5.9 为一个社交网络的温度分布．温度相对高和相对低的节点分别用白色和深灰色表示．

例 5.3 (完全二分图的热异质度). 考虑一个完全二分图 $\mathcal{G} = (\mathcal{U} + \mathcal{W}, \mathcal{E})$．一个完全二分图是一个特殊的二分图，其边集为 $\mathcal{E} = \{(u, w) | u \in \mathcal{U}, w \in \mathcal{W}\}$．因此，在完全二分图中，每个节点 $u \in \mathcal{U}$ 的邻居集合是 $\mathcal{W}$，而节点 $w \in \mathcal{W}$ 的邻居集合是 $\mathcal{U}$．

令 $m = |\mathcal{U}|$ 和 $n = |\mathcal{W}|$ 分别为集合 $\mathcal{U}$ 和 $\mathcal{W}$ 的节点数目．由 (5.17) 式可知，集合 $\mathcal{U}$ 中所有节点的温度都为 n/m，而集合 $\mathcal{W}$ 中所有节点的温度为 m/n．因

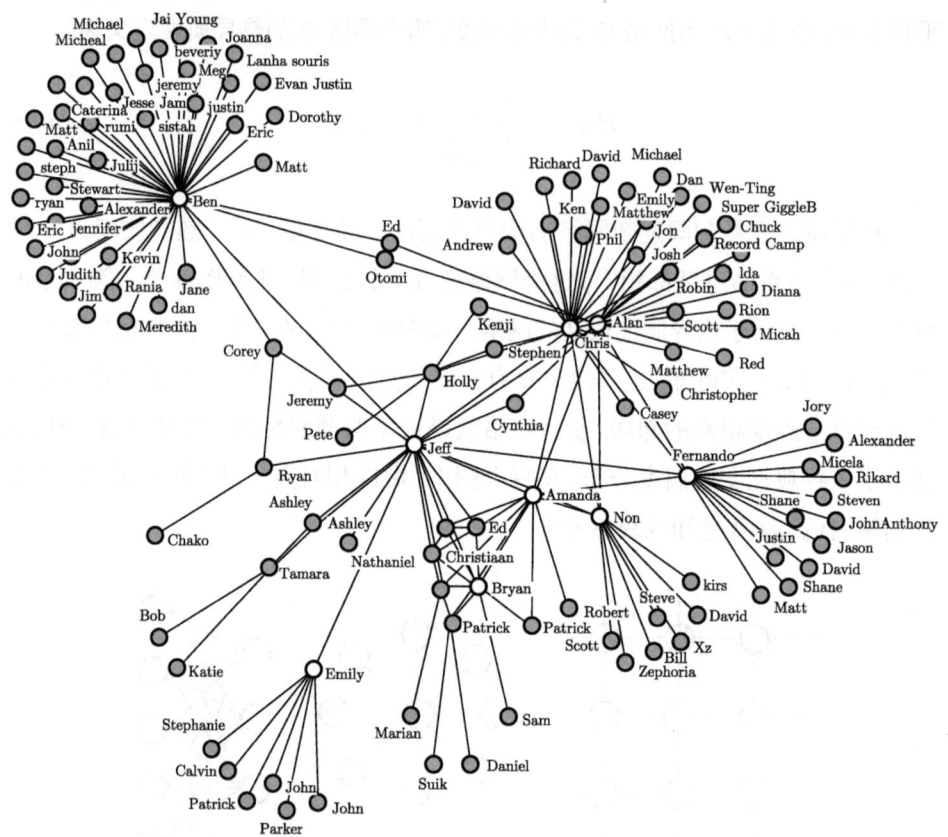

图 5.9　一个社交网络的温度分布

此, 完全二分图 $\mathcal{G}$ 的热异质度为

$$H_t(\mathcal{G}) = \frac{1}{m+n}[m(n/m-1)^2 + n(m/n-1)^2]$$
$$= \frac{(m-n)^2}{mn}. \tag{5.19}$$

同样, 容易得到完全二分图 $\mathcal{G}$ 的度异质度为

$$H_d(\mathcal{G}) = mn\frac{(m-n)^2}{(m+n)^2} \tag{5.20}$$

若 $m = n$, 完全二分图就是一个正则图, 此时其度异质度和热异质度为 0. 若 $m = 1$, 完全二分图就是一个星状图. 因此, 一个由 n 个叶子节点和 1 个中心节

点组成的星状图的度异质度和热异质度分别为

$$H_d(\mathcal{G}) = n\frac{(n-1)^2}{(n+1)^2}, \quad H_t(\mathcal{G}) = \frac{(n-1)^2}{(n)^2}.$$

值得注意的是, 许多实际网络往往具有很高的热异质度[24]. 例如, 图 5.9 展示了一个实际社交网络的温度分布[25]. 表 5.1 给出了一些实际网络的热异质度, 同时也给出了具有同样节点数目和边数的随机网络期望热异质度. 通过对比可以发现, 实际网络的热异质度远远高于其对应随机网络的热异质度. 这里, $H_t(\mathcal{G}), n, m$ 为对应网络的热异质度、节点数目和边的数目, $H_t(\mathcal{G}')$ 为与对应网络具有相同节点和边数目的随机网络的期望热异质度.

表 5.1 一些实际网络中最大连通子图的热异质度

网络 $\mathcal{G}$	n	m	$H_t(G)$	$H_t(G')$
空手道俱乐部社交网络[26]	34	78	1.81	0.25
《悲惨世界》中人物关系图[27]	77	254	2.33	0.17
词汇邻接图[28]	112	425	1.24	0.15
海豚社交网络[29]	62	159	0.54	0.22
电力网[30]	4941	6594	0.74	0.44
网络科学中合著关系网[28]	379	914	1.06	0.26
1999 年冷凝物质领域合作网[31]	13861	44619	1.09	0.19
高能物理领域合作网[31]	5835	13815	1.00	0.27
天体物理学领域合作网[31]	13861	44619	1.09	0.07

5.3.3 选择调节器的结构特征

下面通过一系列不同类型的网络, 分析随机入侵策略的固定概率与网络异质度之间的关系.

1. 一些特殊网络上热异质度与变异固定概率之间的相关性

首先考虑文献 [22] 中提出的一些特殊网络, 如图 5.10 所示. 文献 [22] 指出网络的度异质度是影响随机入侵策略的固定概率的一个主要因素. 然而, 图 5.10 所示的网络并不符合这一规律. 相反地, 从表 5.2 可以观察到, 在这些网络上, 一个随机入侵策略的固定概率和网络的热异质度具有完全一致的相关性. 具体地, 在这些网络上, 对生灭过程来说, 一个随机入侵策略的固定概率随着网络的热异质度增加而增加. 而对于死生过程, 一个随机入侵策略的固定概率随着网络的热异质度增加而减小. 这些结果部分地说明了在网络上的常数选择过程中, 网络的拓扑结构对随机入侵策略的固定概率的影响主要取决于网络的热异质度.

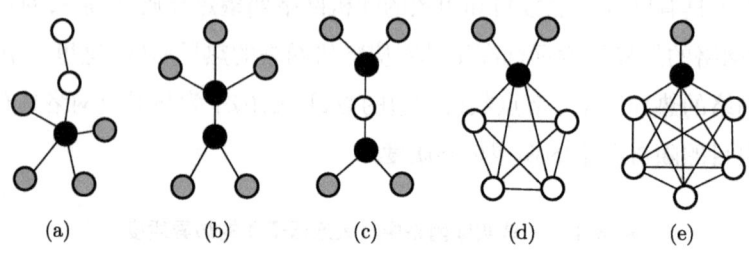

图 5.10　一些特殊网络

表 5.2　图 5.10 中每个网络的度异质度 $H_d(\mathcal{G})$、热异质度 $H_t(\mathcal{G})$ 以及随机入侵策略的固定概率

网络标号	生灭过程 $\bar{\rho}(1.5)$	死生过程 $\bar{\rho}(1.5)$	$H_d(\mathcal{G})$	$H_t(\mathcal{G})$
(a)	0.424	0.209	1.918	2.157
(b)	0.409	0.224	1.347	1.369
(c)	0.398	0.248	0.776	0.913
(d)	0.374	0.258	2.816	0.774
(e)	0.352	0.285	2.244	0.243

2. 完全二分图上热异质度与变异固定概率之间的相关性

上面的例子初步展示了网络热异质度和随机入侵策略的固定概率之间的强相关性. 接下来, 进一步在完全二分图上对两者之间的相关性进行评定.

方便起见, 令 $\mathbf{K}_{m,n}$ 表示一个完全二分图 $\mathcal{G} = (\mathcal{U}+\mathcal{W}, \mathcal{E})$, 其中 $|\mathcal{U}| = m$, $|\mathcal{W}| = n$. 令 $m + n = 2N$, 并将 m 从 1 到 N 取值, 可以得到一类节点总数为 $2N$ 的完全二分图集合 $\{\mathbf{K}_{m,2N-m} | m = 1, 2, \cdots, N\}$. 接下来, 计算这一类完全二分图的热异质度以及随机入侵策略的固定概率, 并分析两者的相关性.

根据 (5.19) 式, 容易得到集合 $\{\mathbf{K}_{m,2N-m}|m=1,2,\cdots,N\}$ 中每个图的热异质度 $H_t(\mathbf{K}_{m,2N-m})$. 现在只需计算一个策略 (设为 A) 随机入侵每个图后的固定概率 $\bar{\rho}$.

考虑完全二分图 $\mathbf{K}_{m,n}$ 上的常数选择过程. 由于完全二分图的结构具有高度对称性, 其常数选择过程对应的马尔可夫链的状态可以用 (i,j) 二元组来描述. 这里, $0\leqslant i\leqslant m$ 和 $0\leqslant j\leqslant n$ 分别指集合 $\mathcal{U}$ 和 $\mathcal{W}$ 中的采取 A 策略的个体数目. 令网络群体状态为 (i,j) 时适应度为 $r>0$ 的 A 策略的固定概率为 $\rho_{i,j}(r)$, 同时令 $P((i,j)\to(i\pm 1,j))$ (类似地 $P((i,j)\to(i,j\pm 1))$) 为网络从状态 (i,j) 到 $(i\pm 1,j)$ (对应地 $(i,j\pm 1)$) 的转移概率. 由 (5.6) 式可知, A 策略的固定概率可以通过求解下面方程得到:

$$\begin{aligned}\rho_{i,j}(r)=&P((i,j)\to(i+1,j))\rho_{i+1,j}(r)+P((i,j)\to(i-1,j))\rho_{i-1,j}(r)\\&+P((i,j)\to(i,j+1))\rho_{i,j+1}(r)+P((i,j)\to(i,j-1))\rho_{i,j-1}(r)\\&+P((i,j)\to(i,j))\rho_{i,j}(r),\quad \text{对于 } i=0,1,\cdots,m,\ j=0,1,\cdots,n.\end{aligned}$$
(5.21)

其中边界条件为 $\rho_{0,0}(r)=0$ 和 $\rho_{m,n}(r)=1$. 在上述方程中,

$$\begin{aligned}P((i,j)\to(i,j))=&1-P((i,j)\to(i-1,j))-P((i,j)\to(i+1,j))\\&-P((i,j)\to(i,j-1))+P((i,j)\to(i,j+1)).\end{aligned}$$

在生灭过程过程中, 根据个体策略的更新规则, 可得网络状态之间的转移概率为

$$\begin{cases} P((i,j)\to(i+1,j))=\dfrac{rj}{m+n+(r-1)(i+j)}\dfrac{m-i}{m},\\ P((i,j)\to(i-1,j))=\dfrac{n-j}{m+n+(r-1)(i+j)}\dfrac{i}{m},\\ P((i,j)\to(i,j+1))=\dfrac{ri}{m+n+(r-1)(i+j)}\dfrac{n-j}{n},\\ P((i,j)\to(i,j-1))=\dfrac{m-i}{m+n+(r-1)(i+j)}\dfrac{j}{n}. \end{cases}$$
(5.22)

其中, r 是 A 策略个体的适应度.

同样地，在死生过程中，根据个体策略的更新规则，可得网络状态之间转移概率为

$$\begin{cases} P((i,j) \to (i+1,j)) = \dfrac{m-i}{m+n}\dfrac{rj}{n-j+rj}, \\ P((i,j) \to (i-1,j)) = \dfrac{i}{m+n}\dfrac{n-j}{n-j+rj}, \\ P((i,j) \to (i,j+1)) = \dfrac{n-j}{m+n}\dfrac{ri}{m-i+ri}, \\ P((i,j) \to (i,j-1)) = \dfrac{j}{m+n}\dfrac{m-i}{m-i+ri}. \end{cases} \quad (5.23)$$

由 (5.21)~(5.23) 式，可以得到生灭过程和死生过程中随机入侵策略的固定概率. 图 5.11 分别展示了完全二分图集合 $\{\mathbf{K}_{m,50-m}|m=1,2,\cdots,25\}$ 中每个网络的热异质度、度异质度以及生灭过程和死生过程中一个适应度为 r 的策略入侵每个网络后的固定概率.

由图 5.11 可以观察到关于完全二分图上常数选择过程的若干特性. 具体包括:

(1) 对生灭过程和死生过程，网络的热异质度和一个策略入侵这个网络后的固定概率完全相关. 这表明对于完全二分图，其热异质度是影响随机入侵策略的固定概率的关键因素.

(2) 在生灭过程中，对于优势策略 ($r=1.1$) 和劣势策略 ($r=0.9$)，网络的热异质度与随机入侵策略的固定概率分别成正相关和负相关. 而对于死生过程，对于优势策略 ($r=1.1$) 和劣势策略 ($r=0.9$)，网络的热异质度与随机入侵策略的固定概率分别成负相关和正相关. 这表明，对于生灭 (或死生) 过程，热异质度较高的网络能够促进 (或抑制) 优势策略的固定，而抑制 (或促进) 劣势的固定. 换言之，对于生灭过程和死生过程，网络的热异质度分别放大和抑制了选择对于策略固定的作用.

(3) 网络的度异质度和随机入侵策略的固定概率也有一定的相关性. 但是，可以看到，它们两者之间的相关性并不是普遍成立的. 相比于度异质度，网络的热异质度能更好地反映网络结构对常数选择过程的影响.

3. 一般网络上热异质度与变异固定概率之间的相关性

上面两个小节分别展示了在一些特殊网络和完全二分图中，网络的热异质度与随机入侵策略的固定概率之间的强相关性. 接下来一个问题是上述相关性是否

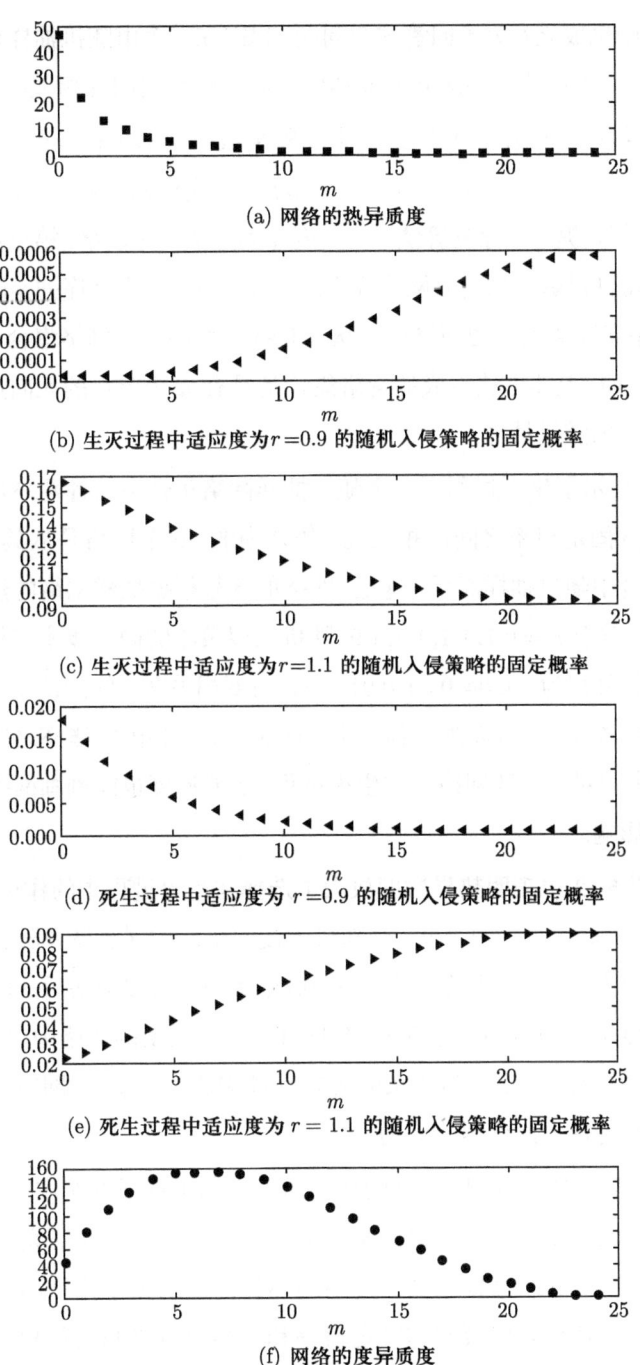

图 5.11 一个完全二分图集合中各个网络的热异质度、度异质度和常数选择过程中一个随机入侵策略的固定概率之间的相关性示意图

在一般网络中也成立? 为了回答这个问题, 我们在一个由随机抽样得到的无向网络集合中, 进一步评估网络热异质度和变异固定概率之间的相关性.

假定网络大小为 $n > 0$, 通过如下步骤生成一个随机抽样网络集合: 第一步随机赋给每个节点一个大于 0 小于 n 的节点度, 这样就得到一个度序列; 第二步根据 Bayati 等人提出的序列算法[32], 由度序列生成一个网络; 第三步重复上述两个步骤直到得到足够多的连通网络样本. 因为网络的节点度序列是随机抽样生成的, 而且由序列算法生成的网络也是从具有特定度序列的网络集合中几乎均匀地抽样得到. 从而, 上述方法生成的网络集合是具有 n 个节点的无向连通网络集合的一个几乎均匀随机抽样.

图 5.12 展示了生灭过程下一个随机抽样网络集合中的各网络热异质度和随机入侵策略的固定概率之间的相关性. 仿真中的 40 个网络是从具有 12 个节点连通网络集合中随机抽样而得. 这里, 网络的序号根据抽样网络的热异质度的大小排列而成. 对于 $r = 0.7, 1.1, 1.5, 1.9$, 随机入侵策略的固定概率与热异质度之间的秩相关系数分别为 $-0.84, 0.83, 0.91, 0.94$; 与度相关度之间的秩相关系数分别为 $-0.37, 0.34, 0.45, 0.48$. 可以观察到, 网络的热异质度和固定概率之间的相关性程度很高. 这表明对于一般网络上的生灭过程, 热异质度也能刻画网络结构对常数选择过程的影响.

此外, 图 5.12 也表明热异质度放大了选择在生灭过程中的作用. 事实上, 对于优势策略 ($r = 1.1, 1.5$ 和 1.9), 其随机入侵网络后的固定概率随着网络热异质度的增加而增大. 而对于劣势策略 ($r = 0.7$), 其随机入侵网络后的固定概率随着网络热异质度增大而减小. 这表明, 在具有高热异质度的网络中, 随机入侵的优势策略更容易生存下来, 而劣势策略更容易被淘汰. 一般地, 网络对选择的放大效应随着网络的热异质度增大而增大.

相反地, 对于死生过程, 网络的热异质度抑制了选择的作用. 具体地, 如图 5.13 所示, 仿真中的 40 个网络是从具有 12 个节点连通网络集合中随机抽样而得. 这里, 网络的序号根据抽样网络的热异质度的大小排列而成. 对于 $r = 0.7, 1.1, 1.5, 1.9$, 随机入侵策略的固定概率和热异质度之间的秩相关系数分别为 $0.932, -0.916, -0.956, -0.953$. 对于优势策略 ($r = 1.1, 1.5$ 和 1.9), 其随机入侵网络后的固定概率随着网络热异质度的增大而减小. 而对于劣势策略 ($r = 0.7$), 其

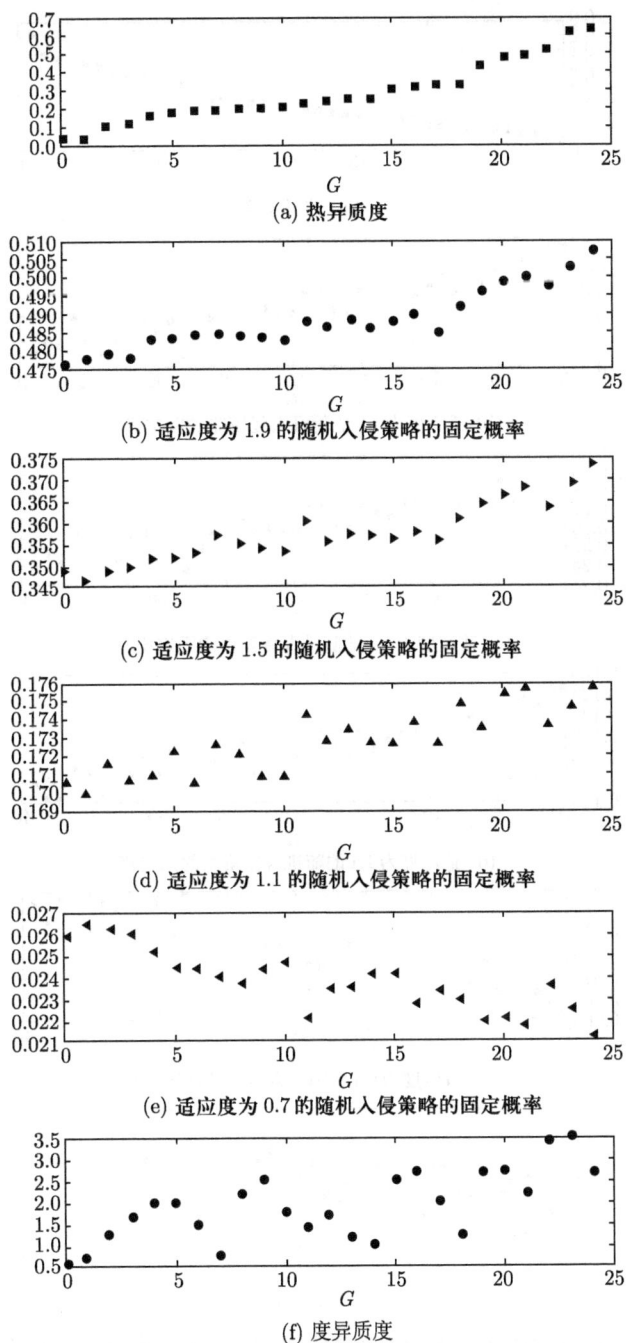

图 5.12 生灭过程中,随机抽样网络的结构异质度与随机入侵策略的固定概率 $\bar{\rho}$ 之间的相关性

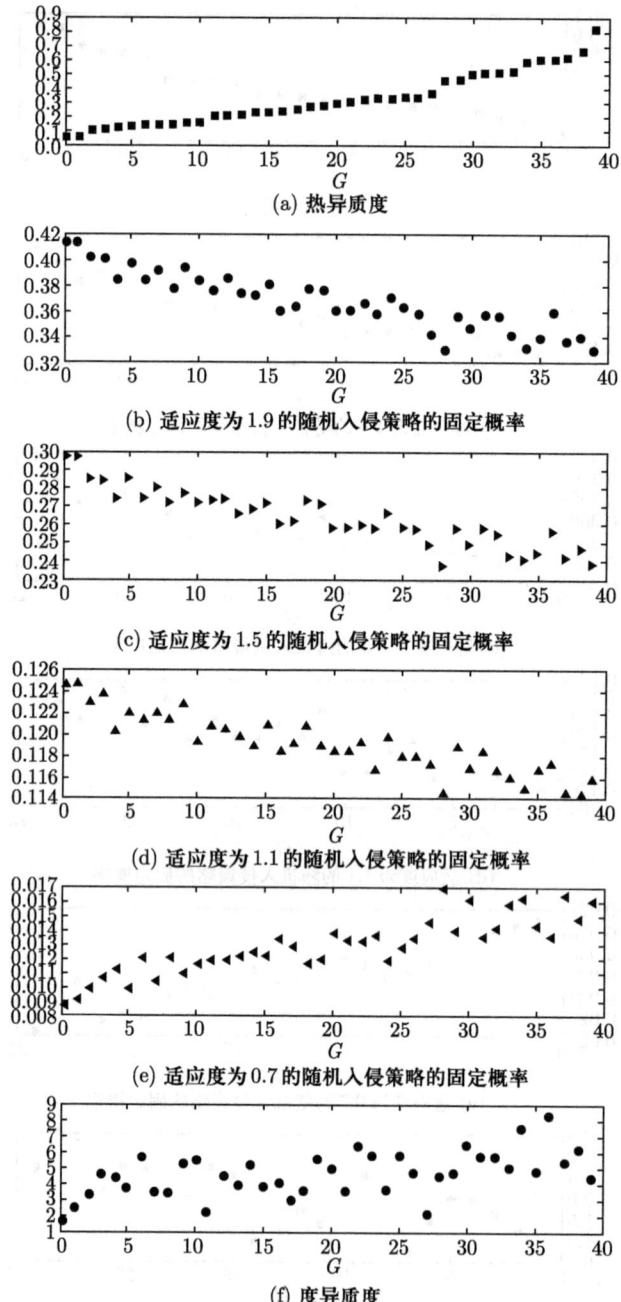

图 5.13 死生过程中，随机抽样网络的结构异质度与随机入侵策略的固定概率 $\bar{\rho}$ 之间的相关性

随机入侵网络后的固定概率随着网络热异质度的增大而增大. 这表明, 具有高热异质度的网络抑制了优势策略的固定, 而促进了劣势策略的固定.

同样地, 对于一般网络中的死生过程, 网络结构对常数选择过程的影响主要与其热异质度高度相关. 相比之下, 固定概率和度异质度之间的秩相关系数就相对较弱, 其相关性系数都小于 0.71.

在图 5.12 和图 5.13 所示的两个仿真数据中, 还可以观察到, 当随机入侵策略的相对适应度 r 趋于 1 时, 其固定概率与网络热异质度之间的秩相关系数有一定程度的降低. 这种现象出现的原因在于, 当 r 趋于 1 时, 随机漂移在常数选择过程中起主要作用. 而在随机漂移过程中, 随机入侵策略的固定概率与网络结构无关, 这说明网络结构只能通过调节选择效应来影响策略的固定概率.

5.3.4 构造选择调节器

对于生灭过程和死生过程, 前面结果已经表明网络上一个随机入侵策略的固定概率与这个网络结构的热异质度高度相关. 具体地, 在生灭过程中, 一个具有高热异质度的网络就像一个选择放大器, 促进优势策略的传播而抑制劣势策略的固定. 相反地, 在死生过程中, 一个具有高热异质度的网络就像一个选择抑制器, 降低优势策略的固定概率而提高劣势策略的固定概率. 在两种情形下, 具有高热异质度的网络都是选择调节器.

选择调节器能够打破选择和随机漂移之间的平衡, 并调整选择在演化动力学中的作用. 这些性质使得选择调节器极具魅力. 文献 [15,33] 中构造了一些特殊的选择调节器, 如图 5.14 所示.

这里, 基于热异质的概念, 我们给出一个一般性的方法, 用于设计平均度为 d 和节点数目为 n 的选择调节器. 具体的算法如下: 首先, 生成 m 个节点, 并在这些节点中随机添加 $(d/2-1)n+m$ 条边; 然后, 增加其他 $n-m$ 个节点, 并将增加的每一个节点随机地与上述 m 节点中的某一个节点相连. 这里, 为了保证网络的存在性, m 取值应为大于 $1.5+\sqrt{2.25+n(d-2)}$ 的最小整数.

图 5.15 展示了一个由上述算法生成的典型网络及其温度分布. 这个网络的规模、平均度和热异质度分别为 250、5 和 8.10. 热点用白色表示, 冷点用灰色表

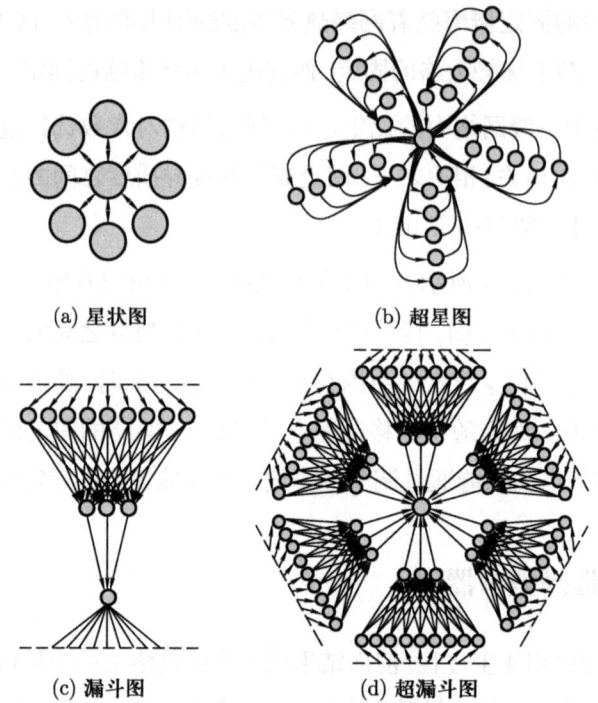

(a) 星状图 (b) 超星图

(c) 漏斗图 (d) 超漏斗图

图 5.14 一些特殊的选择调节器[15,33]

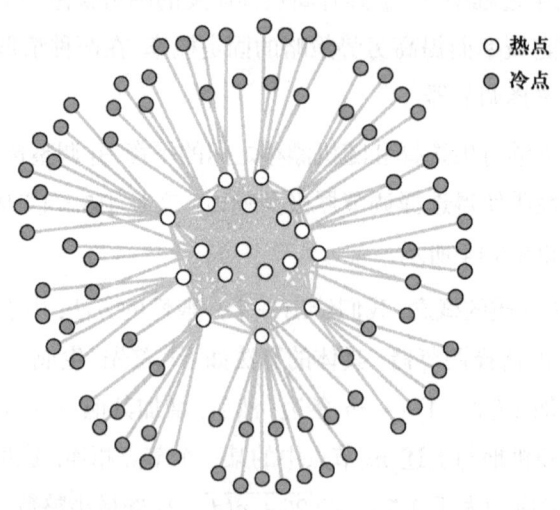

○ 热点
● 冷点

图 5.15 一个由文中算法生成的典型网络

示. 可以看到, 通过上述算法生成的网络具有很高的热异质度. 事实上, 生成的网络中有 $n-m$ 个节点, 只有一个节点度很大的邻居, 因此这些节点的温度比较低. 另外 m 个节点具有许多节点度为 1 的邻居节点, 因此这些节点的温度较高.

图 5.16 比较了用不同方法生成网络的热异质度. 网络的节点数目为 250, 每个数据点是由 100 实验数据的平均. 其中, 圆点, 一角朝左的三角形和一角朝右的三角形分别对应上述算法生成的网络、随机 ER 图和随机抽样图的数据. 图 5.16(a) 展示了用文中方法生成网络的热异质度. 作为对比, 图 5.16(b) 展示了用另外两种随机算法生成网络的热异质度. 其中, 第一个随机算法是 Erdos-Renyi 算法, 它以 $d/(n-1)$ 的概率随机连接任意两个节点[34]. 另外一个随机算法是抽样算法, 通过随机抽样, 从具有 n 节点和 $nd/2$ 边的连通网络集合中选择一个图. 可以发现, 文中方法生成网络的热异质度远远大于随机网络的热异质度.

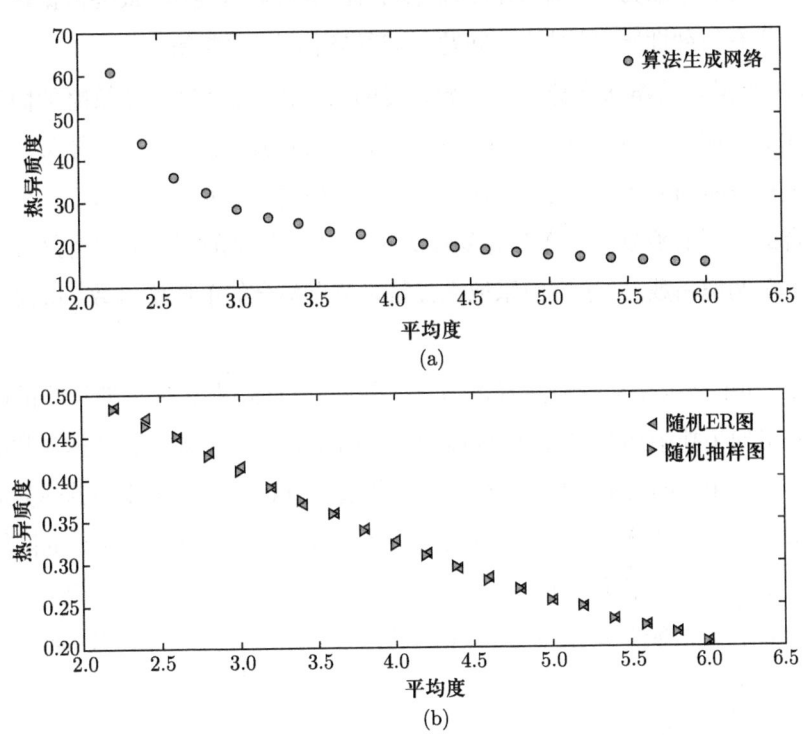

图 5.16 不同方法生成网络的热异质度与平均度的关系

5.4 本章要点小结

本章探讨了网络上的常数选择过程，首先给出了描述网络上常数选择过程的数学模型，然后建立了常数选择过程中局部性质与全局性质之间的关联，最后分析了网络拓扑结构对于常数选择过程中随机入侵策略固定概率的影响. 本章内容主要围绕常数选择过程中的一个核心问题展开，即一个或多个相对优势或劣势的新策略入侵到采取另一策略的网络群体中后，通过相互竞争，最终占据整个网络的概率具有何种性质，针对这一问题，本章得到了如下结论：

(1) 如果新策略从部分节点开始入侵网络群体，那么这一新策略的固定概率与其相对适应度以及初始入侵节点集合相关. 具体地，如果每个个体策略更新时选择入侵策略的概率是关于其适应度的单调增函数，是关于当前采取入侵策略节点集合的单调增函数、次模或超模函数，那么入侵策略的固定概率也是关于其适应度的单调增函数，关于当前采取入侵策略节点集合的单调增函数、次模或超模函数.

(2) 如果新策略从随机选择的节点入侵网络群体，那么这一新策略的固定概率与网络的拓扑结构相关. 网络群体的拓扑结构能够放大或抑制选择在常数选择过程中的作用，而且网络拓扑结构对于常数选择过程的影响主要与其热异质度相关. 具体地，对于生灭过程，热异质度放大了选择的作用：热异质度高的网络促进优势策略 ($r>1$) 的固定，而抑制劣势策略 ($r<1$) 的固定. 而对于死生过程，热异质度抑制了选择的作用：热异质度高的网络抑制优势策略的扩散，而促进劣势策略的传播.

常数选择过程是一类特殊的演化过程，它假定了不同策略给予个体的适应度是一个与网络整体的策略分布无关的常数. 下一章，我们讨论一类更一般的演化过程，称为网络上的演化博弈动力学过程. 在网络上的演化博弈过程中，一个策略赋予个体的适应度不仅与这个策略有关，还与其周围邻居的策略有关. 因此，在这类演化过程中，个体的适应度不再是一个常数，而是随着网络上策略分布变化而变化。下一章，我们将分析在这种情形下，网络上策略的演化过程以及网络群体的交互结构对于策略选择的影响。

参考文献

[1] Benabou R, Tirole J. Incentives and prosocial behavior [J]. American Economic Review, 2006, 96(5): 1652–1678.

[2] Nehaniv C L, Dautenhahn K. Imitation and Social Learning in Robots, Humans and Animals: Behavioral, Social and Communicative Dimensions [M]. Cambridge: Cambridge University Press, 2007.

[3] Laland K N. Social learning strategies [J]. Learn. Behav., 2004, 32: 4–14.

[4] Moran P A P. The Statistical Processes of Evolutionary Theory [M]. Oxford: Clarendon Press, 1962.

[5] Ohtsuki H, Nowak M A. The replicator equation on graphs [J]. J. Theor. Biol., 2006, 243(1): 86–97.

[6] Ewens W J. Mathematical Population Genetics 1: Theoretical Introduction [M]. 2nd ed. New York: Springer, 2004.

[7] Barbosa V C, Donangelo R, Souza S R. Early appraisal of the fixation probability in directed networks [J]. Phys. Rev. E, 2006, 82(4): 046114.

[8] Tan S, Lü J, Lin Z. Emerging behavioral consensus in evolutionary dynamics on complex networks [J]. SIAM J. Contr. Optim., 2016, 54(6), 3258–3272.

[9] Tan S, Lü J, Yu X, Hill D J. Monotonicity of fixation probability of evolutionary dynamics on complex networks [C]: Proc. of the 38th Annual Conf. IEEE Industr. Electr. Soc., Montreal, Canada, Oct. 25–28, 2012, 2325–2329.

[10] Darwin C. The Origin of Species by Means of Natural Selection or The Preservation of Favoured Races in The Struggle for Life [M]. London: Oxford University Press, 1951.

[11] Florance D, Webb J K, Dempster T, et al. Excluding access to invasion hubs can contain the spread of an invasive vertebrate [J]. Proc. R. Soc. B, 2011, 278(1720): 2900–2908.

[12] Schrijver A. Combinatorial Optimization Polyhedra and Efficiency [M]. Berlin:

Springer, 2003.

[13] Mossel E, Roch S. Submodularity of influence in social networks: from local to global [J]. SIAM J. Comput., 2010, 39(6): 2176–2188.

[14] Penrose M. Random Geometric Graphs [M]. New York: Oxford University Press, 2003.

[15] Lieberman E, Hauert C, Nowak M A. Evolutionary dynamics on graphs [J]. Nature, 2005, 433(7023): 312–316.

[16] Antal T, Redner S, Sood V. Evolutionary dynamics on degree-heterogeneous graphs [J]. Phys. Rev. Lett., 2006, 96(18): 188104.

[17] Broom M, Rychtář J. An analysis of the fixation probability of a mutant on special classes of non-directed graphs [J]. Proc. R. Soc. A, 2008, 464(2098): 2609–2627.

[18] Tan S, Lü J, Yu X, Hill D J. Characterizing the effect of network structure on evolutionary dynamics via a novel measure of structural heterogeneity [C]: Proc. of the 25th Chinese Control and Decision Conference, Guiyang, China, May 25–27, 2013, 784–789.

[19] Patwa Z, Wahl L M. The fixation probability of beneficial mutations [J]. J. R. Soc. Interface, 2008, 5(28): 1279–1289.

[20] Taylor C, Fudenberg D, Sasaki A, Nowak M A. Evolutionary game dynamics in finite populations [J]. Bull. Math. Biol., 2004, 66(6): 1621–1644.

[21] Traulsen A, Nowak M A, Pacheco J M. Stochastic dynamics of invasion and fixation [J]. Phys. Rev. E, 2006, 74(1): 011909.

[22] Broom M, Rychtář J, Stadler B. Evolutionary dynamics on small-order graphs [J]. Journal of Interdisciplinary Mathematics, 2009, 12: 129–140.

[23] Tan S, Lü J. Characterizing the effect of population heterogeneity on evolutionary dynamics on complex networks [J]. Sci. Rep., 2014, 4: 05034.

[24] Ma W, Trusina A, EI-Samad H, et al. Defining network topologies that can achieve biochemical adaptation [J]. Cell, 2009, 138(4): 760–773.

[25] NWB Team. Network Workbench Tool [CP]. Indiana Uni., Northeastern Uni., and Michigan Uni., 2009.

[26] Zachary W W. An information flow model for conflict and fission in small groups [J]. J. Anthropological Res., 1977, 33(4): 452–473.

[27] Knuth D E. The Stanford GraphBase: A Platform for Combinatorial Computing [M]. Reading: Addison-Wesley, 1993.

[28] Newman M E J. Finding community structure in networks using the eigenvectors of matrices [J]. Phys. Rev. E, 2006, 74(3): 036104.

[29] Lusseau D, Schneider K, Boisseau O J, et al. The bottlenose dolphin community of doubtful sound features a large proportion of long-lasting associations [J]. Behav. Ecol. Sociobiol., 2003, 54(4): 396–405.

[30] Watts D J, Strogatz S H. Collective dynamics of 'small-world' networks [J]. Nature, 1998, 393: 440–442.

[31] Newman M E J. The structure of scientific collaboration networks [J]. Proc. Natl. Acad. Sci. USA, 2001, 98(2): 404–409.

[32] Bayati M, Kim J H, Saberi A. A sequential algorithm for generating random graphs [J]. Algorithmica, 2010, 58(4): 860–910.

[33] Nowak M A. Evolutionary Dynamics: Exploring the Equations of Life [M]. Cambridge: Harvard University Press, 2006.

[34] Erdős P, Rényi A. On random graphs I [J]. Publ. Math. Debrecen, 1959, 6: 290–297.

第6章 网络上的演化博弈动力学

复杂网络上的演化博弈是复杂网络和演化博弈结合而形成的新型交叉研究领域. 它以复杂网络刻画个体间的交互结构, 以演化博弈刻画个体的决策范式, 为分析和预测复杂交互环境下群体的决策行为提供了一个新的研究框架. 与传统的演化博弈不同, 复杂网络上的演化博弈是一种自下而上的科学范式, 它通过对个体的行为规则、个体之间的交互方式和结构进行建模, 来探讨群体决策行为的形成和演化机制. 复杂网络上的演化博弈为分析和预测交互环境下群体的决策行为提供了一个新的研究框架, 通过分析网络上群体策略在演化过程中的动态均衡, 为分析、预测和干预社交群体中社会决策、习惯、规范和制度的形成和演化提供新的参考视角和工具.

本章我们探讨网络上的演化博弈动力学过程, 主要考察网络演化博弈中的策略选择这一核心问题: 给定若干策略, 哪一个策略被群体所偏好? 具体地, 6.1 节将回顾网络上的演化博弈动力学模型; 6.2 节分析两策略群组交互博弈中, 网络拓扑结构对于群体策略选择的影响; 6.3 节分析两策略对交互博弈中, 网络拓扑结构对于群体策略选择的影响; 6.4 节进一步考查网络上多策略演化博弈中的策略选择; 最后 6.5 节对本章的要点内容进行总结.

6.1　网络上的演化博弈动力学模型

6.1.1　网络演化博弈动力学的框架

复杂网络上演化博弈的基本模型由复杂网络、博弈和策略更新规则等三个要素组成,其中复杂网络用于刻画个体之间的交互结构,博弈刻画个体之间的交互模式,策略更新规则描述了个体更新策略的方式. 通过对复杂网络上演化博弈的研究,可以探究个体交互结构、交互模式以及个体决策方式等各种因素在群体决策过程中的作用.

具体地,令 $\mathcal{G} = (\mathcal{V}, \mathcal{E})$ 表示一个群体,其中个体集合以及个体之间的交互关系分别由节点集合 $\mathcal{V} = \{v_1, v_2, \cdots, v_n\}$ 和边集 $\mathcal{E} \subseteq \mathcal{V} \times \mathcal{V}$ 表示. 令 $\mathcal{N}_i$ 表示节点 $v_i \in \mathcal{V}$ 的邻居节点集合.

考察网络 $\mathcal{G}$ 上的一个网络博弈 $\Gamma_g = (\mathcal{G}, \{\mathcal{S}_i | v_i \in \mathcal{V}\}, \{U_i | v_i \in \mathcal{V}\})$,其中对所有 $v_i \in \mathcal{V}$ 都有 $\mathcal{S}_i = \mathcal{S} = \{1, 2, \cdots, m\}$,即每个个体的策略集合是一个相同的有限集合. 令 $s_i \in \mathcal{S}$ 表示个体 v_i 的策略,那么每个个体 v_i 在博弈中的收益为

$$\pi_i = U_i(s_i, s_{-i}) = U_i\left(s_i, \prod_{v_j \in \mathcal{N}_i} s_j\right).$$

可以看到,在网络博弈中,每个个体的收益只依赖于它邻居个体的策略. 实际上,在网络演化博弈中,两种最常见的收益函数构造方式是对交互模式[1,2]和群组交互模式[3,4]. 在对交互模式中,每一对邻居个体之间进行一个两人博弈,每个个体的收益是它与所有邻居两人博弈产生的收益之和. 而在群组交互模式中,个体与它所有邻居组成的整体进行博弈,每个个体的收益依赖于它所有邻居个体中各策略的分布情况.

每次博弈后,个体依据所获得的收益信息以及其他邻居个体的策略信息,来

决定自己下一步的策略. 这个过程由策略更新规则来描述. 在演化博弈动力学中, 策略更新规则通常基于进化生物学中的复制、选择和突变等机制[5], 称为达尔文型的更新规则. 一般地, 在这类更新规则中, 能够给个体带来更高收益的策略将会保留下来, 而那些劣势策略将会被淘汰.

具体地, 在达尔文型的策略更新规则中, 每个个体的收益 π_i 被转化为其适应度 $f_i = \exp(w \times \pi_i)$, 其中 $w \geqslant 0$ 称为选择强度, 用以调节收益对于个体适应度的影响. 两类最常见的更新规则是生灭过程和死生过程. 在生灭过程中, 每一步, 以正比于适应度的概率从网络中选择出一个节点, 这个节点产生一个复制个体, 并随机地替代它的一个邻居. 而在死生过程中, 每一步, 随机地从网络中选择一个节点死亡, 然后以正比于适应度的概率从这个节点的邻居中选出一个节点, 这个节点产生一个复制个体并替代死亡节点.

在上述产生复制个体的过程中, 突变可能以一定的概率发生. 在这种情形下, 复制个体的策略可能与父代个体的策略不相同. 具体地, 令 $0 \leqslant \mu < 1$ 表示突变概率, 那么在产生复制个体的过程中, 复制个体以大小为 μ 的概率采取策略集合中的任意策略, 以 $1 - \mu$ 的概率采取与其父代个体相同的策略.

如同网络上的随机漂移和常数选择过程, 网络上的随机演化博弈过程也对应于一个有限状态的马尔可夫链. 特别地, 如果不考虑个体复制过程中的随机突变, 即 $\mu = 0$, 那么网络上的随机演化博弈过程对应于一个吸收型的马尔可夫链. 而如果突变概率不为零, 即 $\mu > 0$, 那么网络上的随机演化博弈过程对应于一个遍历型的马尔可夫链.

6.1.2 策略选择

策略选择为网络演化博弈过程提供了一个解的概念. 如同经典博弈中的纳什均衡概念, 策略选择旨在回答 "哪一策略被群体所偏好" 这一重要问题[6]. 但是与经典博弈论中静态的策略均衡概念不同, 在网络演化博弈论中, 群体所偏好的策略是通过所有个体的动态策略更新过程选择出来的.

对于网络上的随机演化博弈过程, 如果突变概率不为 0, 那么从任意初始状态开始, 最终网络上的策略分布将收敛于一个随机平稳状态. 假设群体中有 m 个策略, 那么如果在最终的随机平稳状态中, 网络中某一策略的期望频率 (即采取这一策略的个体数目与总个体数目的比值) 大于 $1/m$, 则称这个策略被群体所偏好.

如果突变概率为 0, 那么此时网络上的随机演化博弈过程对应的是吸收型马尔可夫链. 此时, 一般考虑一种策略入侵另一种策略后的演化情形[7]. 一般地, 令 $S = \{A, B\}$ 表示两种策略; 令 ρ_A 表示一个随机入侵的 A 策略入侵到一个全为 B 策略的网络中, 最终占据整个网络的固定概率; 同样, 令 ρ_B 表示一个随机入侵的 B 策略入侵到一个全为 A 策略的网络中, 最终占据整个网络的固定概率; 假设网络中个体的数目为 n. 那么如果 $\rho_A > 1/n$, 则称选择有利于策略 A. 这里, $1/n$ 是选择强度为 $w = 0$ 时, 即随机漂移过程中一个随机入侵的 A 策略的固定概率. 此外, 如果 $\rho_A > \rho_B$, 那么称策略 A 优于策略 B.

显然, 不管在哪种情形下, 计算网络上随机演化博弈过程中的平稳分布或固定概率, 是判定群体对于策略偏好的关键.

6.2 两策略群组交互博弈中的策略选择

6.2.1 两策略群组交互博弈模型

考虑一个具有结构的群体中的演化博弈过程. 同样地, 群体的结构用一个网络来刻画, 其中节点表示个体而连边表示个体间的邻居关系, 群体中个体之间的博弈交互作用方式为群组模式[3], 每个个体同他所有的邻居形成一个群组, 群组中所有成员进行多人博弈. 因此, 一个具有 k 个邻居的个体共参与 $k+1$ 个群组.

假设个体可以采取两种策略, 策略 A 或策略 B. 每个个体通过参与各个群组中的多人博弈来获取收益. 具体地, 考察博弈模型如下: 当一个群组中具有 i 个 A 策略个体和 j 个 B 策略个体时, A 策略个体通过博弈获得的收益为 $(ia + jb)/(i+j)$, 而 B 策略获得的收益为 $(ic + jd)/(i+j)$. 每个个体的总收益为它参与每个群组所获得的收益之和.

可以证明,在弱选择的随机演化动力学下,即 $w \to 0$ 时,策略 A 优于策略 B 的充要条件是

$$\sigma a + b > c + \sigma d, \tag{6.1}$$

其中,参数 σ 称为结构系数,仅取决于群体的结构及其更新规则[6]。

对于一般的网络,求解其结构系数 σ 的计算复杂度与网络中节点数目成指数增长. 但是对于一些具有高度对称结构的图,求解其结构系数 σ 的计算复杂度则大大降低. 下面分别推导群组交互模式下,完全图、环状图和星状图三类网络的结构系数.

6.2.2 完全图

在一个具有 n 个节点的完全图中,由 i 个 A 策略个体和 $n-i$ 个 B 策略个体组成的任意两个状态等价. 因此, A 策略个体的数目能够完全描述完全图上两策略博弈的状态. 令 ρ_i 表示初始时刻群体中有 i 个 A 策略个体时, 策略 A 的固定概率; 令 $P(i \to j)$ 表示策略更新过程中从 i 个 A 策略个体到 j 个 A 策略个体的一步转移概率. 考虑到在生灭过程和死生过程下,每一步最多只有一个个体更新自己的策略,因此,不为 0 的一步转移概率只有 $P(i \to i+1)$、$P(i \to i-1)$ 和 $P(i \to i)$,这里分别用 λ_i、μ_i 和 $1 - \lambda_i - \mu_i$ 表示.

根据马尔可夫链理论[8],可以得到关于固定概率的如下方程:

$$\rho_i = \lambda_i \rho_{i+1} + (1 - \lambda_i - \mu_i)\rho_i + \mu_i \rho_{i-1}, \tag{6.2}$$

其中 $\rho_0 = 0$ 且 $\rho_n = 1$. 求解上述方程可以得到

$$\rho_k = (1 + \sum_{j=1}^{k-1} \prod_{i=1}^{j} \frac{\mu_i}{\lambda_i})/(1 + \sum_{j=1}^{n-1} \prod_{i=1}^{j} \frac{\mu_i}{\lambda_i}). \tag{6.3}$$

由策略 A 和策略 B 的固定概率定义可知

$$\rho_A = \rho_1 = 1/(1 + \sum_{j=1}^{n-1} \prod_{i=1}^{j} \frac{\mu_i}{\lambda_i}), \tag{6.4}$$

以及

$$\rho_B = 1 - \rho_{n-1} = \prod_{i=1}^{n-1} \frac{\mu_i}{\lambda_i}/(1 + \sum_{j=1}^{n-1} \prod_{i=1}^{j} \frac{\mu_i}{\lambda_i}). \tag{6.5}$$

接下来，我们只需计算演化过程中的转移概率 λ_i 和 μ_i. 假设现在群体中有 i 个 A 策略个体. 那么在群组交互模式下，此时 A 策略个体的收益为

$$\pi(A,i) = n(\frac{i}{n}a + \frac{n-i}{n}b),$$

而 B 策略个体的收益为

$$\pi(B,i) = n(\frac{i}{n}c + \frac{n-i}{n}d).$$

1. 生灭过程

在生灭过程下，当一个 A 策略个体被选择出来产生一个复制，并替代一个 B 策略个体时，群体中 A 策略个体的数目增加一个. 由此可得

$$\lambda_i = \frac{i\exp(w\pi(A,i))}{i\exp(w\pi(A,i)) + (n-i)\exp(w\pi(B,i))} \times \frac{n-i}{n-1}.$$

类似地，当一个 B 策略个体选择出来产生一个复制，并替代一个 A 策略个体时，群体中 A 策略个体的数目减少一个. 由此可得

$$\mu_i = \frac{(n-i)\exp(w\pi(B,i))}{i\exp(w\pi(A,i)) + (n-i)\exp(w\pi(B,i))} \times \frac{i}{n-1}.$$

因此，在生灭过程下，可以得到

$$\begin{aligned}\frac{\mu_i}{\lambda_i} &= \exp[w(\pi(B,i) - \pi(A,i))] \\ &= \exp[nw(\frac{i}{n}(c-a) + \frac{n-i}{n}(d-b))].\end{aligned} \quad (6.6)$$

将 (6.6) 式分别代入 (6.4) 式和 (6.5) 式中，可以得到

$$\rho_A = \frac{1}{n} + \frac{n-1}{n}[(n+1)(a-c) + (2n-1)(b-d)]w + O(w^2), \quad (6.7)$$

以及

$$\rho_B = \frac{1}{n} + \frac{n-1}{n}[(2n-1)(c-a) + (n+1)(d-b)]w + O(w^2), \quad (6.8)$$

其中，$O(w^2)$ 表示选择强度 w 的二阶无穷小.

有了策略 A 和策略 B 的固定概率后，就可以得到群组交互模式下，群体在生灭过程下的策略选择的一些基本准则. 首先，在弱选择下，如果

$$\frac{n+1}{2n-1}a + b > \frac{n+1}{2n-1}c + d, \quad (6.9)$$

那么选择有利于 A 策略. 对于大规模网络, 上述条件简化为

$$\frac{1}{2}a + b > \frac{1}{2}c + d. \tag{6.10}$$

此外, 如果

$$a + b > c + d, \tag{6.11}$$

那么, A 策略优于 B 策略, 即 $\rho_A > \rho_B$. 这就是说, 对于群组交互模式的两策略网络博弈, 生灭过程下完全图的结构系数为 $\sigma = 1$.

2. 死生过程

接下来考虑完全图中的死生过程. 在死生过程中, 如果一个 B 策略个体被淘汰了, 而且一个 A 策略个体的复制体占据了上述 B 策略个体的位置, 那么群体中 A 策略个体的数目增加一个. 由此可得

$$\lambda_i = \frac{n-i}{n} \frac{i \exp(w\pi(A,i))}{i \exp(w\pi(A,i)) + (n-i-1) \exp(w\pi(B,i))}.$$

类似地, 如果一个 A 策略个体被淘汰了, 而且一个 B 策略个体的复制体占据了上述 A 策略个体的位置, 那么群体中 A 策略个体的数目减少一个. 由此可得

$$\mu_i = \frac{i}{n} \frac{(n-i) \exp(w\pi(B,i))}{(i-1) \exp(w\pi(A,i)) + (n-i) \exp(w\pi(B,i))}.$$

将上述两式代入 (6.4) 式和 (6.5) 式可得

$$\rho_A = \frac{1}{n} + \frac{n-2}{n}[(n+1)(a-c) + (2n-1)(b-d)]w + O(w^2), \tag{6.12}$$

以及

$$\rho_B = \frac{1}{n} + \frac{n-2}{n}[(2n-1)(c-a) + (n+1)(d-b)]w + O(w^2). \tag{6.13}$$

因此, 在完全图中的死生过程中, 策略 A 优于策略 B 的条件与 (6.11) 式相同.

6.2.3 环状图

当单个 A 策略个体入侵一个环状图时, 在生灭过程或死生过程更新中, A 策略个体总是形成单个连通的团簇[9]. 此时, 通过群体中 A 策略个体的数目能够完

全描述环状图的策略分布情况. 因此, (6.4) 式和 (6.5) 式在环状图上的生灭过程和死生过程中也成立. 为了得到策略 A 和策略 B 的固定概率, 这里我们只需计算交互结构为环状图时生灭过程和死生过程更新对应的一步转移概率 λ_i 和 μ_i.

设当前 A 策略团簇中个体的数目为 i. 令 $\pi_0(X, i)$, $\pi_1(X, i)$ 分别表示位于 X 个体团簇边界以及边界一步处的 X 个体的收益. 这里, X 可以指 A 或 B. 在生灭过程和死生过程中, 只有上述收益能对群体的策略更新过程产生影响. 根据群组交互博弈模型, 可以得到

$$\pi_0(A, i) = \begin{cases} a + 2b, & \text{若 } i = 1, \\ 5a/3 + 4b/3, & \text{若 } i = 2, \\ 2a + b, & \text{若 } 2 < i < n - 1, \\ 7a/3 + 2b/3, & \text{若 } i = n - 1. \end{cases}$$

以及

$$\pi_1(A, i) = \begin{cases} 7a/3 + 2b/3, & \text{若 } i = 3, \\ 8a/3 + b/3, & \text{若 } 3 < i < n. \end{cases}$$

相似地, 也有

$$\pi_0(B, i) = \begin{cases} 2c/3 + 7d/3, & \text{若 } i = 1, \\ c + 2d, & \text{若 } 1 < i < n - 2, \\ 4c/3 + 5d/3, & \text{若 } i = n - 2, \\ 2c + d, & \text{若 } i = n - 1. \end{cases}$$

以及

$$\pi_1(B, i) = \begin{cases} 7d/3 + 2c/3, & \text{若 } i = n - 3, \\ 8d/3 + c/3, & \text{若 } 0 < i < n - 3. \end{cases}$$

根据这些收益, 可以得到环状图上演化过程中的一步转移概率. 为简便起见, 这里我们直接给出决定固定概率的 μ_i 和 λ_i 比值.

1. 生灭过程

通过简单计算, 对于生灭过程可以得到

$$\mu_i/\lambda_i = \exp[w(\pi_0(B, i) - \pi_0(A, i))]. \tag{6.14}$$

将上式代入 (6.4) 式和 (6.5) 式可以得到

$$\rho_A = 1/(1 + \sum_{j=1}^{n-1} \exp\{w \sum_{i=1}^{j} [\pi_0(B,i) - \pi_0(A,i)]\}), \quad (6.15)$$

以及

$$\rho_B = \frac{\exp\{w[(2n-3)(d-a) + n(c-b)]\}}{1 + \sum_{j=1}^{n-1} \exp\{w \sum_{i=1}^{j} [\pi_0(B,i) - \pi_0(A,i)]\}}. \quad (6.16)$$

因此, 在任意选择强度下, 如果

$$\frac{2n-3}{n}a + b > c + \frac{2n-3}{n}d, \quad (6.17)$$

那么策略 A 优于策略 B, 即 $\rho_A > \rho_B$. 此外, 在弱选择下, 选择有利于策略 A 的条件为

$$(n^2 - \frac{7}{3}n + 2)a + \frac{3n^2 + 5n - 12}{6}b > \frac{3n^2 - 5n + 12}{6}c + (n^2 - \frac{2}{3}n - 2)d. \quad (6.18)$$

当 $n \to \infty$ 时, 上式和条件 (6.17) 相同.

2. 死生过程

对于死生过程, 在弱选择下, 可以得到

$$\mu_i/\lambda_i = \begin{cases} 1 + w\frac{\pi_1(B,i) - \pi_0(A,i)}{2} + O(w^2), & i = 1, \\ 1 + w\frac{\pi_0(B,i) + P_1(B,i) - 2\pi_0(A,i)}{2} + O(w^2), & i = 2, \\ 1 + w\frac{\pi_0(B,i) + \pi_1(B,i) - \pi_0(A,i) - \pi_1(A,i)}{2} + O(w^2), & 2 < i < n-2, \\ 1 + w\frac{2\pi_0(B,i) - \pi_0(A,i) - \pi_1(A,i)}{2} + O(w^2), & i = n-2, \\ 1 + w\frac{\pi_0(B,i) - \pi_1(A,i)}{2} + O(w^2), & i = n-1. \end{cases}$$
(6.19)

将上式代入 (6.4) 式和 (6.5) 式可以得到

$$\rho_B/\rho_A = 1 + \frac{w}{6}[(7n-18)(d-a) + 2n(c-b)]. \quad (6.20)$$

因此, 在环状图上的死生过程中, 策略 A 优于策略 B 的条件为

$$\frac{7n-18}{2n}a + b > c + \frac{7n-18}{2n}d, \quad (6.21)$$

上述条件在 $n > 4$ 时成立.

6.2.4 星状图

现在我们考虑由一个中心节点和 $n-1$ 个叶子节点组成星状图. 群体的状态可以通过一个 (s, i) 二元组来刻画, 其中 s 表示中心节点的状态, i 表示叶子节点中 A 策略个体的数目. 这里 $s = 0$ 和 $s = 1$ 分别表示中心节点为 B 策略个体和 A 策略个体. 令 $\rho_{s,i}$ 表示当前状态为 (s, i) 时策略 A 的固定概率. 令 p_i'、q_i'、s_i' 和 r_i' 分别表示转移概率 $P((0, i) \to (0, i-1))$、$P((0, i) \to (1, i))$、$P((1, i) \to (0, i))$ 和 $P((1, i) \to (1, i+1))$. 根据马尔可夫链理论[8], 策略 A 的固定概率可以通过求解下列方程得到

$$\rho_{0,i} = p_i' \rho_{0,i-1} + q_i' \rho_{1,i} + (1 - p_i' - q_i') \rho_{0,i},$$
$$\rho_{1,i} = r_i' \rho_{1,i+1} + s_i' \rho_{0,i} + (1 - s_i' - r_i') \rho_{1,i}. \tag{6.22}$$

其中, $\rho_{0,0} = 0$, $\rho_{1,n-1} = 1$.

为方便起见, 对转移概率进行如下的变形:

$$p_i = \frac{p_i'}{p_i' + q_i'},\ q_i = \frac{q_i'}{p_i' + q_i'},\ r_i = \frac{r_i'}{r_i' + s_i'},\ s_i = \frac{s_i'}{r_i' + s_i'}. \tag{6.23}$$

直接求解方程组 (6.22) 可以得到[6,10]

$$\rho_{0,1} = q_1 / \left[\sum_{j=1}^{n-2} q_j \prod_{i=1}^{j-1} \frac{p_i}{r_i} + \prod_{i=1}^{n-2} \frac{p_i}{r_i} \right],$$
$$\rho_{1,0} = r_0 / \left[\sum_{j=1}^{n-2} q_j \prod_{i=1}^{j-1} \frac{p_i}{r_i} + \prod_{i=1}^{n-2} \frac{p_i}{r_i} \right]. \tag{6.24}$$

由 ρ_A 的定义可知

$$\rho_A = \frac{\rho_{1,0} + (n-1) \rho_{0,1}}{n}. \tag{6.25}$$

现在只需计算 (6.23) 式中的转移概率就能求得固定概率. 这些转移概率由每个个体的适应度决定. 当群体状态为 $(0, j)$ 时, 令 P_j、Q_j 和 U_j 分别表示中心节点、策略为 A 的叶子节点和策略为 B 的叶子节点的收益. 类似地, 当在群体状态为 $(1, j)$ 时, 令 R_j、V_j 和 S_j 分别表示中心节点、策略为 A 的叶子节点和策略为

B 的叶子节点的收益. 在群组交互模式下, 星状图中的中心节点参与了 n 个群组, 而每个叶子节点只参与 2 个群组. 通过简单的计算可以得到

$$P_j = \frac{(n+2)j}{2n}c + \frac{2n^2-(n+2)j}{2n}d,$$

$$Q_j = \frac{n+2j}{2n}a + \frac{3n-2j}{2n}b,$$

$$U_j = \frac{j}{n}c + \frac{2n-j}{n}d,$$

$$R_j = \frac{N^2+(N+2)j-N+2}{2N}a + \frac{n^2-(n+2)j+n-2}{2n}b,$$

$$V_j = \frac{n+j+1}{n}a + \frac{n-j-1}{n}b,$$

$$S_j = \frac{n+2j+2}{2n}c + \frac{3n-2j-2}{2n}d.$$

1. 生灭过程

对于生灭过程, 直接计算其转移概率可得

$$p_j = \frac{1}{n} + \frac{n-1}{n^2}(P_j - Q_j)w + O(w^2),$$

$$q_j = \frac{n-1}{n} + \frac{n-1}{n^2}(Q_j - P_j)w + O(w^2),$$

$$r_j = \frac{1}{n} + \frac{n-1}{n^2}(R_j - S_j)w + O(w^2),$$

$$s_j = \frac{n-1}{n} + \frac{n-1}{n^2}(S_j - R_j)w + O(w^2).$$

将上述概率代入 (6.24) 式和 (6.25) 式, 可以得到

$$\rho_A = \frac{1}{n} + w\frac{(n-1)^2}{n^2(n^2-2n+2)}M_A + O(w^2). \tag{6.26}$$

其中

$$M_A = Q_1 - P_1 + \frac{1}{n-1}\sum_{i=0}^{n-2}(R_i - S_i) + \sum_{i=1}^{n-2}(R_i + Q_i - P_i - S_i)$$

$$+ \sum_{i=1}^{n-3}(n-2-i)(R_i + Q_i - P_i - S_i). \tag{6.27}$$

进一步将得到的收益代入 (6.27) 式, 最终可以求得

$$M_A = \frac{1}{12n}(\lambda_1 a + \lambda_2 b - \lambda_3 c - \lambda_4 d). \tag{6.28}$$

其中

$$\lambda_1 = 4n^4 - 8n^3 + 11n^2 - 10n + 24, \tag{6.29}$$

$$\lambda_2 = 2n^4 + 2n^3 - 23n^2 + 58n - 24, \tag{6.30}$$

$$\lambda_3 = n^4 + 4n^3 - 13n^2 + 14n + 24, \tag{6.31}$$

$$\lambda_4 = 5n^4 - 10n^3 + n^2 + 34n - 24. \tag{6.32}$$

因为生灭过程关于策略 A 和策略 B 是无偏的，所以策略 B 的固定概率可以直接得到

$$\rho_B = \frac{1}{n} + w\frac{(n-1)^2}{n^2(n^2-2n+2)}M_B + O(w^2), \tag{6.33}$$

其中

$$M_B = \frac{1}{12n}(\lambda_1 d + \lambda_2 c - \lambda_3 b - \lambda_4 a). \tag{6.34}$$

比较策略 A 和策略 B 的固定概率大小可知，在弱选择 $w \to 0$ 下，对于星状图上的生灭过程，策略 A 优于策略 B 的充要条件为

$$\frac{3n^3 - 6n^2 + 4n + 8}{n^3 + 2n^2 - 12n + 24}a + b > c + \frac{3n^3 - 6n^2 + 4n + 8}{n^3 + 2n^2 - 12n + 24}d. \tag{6.35}$$

这就是说，生灭过程中群组交互模式下星状图的结构系数为

$$\sigma = \frac{3n^3 - 6n^2 + 4n + 8}{n^3 + 2n^2 - 12n + 24}.$$

对于充分大的 n，上述结构系数近似为 $\sigma = 3$。

2. 死生过程

对于死生过程，直接求解其转移概率可以得到

$$p_j = \frac{n-1}{n} + \frac{n-j-1}{n^2}(U_j - Q_j)w + O(w^2),$$
$$q_j = \frac{1}{n} + \frac{n-j-1}{n^2}(Q_j - U_j)w + O(w^2),$$
$$r_j = \frac{n-1}{n} + \frac{j}{n^2}(V_j - S_j)w + O(w^2),$$
$$s_j = \frac{1}{n} + \frac{j}{n^2}(S_j - V_j)w + O(w^2).$$

将上述概率代入 (6.24) 式和 (6.25) 式，可以得到

$$\rho_A = \frac{1}{n} + w\frac{(n-2)}{2n^2(n-1)}M_A + O(w^2), \tag{6.36a}$$

$$\rho_B = \frac{1}{n} + w\frac{(n-2)}{2n^2(n-1)}M_B + O(w^2), \tag{6.36b}$$

其中

$$M_A = \frac{1}{12n}(\lambda_1 a + \lambda_2 b - \lambda_3 c - \lambda_4 d), \tag{6.37a}$$

$$M_B = \frac{1}{12n}(\lambda_1 d + \lambda_2 c - \lambda_3 b - \lambda_4 a), \tag{6.37b}$$

而

$$\lambda_1 = 28n^2 - n - 24, \quad \lambda_2 = 44n^2 - 71n + 24, \tag{6.38}$$

$$\lambda_3 = 10n^2 + 17n - 24, \quad \lambda_4 = 62n^2 - 89n + 24. \tag{6.39}$$

因此, 在弱选择下 (即 $w \to 0$ 时), 对于星状图中的死生过程, 策略 A 优于策略 B 的充要条件为

$$\frac{5}{3}a + b > c + \frac{5}{3}d. \tag{6.40}$$

也就是说, 死生过程中群组交互模式下星状图的结构系数为 $\sigma = \frac{5}{3}$.

6.2.5 示例

上面得到了群组交互模式下三类典型网络中的策略选择条件. 方便起见, 它们对应的结构系数列于表 6.1 中. 下面, 我们应用上述结果来分析网络上的公共物品博弈中的策略选择问题.

表 6.1 群组交互模式下三种网络的结构系数

图的类型	生灭过程下的 σ	死生过程下的 σ
完全图	1	1
环状图	$(2N-3)/N$	$(7N-18)/(2N)$
星状图	$(3N^3 + X_2)/(N^3 + Y_2)$	$5/3$

这里, N 为网络的大小, $X_2 = -6N^2 + 4N + 8$, $Y_2 = 2N^2 - 12N + 24$.

例 6.1 (网络上的公共物品博弈). 在公共物品博弈中, 个体可以选择为公共事业付出 (合作者) 或者不付出 (背叛者) $c > 0$ 的代价. 公共事业所获得的总金

额会取得 $r > 1$ 倍的收益. 最终不管这个个体是否付出, 公共事业得到的总收益平均分配到每个个体中. 因此, 在一个具有 i 个合作个体和 j 个背叛个体的群组中, 通过公共物品博弈, 合作者获得的收益为 $[(r-1)ci - cj]/(i+j)$, 背叛者获得的收益为 $rci/(i+j)$. 因此, 公共物品博弈可以写成具有如下收益矩阵的群组交互博弈:

	合作者	背叛者
合作者	$(r-1)c$	$-c$
背叛者	rc	0

(6.41)

根据演化博弈中的策略选择条件, 合作策略优于背叛策略的充要条件为

$$\sigma(r-1)c - c > rc. \tag{6.42}$$

简化上述方程可以得到

$$\sigma > \frac{r+1}{r-1}, \tag{6.43}$$

或者等价地

$$r > \frac{\sigma+1}{\sigma-1}. \tag{6.44}$$

这个条件意味着, 只要群体的结构系数大于 $(r+1)/(r-1)$, 或等价地, 只要收益率 r 大于临界值 $(\sigma+1)/(\sigma-1)$, 那么在演化过程中, 合作策略优于背叛策略, 即合作能够在网络群体中涌现.

6.2.6 一般两策略群组交互网络博弈中的策略选择

令 $S = \{A, B\}$ 表示两个策略. 一个一般的两策略多人对称博弈可以用下面的收益表格刻画

其他 A 策略个体数目	0	1	$\cdots$	k	$\cdots$	$n-1$
A 策略个体的收益	a_0	a_1	$\cdots$	a_k	$\cdots$	a_{n-1}
B 策略个体的收益	b_0	b_1	$\cdots$	b_k	$\cdots$	b_{n-1}

(6.45)

这里, n 是指群组博弈中个体的数目. 在这个博弈中, 如果群组里有 k 个 A 策略个体, 那么其中 A 策略个体的收益为 a_{k-1}, 而 B 策略个体的收益为 b_k.

采用相同的计算方法, 可以得到在上面的博弈中, 三类简单网络的策略选择条件.

(1) 完全图

在完全图中, 所有个体组成一个群组. 在生灭过程和死生过程中, 策略 A 优于策略 B 的条件都为

$$\sum_{i=1}^{n-1} a_{i-1} > \sum_{i=1}^{n-1} b_i. \tag{6.46}$$

这里, n 是指完全图中节点的数目.

(2) 环状图

在环状图中, 每个群组由 3 个邻近的节点组成. 在生灭过程下, 策略 A 优于策略 B 的条件为

$$n(a_0 + a_1 + a_2) - 3a_2 > n(b_0 + b_1 + b_2) - 3b_0. \tag{6.47}$$

而在死生过程下, 策略 A 优于策略 B 的条件为

$$(n+1)a_0 + (2n-2)a_1 + (3n-11)a_2 > (3n-11)b_0 + (2n-2)b_1 + (n+1)b_2. \tag{6.48}$$

这里, n 是指环状图中节点的数目.

(3) 星状图

在星状图中, 有两种不同的群组交互类型. 第一种以叶子节点为中心, 包括中心节点和叶子节点两个个体; 第二种以中心节点为中心, 包括所有的节点. 假设在第一种群组进行两人对交互博弈, 而第二种群组进行多人博弈. 那么, 当 $n \to \infty$ 时, 在生灭过程下, 策略 A 优于策略 B 的条件为

$$a + b > c + d, \tag{6.49}$$

即完全由两人对交互博弈参数决定. 而在死生过程下, 策略 A 优于策略 B 的条件为

$$a + b + \frac{a_0 + a_{n-2}}{2} + \frac{1}{n}\sum_{i=1}^{n-3} a_i > c + d + \frac{b_1 + b_{n-1}}{2} + \frac{1}{n}\sum_{i=1}^{n-3} b_{i+1}. \tag{6.50}$$

例 6.2 (网络上的志愿者困境博弈). 志愿者困境博弈是一个多人博弈, 其博弈收益矩阵为

其他合作者个体数目	0	1	$\cdots$	k	$\cdots$	$N-1$
合作者收益	$-c$	$-c$	$\cdots$	$-c$	$\cdots$	$-c$
背叛者收益	$-a$	0	$\cdots$	0	$\cdots$	0

(6.51)

在这个博弈中, 个体决定是否采取一个志愿行动 (一种合作行为) 来产生一定的收益. 采取志愿行动的代价为 $c > 0$, 而且如果无人采取志愿行动, 那么所有个体都会付出 $a > c$ 的代价.

根据上述策略选择条件, 可以得到完全图、环状图以及星状图中选择偏好合作策略的条件, 如表 6.2 所示. 可以看出在完全图中, 背叛策略总是优于合作策略; 而在环状图和星状图中, 如果志愿行动的代价小于所有背叛的代价的 1/2 或 1/3, 那么合作策略优于背叛策略.

表 6.2 志愿者困境博弈中选择偏好合作策略的条件

图的类型	生灭过程	死生过程
完全图	$c < 0$	$c < 0$
环状图	$3c < a$	$2c < a$
星状图	$2c < a$	$3c < a$

这里假设网络中个体的数目充分大, 即 $n \to \infty$.

6.3 两策略对交互网络博弈中的策略选择

两人两策略博弈是一类最简单的博弈模型. 令 $\mathcal{S} = \{A, B\}$ 表示两个策略, 一个对称的两人两策略博弈可以表示为

$$\begin{array}{c|cc} & A & B \\ \hline A & a & b \\ B & c & d \end{array} \qquad (6.52)$$

这里, a, b, c, d 分别为对应策略组合 $(A, A), (A, B), (B, A)$ 和 (B, B) 中第一个个体的收益.

在两策略对交互网络博弈中, 每个个体与其邻居进行上述的两人两策略博弈. 每个个体的收益是其与所有邻居进行两人博弈的收益之和. 因此, 当个体 $v_i \in \mathcal{V}$ 的邻居中有 i 个 A 策略个体和 $d_i - i$ 个 B 策略个体时, 个体 v_i 采取 A 策略时的收益为 $ia + (d_i - i)b$, 而采取 B 策略时的收益为 $ic + (d_i - i)d$. 这里, d_i 为个体 v_i 的节点度.

与两策略群组交互网络博弈相同, 在弱选择的随机演化动力学下 (即 $w \to 0$ 时), 判定策略 A 优于策略 B 的充要条件为: $\sigma a + b > \sigma c + d$, 其中参数 σ 称为结构系数, 取决于网络的拓扑结构和更新规则.

通过上述与两策略群组交互网络演化博弈中相同的方法, 同样可以得到一些简单网络上的策略条件. 表 6.3 列出了一些简单网络上生灭过程和死生过程下的结构系数 σ, 其中 n 是网络中节点的数目. 值得注意的是, 对于完全图上的生灭过程和死生过程, 以及对星状图上的死生过程, 其结构系数对具有任意大小的突变概率情形下的演化过程也成立. 而在其他情况下, 结构系数只在突变率趋于 0 的情况下成立, 即 $\mu \to 0$.

表 6.3 两策略对交互网络演化博弈中简单网络的结构系数

图的类型	生灭过程下的 σ	死生过程下的 σ
完全图	$(n-2)/n$	$(n-2)/n$
环状图	$(n-2)/n$	$(3n-8)/n$
星状图	$(n^3 - 4n^2 + 8n - 8)/(n^3 - 2n^2 + 8)$	1
度为 k 的正则图	$(n-2)/n$	$[(k+1)n - 4k]/[(k-1)n]$

对于一般的异质网络, 很难如高度对称的网络一样, 精确地计算其结构系数. 但是通过对近似 (pair approximation) 方法, 可以得到其结构系数的近似值. 具体

地，考虑一个 n 个节点的网络 $\mathcal{G} = (\mathcal{V}, \mathcal{E})$，假设其度序列为 $(d_1, d_2, \cdots, d_n)$，令 $k = \sum_{i=1}^{N} d_i/n$ 表示这个网络的平均度. Ohtsuki 等人发现

$$\sigma = \frac{k+1}{k-1} \tag{6.53}$$

是死生过程下网络 $\mathcal{G}$ 结构系数的近似值[11]. 令 $k_{nn,i} = \frac{1}{d_i} \sum_{v \in N(i)} d_v$ 表示网络中节点 $v_i \in \mathcal{V}$ 最近邻平均度，令 $k_{nn} = \sum_{i=1}^{n} k_{nn,i}/n$ 表示网络 $\mathcal{G}$ 的最近邻平均度. Konno 发现

$$\sigma = \frac{k_{nn}+1}{k_{nn}-1} \tag{6.54}$$

是死生过程下网络 $\mathcal{G}$ 结构系数一个更佳的近似值[12].

例 6.3 (网络上对交互模式下的囚徒困境博弈). 考虑具有两个策略 C 和 D 的博弈. 其收益矩阵如下:

$$\begin{array}{c|cc} & C & D \\ \hline C & b-c & -c \\ D & b & 0 \end{array} \tag{6.55}$$

这里，C 和 D 分别表示合作策略和背叛策略. 在这个博弈中，合作策略意味着付出 $c > 0$ 的代价，为其博弈对象带来 $b > c$ 的收益；而背叛策略意味着既不付出任何代价也不产生任何收益.

对于完全理性的个体来说，背叛策略是其最优策略，但是如果所有个体都采取背叛策略，那么整个网络群体的总体收益最低. 然而，如果假设个体是不完全理性的，其更新策略的方式为死生过程或生灭过程时，由演化博弈的策略选择条件可知，合作策略优于背叛策略的充要条件为

$$\frac{b}{c} > \frac{\sigma+1}{\sigma-1}, \tag{6.56}$$

或等价地

$$\sigma > \frac{b+c}{b-c}. \tag{6.57}$$

可得，在生灭过程中，由于所有网络的结构系数都小于 1，因此，合作策略处于劣势. 然而，在死生过程中，如果囚徒博弈中的收益付出比 b/c 大于 2，那么环

状结构的网络偏好于合作策略而不是背叛策略. 而对于一般的网络结构, 合作策略优于背叛策略的条件为 $b/c > k_{nn}$.

例 6.4 (两策略群组交互与对交互网络博弈的对比). 考虑具有两个策略 C 和 D 的博弈. 其收益矩阵如下:

$$\begin{array}{c|cc} & C & D \\ \hline C & 1 & 0 \\ D & c & 0 \end{array} \qquad (6.58)$$

这里, C 和 D 分别表示合作者和背叛者. 参数 c 被称为个体选择背叛策略的倾向度. 当 $c > 1$ 时, 上述博弈就是一个简化的囚徒博弈. 由演化博弈的策略选择条件可知, 群体偏好合作的充要条件为 $\sigma > c$, 其中 σ 为群体的结构系数.

下面分别仿真群组交互模式和两两交互模式下不同网络上的演化博弈过程. 在仿真中, 不断改变收益参数 c, 并记录对应的合作固定概率 ρ_C 和背叛固定概率 ρ_D. 注意当 $\rho_C = \rho_D$ 时, 收益参数的阈值 c_t 就是群体的结构参数. 因此, 通过仿真, 我们不仅可以近似地得到不同情况下群体的结构参数, 而且可以清晰地展示合作的涌现过程. 如图 6.1 所示, 数值仿真得到的结果与文中的理论分析完全一致.

图 6.1(a) 展示了不同的网络类型, 图 6.1(b) 和图 6.1(c) 分别对应生灭过程和死生过程中仿真结果. 合作策略的固定概率 (背叛策略的固定概率) 是 10^6 独立实验中一个随机合作者 (背叛者) 占据整个网络的比例. 仿真实验中, 选择强度为 $w = 0.01$. 当 $\rho_C > \rho_D$ 时, 合作策略优于背叛策略; 反之亦然. 交叉点处对应的 c 值给出了网络结构参数的近似值.

事实上, 可以看到数值仿真得到的结构系数近似值几乎和其理论值相等. 此外, 相比于两两交互模式, 群组交互模式更有利于合作行为的涌现. 具体地, 即使个体选择背叛的倾向度 c 很大, 在群组交互模式下, 合作仍然能够被选择所偏好. 特别地, 在生灭过程中, 若群体的交互模式为群组交互模式, 合作策略能够优于背叛策略; 然而当群体的交互模式为两两交互模式时, 合作策略不可能优于背叛策略.

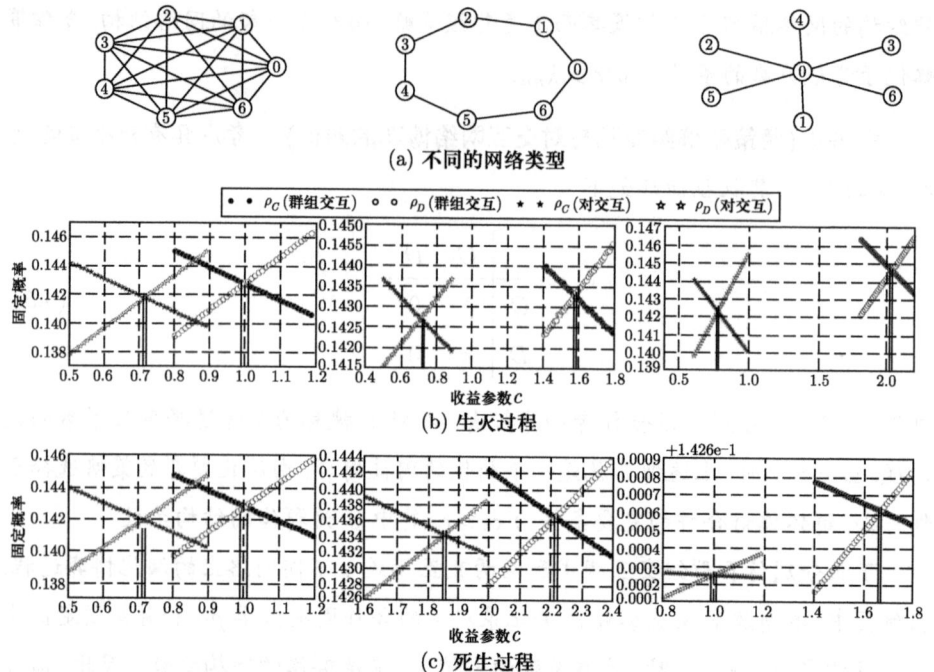

图 6.1 不同网络上策略的固定概率随收益参数 c 变化的数值仿真结果

6.4 多策略对交互博弈中的策略选择

令 $\mathcal{S} = \{1, 2, \cdots, m\}$ 表示网络群体中个体的策略集合. 一个两人 m 策略的对称博弈可以通过一个收益矩阵 $\boldsymbol{U} = (u_{ij})_{m \times m}$ 来刻画, 其中矩阵元素 u_{ij} 表示策略组合 (i, j) 中采取 i 策略个体的收益.

考虑网络中上述博弈的演化过程. 在正突变率 $\mu > 0$ 和弱选择 $w \to 0$ 的情形下, 演化过程的平稳分布中每个策略占据的个体比例几乎都近似等于 $1/m$. 因此, 在实际演化过程中, 一个策略称为被选择所偏好, 如果它在平稳分布中的期望比例大于 $1/m$. 反之, 这个策略称为被选择所抑制.

6.4 多策略对交互博弈中的策略选择

在文献 [13] 中, Antal 等人给出了均匀混合群体中策略选择的条件. 令 $\bar{u}_{k*} = (1/m) \sum_{i=1}^{m} u_{ki}$ 为个体采取策略 k 时的平均收益, 令 $\bar{u}_{**} = (1/m) \sum_{i=1}^{m} u_{ii}$ 为两个个体采取相同策略时的平均收益, 令 $\bar{u}_{*k} = (1/m) \sum_{i=1}^{m} u_{ik}$ 为对手采取策略 k 时个体的平均收益, 令 $\bar{u} = (1/m^2) \sum_{i=1}^{m} \sum_{j=1}^{m} u_{ij}$ 为个体和对手都采取随机策略时的平均收益. 文献 [13] 证明在均匀混合的交互规则下, 策略 k 是否被选择所偏好, 完全由上述变量决定.

具体地, 令

$$L_k = u_{kk} + \bar{u}_{k*} - \bar{u}_{*k} - \bar{u}_{**}, \tag{6.59}$$

$$H_k = \bar{u}_{k*} - \bar{u}. \tag{6.60}$$

那么, 策略 k 被选择偏好的条件为

$$L_k + n\mu H_k > 0, \tag{6.61}$$

其中, n 是群体中个体的数目. 此外, 策略 k 优于策略 l 的条件为

$$L_k + n\mu H_k > L_l + n\mu H_l. \tag{6.62}$$

上述策略选择条件仅适用于大规模均匀混合群体. 而对于网络群体, 在文献 [14] 中, Tarnita 等人证明在弱选择的情形下, 策略 k 被选择所偏好的条件为

$$(\sigma_1 u_{kk} + \bar{u}_{k*} - \bar{u}_{*k} - \sigma_1 \bar{u}_{**}) + \sigma_2(\bar{u}_{k*} - \bar{u}) > 0. \tag{6.63}$$

其中, 参数 σ_1 和 σ_2 被称为结构系数. 这两个参数取决于个体间交互的拓扑结构、具体的策略更新规则以及突变概率, 与博弈收益矩阵无关. 因此, 可以看出, 策略选择条件是关于策略收益参数的线性函数. 此外, 在突变率非常低的情况下, 即 $\mu \to 0$ 时, 可以证明 $\sigma_2 \to 0$. 在这种情况下, 策略 k 被选择所偏好的条件成为

$$\sigma_0 u_{kk} + \bar{u}_{k*} > \bar{u}_{*k} + \sigma_0 \bar{u}_{**}, \tag{6.64}$$

其中 $\sigma_0 = (2\sigma_1 + \sigma_2)/(2 + \sigma_2)$ 即为上述两策略对交互网络博弈中的结构系数.

6.5 本章要点小结

理解结构群体中的策略选择机制是研究网络上演化博弈动力学过程的一个主要目标. 在本章中, 我们探讨了生灭更新规则和死生更新规则作用下复杂网络上演化博弈动力学的策略选择问题. 对于一些简单的网络, 得到了两策略群组交互网络博弈和多策略对交互网络博弈中的策略选择条件. 而对于一般的复杂网络, 给出了一些近似和仿真结果来说明网络结构对于策略选择的作用.

此外, 本章还将所得到的策略选择条件应用于探讨网络群体中合作行为的涌现问题. 针对网络上的囚徒困境博弈、公共物品博弈以及志愿者困境博弈, 分别给出了合作被群体所偏好的条件, 这些结果有助于我们进一步理解不同情境下合作行为的涌现机制. 在下一章, 我们将进一步探讨复杂网络上合作行为的涌现问题, 重点考察个体间的交互结构、个体更新策略的方式以及个体调整局部交互结构的能力等各方面因素对于群体中合作行为水平的影响.

参考文献

[1] Taylor C, Nowak M A. Evolutionary game dynamics with non-uniform interaction rates [J]. Theor. Popul. Biol., 2006, 69(3): 243–252.

[2] Perc M, Grigolini P. Collective behavior and evolutionary games: An introduction [J]. Chaos Soliton. Fract., 2013, 56: 1–5.

[3] Perc M, Gomez-Gardenes J, Szolnoki A, et al. Evolutionary dynamics of group interactions on structured populations: A review [J]. J. Royal. Soc. Interface, 2013, 10(80): 20120997.

[4] Tan S, Feng S, Wang P, et al. Strategy selection in evolutionary game dynamics on group interaction networks [J]. Bulletin of Mathematical Biology, 2014, 76(11): 2785–2805.

[5] Darwin C. The Origin of Species by Means of Natural Selection or the Preservation of Favoured Races in the Struggle for Life [M]. London: Oxford University Press, 1951.

[6] Tarnita C E, Ohtsuki H, Antal T, et al. Strategy selection in structured populations [J]. J. Theor. Biol., 2009, 259(3): 570–581.

[7] Antal T, Scheuring I. Fixation of strategies for an evolutionary game in finite populations [J]. Bull. Math. Biol., 2006, 68(8): 1923–1944.

[8] Lawler G F. Introduction to Stochastic Processes [M]. 2nd ed. New York: Chapman and Hall, 2006.

[9] Ohtsuki H, Nowak M A. Evolutionary games on cycles [J]. Proc. R. Soc. B, 2006, 273(1598): 2249–2256.

[10] Broom M, Rychtář J. An analysis of the fixation probability of a mutant on special classes of non-directed graphs [J]. Proc. R. Soc. A, 2008, 464(2098): 2609–2627.

[11] Ohtsuki H, Hauert C, Lieberman E, et al. A simple rule for the evolution of cooperation on graphs and social networks [J]. Nature, 2006, 441(7092): 502–505.

[12] Konno T. A condition for cooperation in a game on complex networks [J]. J. Theor. Biol., 2011, 269(1): 224–233.

[13] Antal T, Traulsen A, Ohtsuki H, et al. Mutation-selection equilibrium in games with multiple strategies [J]. J. Theor. Biol., 2009, 258(4): 614–622.

[14] Tarnita C E, Wage N, Nowak M A. Multiple strategies in structured populations [J]. Proc. Natl. Acad. Sci. USA, 2011, 108(6): 2334–2337.

第7章 复杂网络上的合作涌现机制

合作行为普遍存在于生物、经济和社会系统中,然而它却很难自然地从自私种群中涌现并维持下来. 近年来, 研究发现, 群体之间的复杂交互结构有利于合作行为的涌现和维持, 这种效应被称为网络互惠. 理解复杂网络上合作行为涌现的方式、规律及其影响因素有助于更好地设计个体间的关系网络结构及其交互行为方式, 使得合作行为得以自发地在群体中涌现.

复杂网络上的合作涌现机制是网络演化博弈研究中一类特殊的重要的议题. 本章我们将介绍复杂网络上合作涌现机制的研究背景、研究框架以及近年来的主要进展. 具体地, 7.1 节介绍群体中的合作困境以及几类对应的博弈模型; 7.2 节介绍静态网络上的合作涌现模型和条件; 7.3 节介绍共演化网络上的合作涌现模型; 7.4 节介绍一些实际社交网络中合作涌现的实证研究; 最后 7.5 节对本章的要点内容进行总结.

7.1 合作困境及其博弈模型

合作行为是指个体付出一定的代价, 使得群体受益的行为. 它普遍存在于生物、经济和社会系统中. 一些典型的例子包括: 动物相互清理身体的行为, 遇袭发出警报的行为, 以及协同捕食的行为, 等等[1,2]. 合作行为有利于群体的整体利益, 被认为是单细胞生物演化为多细胞生物、单个体生物演化为具有社会结构的种群的基本因素[3,4]. 然而合作行为的形成和维持却并不容易, 在仅仅考虑单个个体自身利益的最大化时, 自私行为, 即个体既不付出任何代价也不产生任何收益的行为, 是个体的最优选择.

7.1.1 合作困境的几类博弈模型

1. 囚徒困境博弈

囚徒困境博弈 (prisoner's dilemma game) 是用于说明合作困境的一个典型例子. 囚徒困境博弈是一个两人两策略对称博弈. 在这个博弈中, 每个个体有合作 (C) 和背叛 (D) 两种策略可以选择. 如果博弈中的两个个体都选择合作策略, 那么每个个体都获得收益 R; 如果两个个体都选择背叛策略, 则每个个体获得收益 P; 而如果一个个体选择合作策略, 而另一个体选择背叛策略, 那么合作者获得收益 S, 而背叛者获得收益 T. 这个博弈可以由下面的收益矩阵表示:

	合作	背叛
合作	R	S
背叛	T	P

其中, 收益参数满足 $T > R > P > S$. 因为 $T > R$ 且 $P > S$, 所以不管对方采取何种策略, 个体的最优策略都是背叛策略. 但是因为 $P < R$, 所有两个个体同

时采取背叛策略的收益小于同时采取合作策略的收益. 这产生了一个典型的合作困境: 每个个体都倾向于采取利己的策略, 最终却导致了一个不利于任何个体的结果.

为了简化囚徒困境博弈中收益矩阵的参数, 在实际研究中, 常常采取一种简化的囚徒困境博弈, 其收益矩阵如下:

$$\begin{array}{c|cc} & 合作 & 背叛 \\ \hline 合作 & b-c & -c \\ 背叛 & b & 0 \end{array} \tag{7.1}$$

其中 $b>c>0$. 简化的囚徒困境博弈对应于这样一种情形: 假设个体可以采取付出 (合作策略) 或不付出 (背叛策略) 两种行为, 如果个体采取付出行为, 那么它需要付出 c 的代价, 带给对方 b 的收益; 而如果它采取不付出的行为, 那么它不会付出任何代价, 对方也不会获得任何收益. 这个简化的囚徒困境博弈常用于对利他行为进行建模, 其中 $c/b<1$ 称为付出收益比.

更进一步, 在许多情形下, 个体的博弈行为在收益矩阵的仿射变换下保持不变, 因此上述两参数的囚徒困境博弈可以进一步简化为下面单参数的博弈:

$$\begin{array}{c|cc} & 合作 & 背叛 \\ \hline 合作 & 1-\rho & -\rho \\ 背叛 & 1 & 0 \end{array}$$

这里, $\rho = c/b \in (0,1)$ 是付出收益比.

2. 雪堆博弈

雪堆博弈是一类特殊的鹰鸽博弈. 与囚徒困境博弈中的利他行为不同, 雪堆博弈对应的合作困境具有一些特殊性. 雪堆博弈源自于下面这样一个故事. 由于道路上有一个雪堆, 两个开车回家的个体被困守在路上. 此时, 每个个体可以选择下车来铲除雪堆打通道路或者选择留在车上. 假设个体顺利回家的收益为 b, 而铲除雪堆产生的代价为 c, 其中 $b>c>0$. 如果两个个体都选择下车铲除雪堆, 那么每个个体铲除雪堆的代价减半, 此时每个个体的收益为 $b-c/2$. 如果两个个体都选择留在车上, 那么他们将因守在路上无法回家, 此时每个个体的收益为 0. 如果其中一个个体选择下车铲除雪堆, 另一个个体选择留在车上, 那么铲除雪堆

的个体的收益为 $b-c$, 而留在车上的个体收益为 b. 将铲除雪堆的行为看作合作策略, 而等待别人铲除雪堆的行为为背叛策略, 那么上述博弈对应的收益矩阵如下:

	合作	背叛
合作	$b-c/2$	$b-c$
背叛	b	0

上述博弈称为雪堆博弈. 同样地, 令 $\rho = c/b$ 为付出收益比, 那么上述博弈收益矩阵等价于下面的单参数的收益矩阵:

	合作	背叛
合作	$1-\rho/2$	$1-\rho$
背叛	1	0

其中 $\rho \in (0,1)$. 在雪堆博弈中, 纯策略组合 (C,D), (D,C) 以及混合策略 $((2-2\rho)/(2-\rho), \rho/(2-\rho))$ 是纳什均衡策略. 特别地, 在一个均匀混合的无限群体中, 如果其中 $(2-2\rho)/(2-\rho)$ 的个体采取合作策略, 其他个体采取背叛策略, 此时这个群体将保持演化稳定. 对于雪堆博弈, 一个感兴趣的问题是, 如何提高合作策略在群体中的比例.

3. 公共物品博弈

公共物品博弈是一类多人两策略博弈, 常用于刻画多个个体交互情境下的合作困境. 在这个博弈中, 个体可以选择往公共资金中投入一定的资金 c (合作策略) 或者不投入 (背叛策略), 这笔公共资金乘以 $r > 1$ 后, 平均分给所有个体. 公共物品博弈可以通过以下收益表格表示:

其他 C 策略个体数目	0	1	$\cdots$	k	$\cdots$	$N-1$	
C	a_0	a_1	$\cdots$	a_k	$\cdots$	a_{N-1}	(7.2)
D	b_0	b_1	$\cdots$	b_k	$\cdots$	b_{N-1}	

其中

$$a_{k-1} = \frac{rck}{N} - c, \quad b_k = \frac{rck}{N}. \tag{7.3}$$

这里, N 为个体的数目. 显然, 在公共物品博弈中, 不管其他个体采取何种策略, 背叛策略总能获得更多收益; 但是如果大家都采取背叛策略时的收益 0, 却小于都采取合作策略时的收益 $(r-1)c$, 从而产生合作困境.

7.1.2 合作涌现机制

从演化的角度看, 如果没有其他机制的作用, 合作行为难以在自然选择中生存下来[5-7]. 具体地, 考虑一个由背叛者和合作者混合组成的群体, 如图 7.1 所示. 在这个群体中, 个体通过竞争来遗传下一代. 由于合作者的适应度总是小于背叛者, 在选择的作用下, 一段时间后合作者将被淘汰掉, 而由背叛者组成的群体适应度降至最低. 因此, 合作行为需要其他机制的帮助才能在群体演化中生存下来.

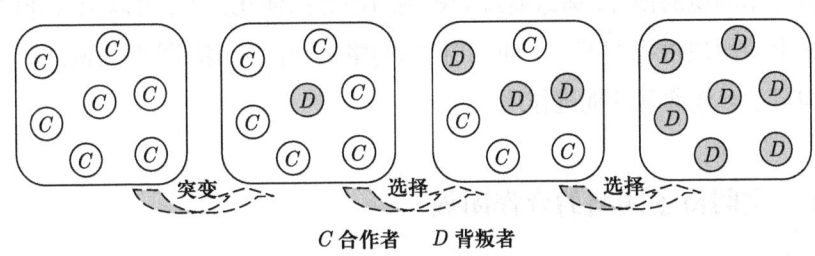

图 7.1 在没有其他机制作用下, 自然选择不利于合作行为的涌现

那么合作行为是怎么涌现的呢? Nowak 等人[8] 总结了 5 种合作机制: 亲缘选择[9]、群体选择[10]、直接互惠[11]、间接互惠[12] 和网络互惠[13]. 其中网络互惠在这些年引起了广泛的关注和研究. 研究发现[14], 当博弈的个体间具有复杂的交互结构时, 合作个体能够自发地形成团簇结构, 以避免与背叛个体的博弈, 从而减少被背叛个体利用的机会. 这种发现, 使得人们意识到个体交互的复杂结构有利于合作行为的涌现和维持, 这种合作机制被称为网络互惠.

7.2 静态网络上的合作涌现

受地域、气候、生活习性等因素的影响, 生物个体之间的交互结构十分复杂,人类的社会关系网络更是如此. 这种复杂的交互结构常常用一个复杂网络来刻画[15−18]: 网络中的节点表示个体, 节点之间的连边表示个体之间的博弈和竞争关系.

网络上的演化博弈模型被用来刻画这种具有复杂结构群体间的博弈行为. 个体通过与它周围所有邻居进行博弈来获取收益, 之后根据自己和邻居之间的收益差异来更新自己的策略. 这样通过分析个体策略的演化, 就可以判定群体对于策略的偏好和选择.

如果假定网络上个体之间的博弈为囚徒困境博弈、雪堆博弈或公共物品博弈等具有合作困境的博弈, 那么通过分析网络博弈的演化过程, 可以探讨合作行为在网络上的涌现过程[19,20]. 下面, 我们以网络上的囚徒困境博弈为例, 来分析网络结构对于合作涌现的促进作用.

7.2.1 空间格子网络的合作团簇

空间格子 (spatial lattice) 网络中的囚徒困境博弈常常用于说明局部交互结构对于合作行为的促进作用. 考查一个二维 $n \times n$ 的格子网络, 其中每个格子代表一个合作者或背叛者. 在每个时间步, 每个个体和其四周的邻居进行囚徒困境博弈, 获得的收益之和为这个个体的适应度. 然后, 个体比较自己和邻居的适应度, 选择适应度最高的个体并复制其策略. 不断重复上述博弈和策略更新过程, 便形成了空间格子网络上囚徒困境博弈的策略演化过程.

假设囚徒困境博弈的收益参数为 $R = 1, T = b, S = P = 0$, 其中 $b > 1$ 刻画了背叛行为相对于合作行为的优势. 那么, 对于均匀混合的群体, 在上述演化规则下, 群体最终将被背叛者所占据, 合作行为无法涌现. 然而, 在空间格子网络中, 仿真结果表明, 对于适当范围内的参数 b, 合作者可以形成团簇, 在群体中生存下来. 图 7.2 给出了参数 $b = 1.623$ 时不同初始条件下的群体策略演化情况. 可以看到, 与均匀混合群体不同, 在空间格子网络群体中, 合作者能够通过形成不同形状的团簇结构生存下来.

事实上, 通过统计演化过程中群体内的合作者数目, 可以发现合作者所占的比例总是在 0.3 以上. 这表明在空间格子网络中, 合作行为能够涌现并维持下

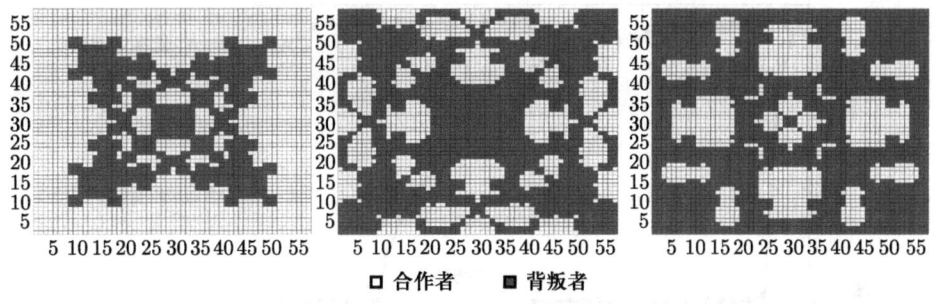

图 7.2　格子网络上囚徒困境博弈在演化过程中形成的不同形状的合作团簇

来. Nowak 等人在 1993 年的这一结果开启了复杂网络上合作涌现这一研究的大门[21].

7.2.2　一般网络上合作涌现的条件

随着网络科学的发展, 用于刻画社会、生物、工程等系统中错综复杂连接结构的复杂网络数据和模型被挖掘和建立起来. 研究者们通过在不同特征的复杂网络上进行囚徒困境博弈的演化仿真, 来分析网络结构对于合作行为涌现的影响. 目前, 已有大量的研究分析了网络的无标度结构、模块化、社团结构、平均度等特征与网络上合作水平之间的关系. 例如, Santos 等人对比了无标度网络和正则网络上合作行为的涌现现象[22], 发现无标度网络更有利于合作行为的涌现, 如图 7.3 所示. 这些结果都表明复杂的网络交互结构为群体中合作行为的涌现提供了一个新的环境.

图 7.3 中 $N = 512$ 和 $N = 128$ 表示网络中节点的数目. 可以看到, 随着背叛者优势 (囚徒困境博弈中的参数 b 或雪堆博弈中的参数 ρ) 的增大, 无标度网络中合作者的比例总能保持在很高的水平, 而正则网络中合作者比例急剧下降.

事实上, 复杂网络上合作行为的涌现与多种因素相关, 包括网络的拓扑结构特征、个体的策略更新规则以及具体的博弈模型等. 下面, 我们给出在两种最典型的更新过程即生灭过程和死生过程作用下, 合作策略优于背叛策略的条件.

具体地, 如图 7.4 所示, 让一个合作个体随机地入侵一个全是背叛者的群体, 计算最后整个群体全部演化为合作者的概率 ρ_C; 同样计算一个随机入侵的背叛

第 7 章 复杂网络上的合作涌现机制

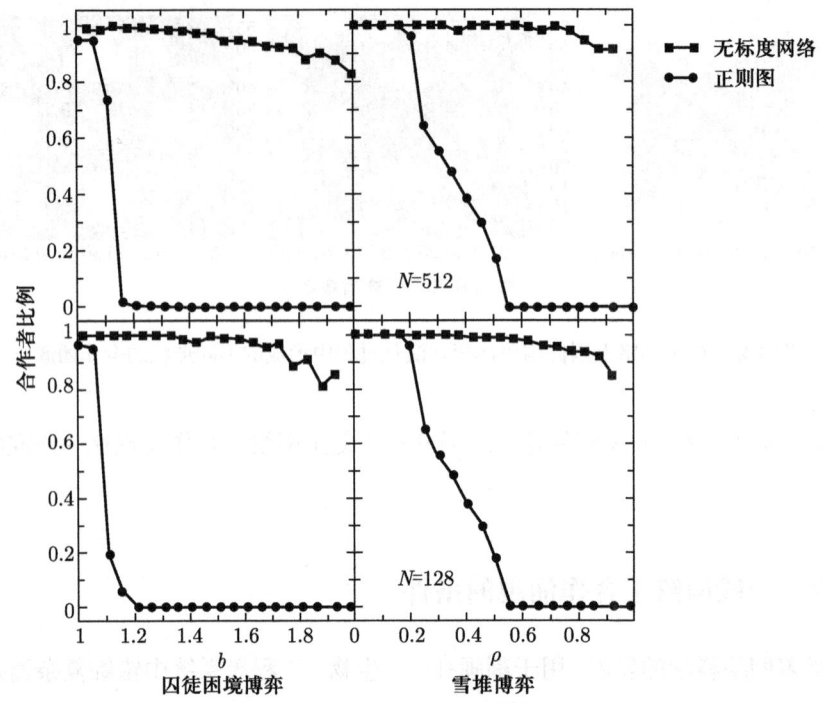

图 7.3　无标度网络和正则图上合作的演化 (取自文献 [22])

者进入合作者群体并最终固定下来的概率 ρ_D. 如果 $\rho_C > \rho_D$, 那么称合作策略优于背叛策略.

在上一章, 我们已经得到, 在弱选择的情况下, 网络上的合作策略优于背叛策略的条件为

$$\sigma(b-c) > b+c, \tag{7.4}$$

其中结构参数 σ 由网络的拓扑结构和策略更新的方式决定. 因此给定一个网络, 根据其相应的结构参数, 便能判定它是否有利于合作行为的涌现. 下面是一些典型网络及其结构参数.

(1) 完全图

在生灭和死生更新过程下, 完全图的结构参数 $\sigma = (N-2)/N$, 其中 N 指网络中节点的数目. 此时 (7.4) 式不可能成立, 因此完全图不利于合作行为的涌现[23,24]. 这一结果与直观分析一致. 在完全图上, 每个个体都同其他个体进行博

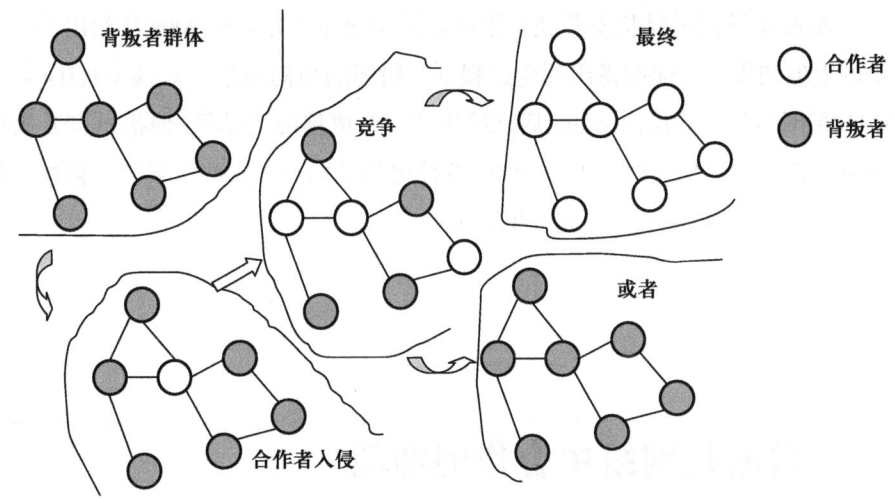

图 7.4 复杂网络上合作-背叛行为的演化示意图

弈,因此合作者的收益永远比背叛者低,从而在完全图上,背叛行为优于合作行为.

(2) 环状图

在生灭更新过程下,N 阶环状图的结构参数和完全图相同,因此也不利于合作行为的涌现[25]. 然而在死生更新过程下,N 阶环状图的结构参数 $\sigma = (3N-8)/N$. 当 N 很大时,σ 趋近于 3,此时只要囚徒困境博弈中的付出收益比满足 $c/b < 1/2$,合作行为就比背叛行为更占优.

(3) 星状图

N 阶的星状图由一个中心节点和 $N-1$ 个与中心节点相连的叶子节点构成. 当 N 很大时,在生灭和死生更新过程下,星状图的结构参数 σ 都趋向于 1. 此时,(7.4) 式也无法满足,所以星状图也不利于合作行为的涌现.

(4) 正则图

对于一个度为 k 节点数目为 N 的正则图,在生灭更新过程下,其结构参数和完全图相同,因此也不利于合作行为的涌现. 而在死生更新过程下,当 N 很大时,正则图的结构参数满足 $\sigma = (k+1)/(k-1)$,此时只要囚徒困境博弈的付出收益比满足 $c/b < (k-1)/(k+1)$,合作策略优于背叛策略.

(5) 一般的图

一般的 N 阶图的结构参数通常很难计算. Ohtsuki 等人在 2006 年给出了一个简单的近似结果[26]. 他们得出死生过程下一般图的结构参数 $\sigma = (k+1)/(k-1)$, 其中 k 指网络的平均度. Konno 后来给出了一个更精细的结果, 他指出当 k 表示网络节点邻居的平均度时, 所得的结构参数更为准确[27]. 这些结果可以粗略地判定任一网络结构对其上合作行为的影响.

7.3 共演化网络中合作的涌现

在静态网络上的合作演化模型中, 群体中个体之间的交互被假定保持不变. 实际上, 考虑到群体的移动性、增长性等特征, 在演化博弈过程中, 不仅个体的策略随时间变化, 个体之间的交互结构也随时间不断地变化. 这种网络节点策略和节点之间连边按照一定的规则同时演化的模型, 称为共演化 (coevolution) 博弈模型. 共演化模型为研究网络群体中合作行为的涌现提供了一种新的机制.

已经有大量有利于合作行为涌现的共演化模型被提出来, 例如基于个体迁徙行为的共演化模型, 基于个体学习行为的共演化模型等[28-30]. 下面, 我们主要介绍一个基于个体社会关系遗传行为的共演化模型, 并以这个模型为例, 来分析共演化模型对于合作涌现的促进作用[31].

7.3.1 基于邻域继承机制的共演化模型

考虑一个由合作者和背叛者组成的群体. 群体的交互结构用一个复杂网络来刻画, 网络中的节点和边分别表示个体和个体之间的邻居关系. 考虑到资源的有限性, 假定个体数目以及个体之间连边的数目在整个演化过程中保持不变.

在每个时间步, 每个个体通过和它所有的邻居进行囚徒困境博弈来获取收益 π, 其中囚徒博弈的收益矩阵如式 (7.1) 所示. 也就是说, 在进行博弈的时候, 合作者通过付出 c 的代价, 为其对手带来 b 的收益; 而背叛者既不付出任何代价, 也不带来任何收益. 在网络博弈中, 若一个合作者具有 k 个邻居, 其中有 i 个合作邻

7.3 共演化网络中合作的涌现

居,那么这个合作者的收益为 $bi-ck$. 同样地,一个具有 j 个合作邻居的背叛者的收益为 bj. 考虑到节点度很大的节点的收益累积效应,每个个体的最终收益为其与所有邻居博弈收益的总和除以这个个体的节点度后的平均收益[30]. 具体地,个体的适应度定义为 $F = 1 - w + w\pi$, 其中 π 是个体的平均收益, $0 \leqslant w \leqslant 1$ 是调节选择强度的参数.

当博弈结束后,根据在博弈中获得的收益,个体更新自己的策略. 这里,用著名的 Moran 过程[32,33]来刻画策略的更新过程. 具体地,首先随机选择一个个体令其死亡,然后以正比个体适应度的概率,选取另外一个个体来产生一个子代. 在产生子代的过程中,变异以 $u \in [0, 1)$ 的概率发生. 也就是说,子代以 $1 - u$ 的概率继承其父代的策略; 而子代个体以 u 的概率从合作和背叛中随机选择自己的策略.

注意到在实际情形中,子代通常分布在父代的周围. 也就是说,子代不仅会继承父代的策略,也会继承父代的邻域关系,我们把这种机制称为邻域继承机制. 邻域继承机制能导致群体结构和群体策略的共演化. 接下来,我们将邻域继承机制引入到上述模型中,来考察邻域关系的继承对合作行为涌现的影响.

在群体更新策略的同时,受邻域继承机制的作用,群体的结构也在演化. 具体地,当一个个体死亡时,从网络中删除其对应的节点以及连接的边. 而当一个子代产生后,在网络中添加一个新的节点来表示这个后代. 同时,受邻域继承机制的作用,将这个新的节点与它的父代以及它父代邻域中的 $d - 1$ 个节点相连,其中 d 为网络的平均度. 这 $d - 1$ 个节点是随机选择的. 图 7.5 清晰地展示了上述群体结构的更新过程.

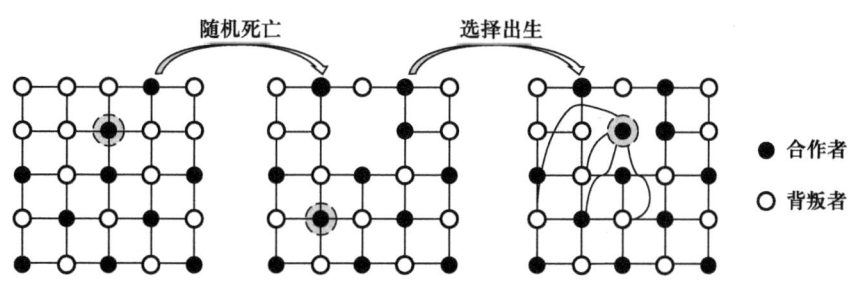

图 7.5 基于邻域继承机制的共演化规则的示意图

在图 7.5 中, 个体占据空间结构的顶点. 更新过程分为下面两步: 第一步, 随机选择一个个体令其死亡, 作为对应, 移除这个节点及其相连的边; 第二步, 以正比于适应度的概率选择一个个体令其产生后代, 对应地, 新增一个节点, 并将这个节点与它的父代和它父代的 3 个邻居相连.

上述模型完整地描述了一个具有合作者和背叛者的群体的策略与结构的共演化过程. 值得指出的是, 上述模型具有三个典型的特征: 首先, 其更新规则与自然演化的三个基本原则, 即复制、变异和选择相一致; 其次, 在上述模型中, 个体不需要具备任何认知能力和社会属性, 如惩罚能力和名誉等; 最后, 邻域的继承机制被引入到群体的演化过程中.

7.3.2 基于邻域继承机制的合作行为涌现现象

基于上述模型, 本节探讨邻域继承机制作用下复杂网络上合作行为的涌现. 为简单起见, 假设群体初始时刻的结构为一个 $n \times n$ 的方形格子网络[21]. 另外, 初始时刻每个个体的策略从合作者和背叛者中随机选择.

考察群体中合作频率随时间的演化过程. 图 7.6 展示了上述模型中合作频率的一个典型演化轨迹, 其中群体初始大小、付出收益比 c/b、选择强度 w 以及突变率 u 分别设置为 10×10、0.2、0.1 和 0.01, 群体的演化过程从一个具有 50% 合作者的无偏状态开始. 在演化过程中, 由于背叛者的入侵, 群体中初期的合作频

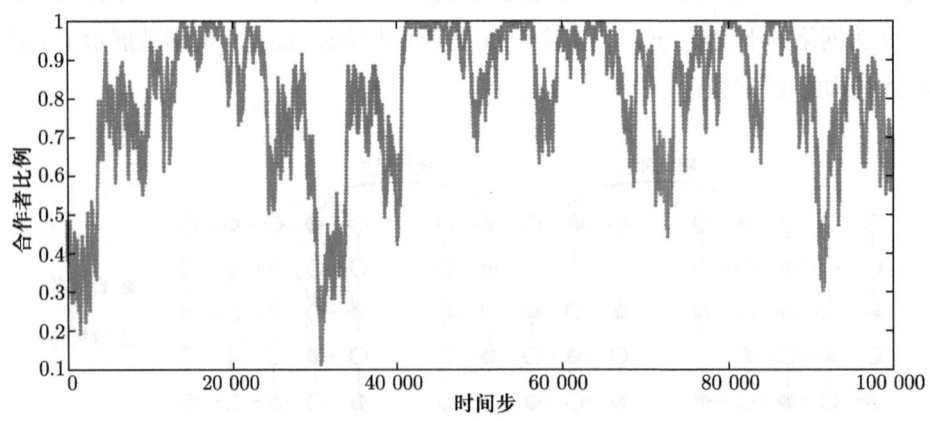

图 7.6 邻域继承机制作用下, 群体中合作频率的一个典型演化轨迹

率降低到 40% 左右. 在传统的演化模型中, 这种下降趋势将会保持下去, 导致合作者逐渐从群体中淘汰出去, 从而形成合作困境. 然而, 有趣的是, 在上述共演化模型中, 这种情形并没有发生. 相反地, 合作者打败了背叛者, 并逐渐地占据了大部分乃至有些时候整个群体. 这里, 从合作者到背叛者的突变导致了合作频率的波动.

特别地, 在 30 000 步左右, 可以观察到一个非常醒目的背叛者入侵, 当时合作者已经处在灭绝的边缘. 然而, 合作者最终生存下来并慢慢地占据了整个群体.

图 7.6 所示合作频率的典型演化轨迹表明了上述演化模型的两个基本性质: 第一, 在上述共演化模型中, 合作行为能够涌现. 事实上, 群体在 10000 步之后的合作频率的平均水平为 0.84; 第二, 合作行为能够维持下来, 特别地, 合作者能够抵抗变异背叛者的入侵并保持在一个很高的水平上. 上述两个性质归因于邻域继承机制. 为了证实继承机制的作用, 设计了一个对比实验. 在对比实验中, 群体的结构在演化中保持不变, 图 7.7(a) 展示了每一步合作频率的平均水平. 正如所预料, 在没有邻域继承机制作用时, 群体中的合作水平几乎下降为 0.

7.3.3 不同情境下的合作行为的涌现

为了进一步理解邻域继承机制的作用, 下面我们进一步探讨不同情境下合作行为的涌现现象.

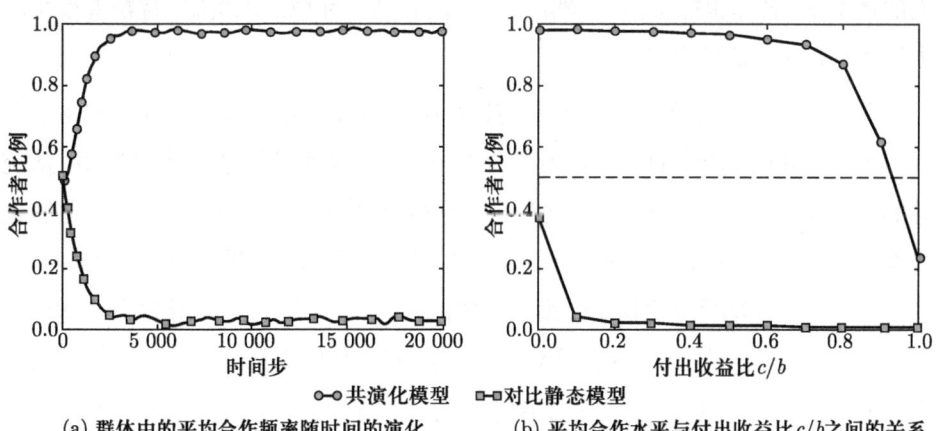

图 7.7 对比实验

在图 7.7(a) 中, 每个数据点由 20 次独立实验平均所得. 初始时, 合作者比例为 50%, 它们随机地分布在一个 10×10 的方格子上. 付出收益比、选择强度和突变率分别为 $c/b = 0.2$、$w = 0.1$ 和 $u = 0.01$. 在图 7.7(b) 中, 初始时, 合作者比例为 50%, 它们随机地分布在一个 8×8 的方格子上. 选择强度和突变率分别为 $w = 0.5$ 和 $u = 0.01$. 这里, 每个数据点由 20 次独立实验平均所得, 合作水平是第 10000 步和 20000 之间合作频率的平均值.

图 7.7(b) 展示了演化过程的平衡态中, 群体中平均合作水平随着付出收益比的变化情况. 从图 7.7(b) 中可以观察到两个有趣的现象. 首先, 对于很大范围内的付出收益比, 群体中的合作水平都能维持在一个很高的水平上, 这表明共演化模型对付出收益比 c/b 的变化不敏感. 其次, 合作策略被偏好的付出收益比的阈值很高. 从一个无偏的状态开始, 如果在演化过程的平衡态中, 合作频率大于 0.5, 那么称合作策略被偏好.

从图 7.7(b) 可以看到, 在共演化模型中, 合作策略一直优于背叛策略, 直到博弈中的付出收益比超过了 0.93. 注意在静态方形格子网络的死生过程中, 合作被偏好的付出收益比阈值仅为 0.25[26], 而在基于相似表现性 (phenotype similarity) 的合作演化模型中, 合作被偏好的付出收益比阈值也只有 0.464[34]. 显而易见, 与上述两个合作机制相比, 邻域继承机制能更有效地促进合作的涌现. 特别地, 在基于邻域继承机制的共演化模型下, 即使在一个恶劣的条件下, 即付出收益比很大的情况下, 合作也能被偏好. 然而, 如果没有这个邻域继承机制, 背叛者很快就占据了种群 (参见对比实验).

图 7.8(a) 展示了平均合作水平与选择强度 w 之间的关系. 当选择作用不存在, 即 $w = 0$ 时, 合作的演化行为完全由随机偏移刻画[35]. 在这种情况下, 从统计的意义角度讲, 合作频率在演化过程中保持不变. 因此, 当 $w = 0$ 时, 在共演化模型和对比实验中, 合作水平几乎和初始时刻的合作频率相同, 即 0.5. 当 $w \neq 0$ 时, 个体参与博弈所得的收益会影响个体的适应度, 从而进一步导致个体适应度的差异. 在共演化模型中, 这种差异有利于合作行为的涌现. 事实上, 合作者的比例随着选择强度的增强而提高. 然而, 在对比实验中, 合作者的比例随着选择强度的增强而下降. 这些现象表明, 在邻域继承机制的作用下, 选择强度有利于群体演化过程中合作行为的涌现.

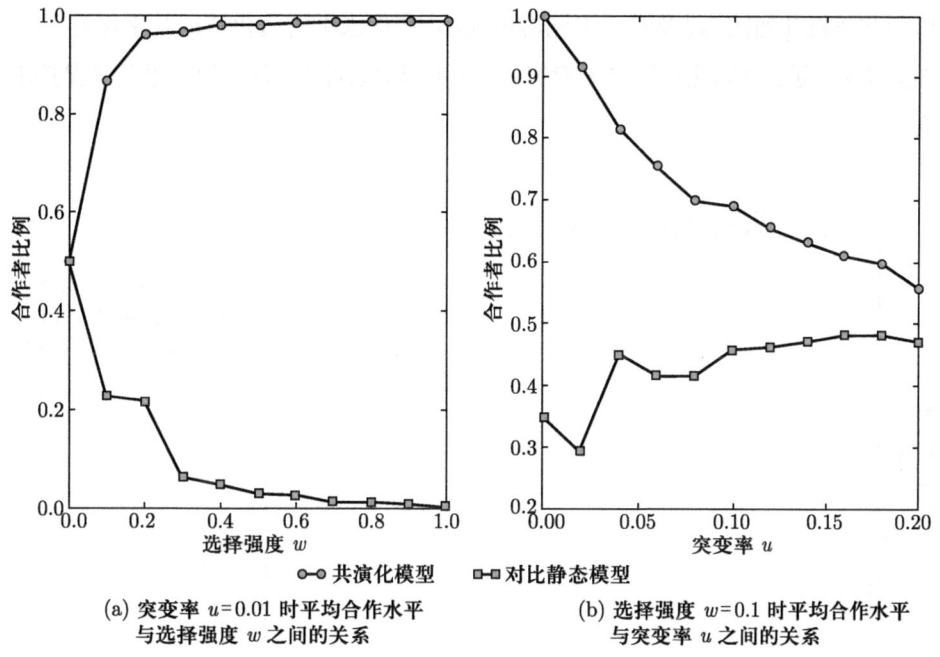

(a) 突变率 $u=0.01$ 时平均合作水平与选择强度 w 之间的关系

(b) 选择强度 $w=0.1$ 时平均合作水平与突变率 u 之间的关系

图 7.8 平均合作水平与选择强度及突变率之间的关系

在上面的实验中, 初始时合作者比例为 50%, 它们随机地分布在一个 8×8 的方格子上, 付出收益比为 $c/b=0.2$. 这里, 每个数据点由 20 次独立实验平均所得, 合作水平是第 10000 步和 20000 之间合作频率的平均值.

为了理解合作能否保持下来, 有必要进一步探讨策略突变对演化过程的作用. 大部分文献主要关注的是合作行为的涌现, 而不是合作行为的保持. 在基于邻域继承机制的共演化模型中, 如图 7.8(b) 所示, 当不存在策略突变时, 合作者能占据整个群体. 然而, 当存在策略突变时, 群体中的合作水平急剧下降. 也就是说, 策略突变使得合作的保持更加困难. 这是因为合作者不仅面临外部背叛者的入侵, 还要面对内部合作者的背叛. 尽管如此, 当突变率很小时, 如 $u<0.2$, 合作者仍然能够生存下来并保持在一定的比例上. 因此, 在基于邻域继承机制的共演化模型中, 合作不仅能涌现而且能够保持下来.

此外, 在基于邻域继承机制的共演化模型中, 合作行为的涌现规律关于群体的大小和初始结构是鲁棒的. 具体地, 对于不同的初始结构, 如正则方格子、随机图和随机几何图，以及对于不同群体大小，合作水平的演化特征几乎保持不变，如图 7.9 所示. 当演化过程趋于稳定后, 在不同的条件下, 合作的水平几乎保持不变.

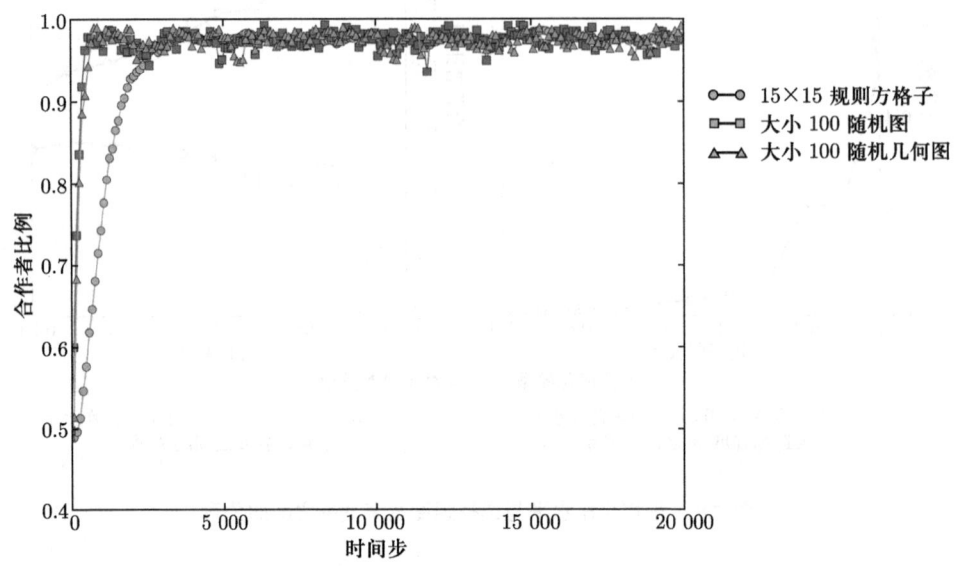

图 7.9　不同初始群体结构和群体大小对合作演化行为的影响

在图 7.9 中, 每个数据点由 20 次独立实验平均所得. 实验中, 付出收益比、选择强度和突变率分别为 $c/b = 0.2$、$w = 0.1$ 和 $u = 0.01$.

7.3.4　合作的涌现机制分析

上述结果已经展示了邻域继承机制对合作涌现的促进作用. 接下来，我们进一步分析这一合作机制的工作原理.

具体地, 考查一个背叛者入侵合作者群体的过程, 来具体阐释合作者群体抵抗背叛者入侵的过程. 下面的分析主要基于 Moran 过程中适者生存这一基本性质. 适者生存性质是指在群体的演化过程中, 适应度低的个体会逐渐被淘汰, 而适应度高的个体则生存了下来[32,33]. 图 7.10 所示为一个背叛者的入侵过程.

如图 7.10 所示, 在入侵过程的初始阶段, 背叛者被合作者包围. 此时, 背叛者具有最大的适应度. 在 Moran 过程中, 背叛者被选出来产生后代的可能性最大. 因此, 在这个阶段, 背叛者的频率提高, 而合作者的频率下降. 在邻域继承机制的作用下, 背叛者聚集在相邻的地域内 (如图 7.10 阶段 1 所示). 随着背叛者的增加, 与这些背叛者相邻的合作者的适应度急剧下降. 因此, 这些适应度低的合作者逐渐被淘汰 (如图 7.10 阶段 2 所示). 当背叛者周围的合作者都被淘汰后, 背叛者的适应度降到最低. 因此, 这些背叛者也逐渐从群体中淘汰, 合作者最后又占据了整个群体 (如图 7.10 阶段 3 所示).

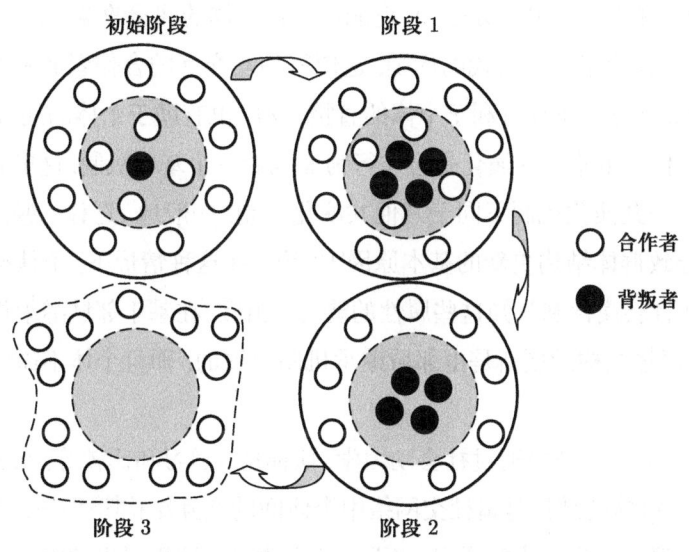

图 7.10 一个背叛者的入侵过程

可以看到, 在邻域继承机制的作用下, 合作者能够自动地切除背叛者周围的合作者, 来孤立这些背叛者进而淘汰它们. 上述分析解释了为什么在基于邻域继承机制的共演化模型中合作者能够涌现并维持下来.

众所周知, 一个通向合作的必备而且根本的路径是相同类型个体之间的聚集[36]. 不管何种合作机制, 如亲缘选择[37]、层级选择[38]、惩罚机制[39], 以及网络互惠等[8], 最终都导致合作者之间的聚集.

事实上, 邻域继承机制也能促进合作者之间的聚集. 在 Moran 过程中, 生活在合作环境下的个体具有高适应度, 从而被选择出来产生后代的可能性高. 在邻域继承机制的作用下, 这些后代也聚集在合作环境中. 这使得合作者之间的交互越来越多. 反之, 由于背叛者周围的合作者逐渐被淘汰, 在没有变异的情况下, 背叛者与合作者之间的交互数目越来越少. 因此, 在基于邻域继承机制的共演化模型中, 合作者之间的聚集效应非常高. 在这种情况下, 合作者能从邻居中得到更多的收益. 这就是即使在恶劣环境下, 如付出收益比很高和突变率不为 0 等情形下, 合作者还能生存并保持在很高水平的原因.

合作机制的本质原理在于它能给其他合作个体带来直接或间接的收益, 从而使得合作者的适应度超过背叛者的适应度[22,40-43]. 一方面, 邻域继承机制有利于合作者的直接收益; 另一方面, 它也能最大化个体的间接收益. 事实上, 在共演化模型中, 子代聚集在其父代的周围, 这使得相互交互的合作者通常都具有亲缘关系. 这种交互作用不仅有利于个体的直接收益, 也有助于个体的间接收益.

群体结构和策略的共演化是合作行为涌现的一个基本机制. 这里介绍的邻域继承机制这一共演化机制不同于其他共演化机制. 一般地, 迁移、惩罚或者名誉被认为是导致群体结构更新的基本原因[44-47]. 在这种情形下, 个体被隐含地假定具有一些社会属性和认知这些属性的能力. 相反, 在基于邻域继承机制的共演化模型中, 群体结构的更新是由邻域继承机制导致的, 而且个体不需要具备任何附加条件.

此外, 还有一些研究通过社会动力学, 如模仿、学习和比较等, 来更新群体的结构. 这里, 群体的结构是指社交网络中个体间的交互结构[22,41,42]. 上述结果更适合解释人群中合作行为的涌现. 不同于上述模型, 这里提出的模型明确地采取自然选择作为演化的基本驱动力, 从而给出了一个合理的机制来解释自然选择下合作行为的涌现和保持[48,49].

特别需要指出的是, 邻域继承机制充分利用了自然选择和群体的空间结构这两个要素. 事实上, 邻域继承机制可以被当作静态结构上的网络互惠的补充. 注意网络互惠只在一些良好的条件下 (比如说低付出收益比) 起作用[43]. 然而当存在变异时, 网络互惠机制的效果不太好. 这是因为当有合作者变异为背叛者时, 合作团簇就会解体. 特别地, 邻域继承机制能弥补上述两个缺点. 事实上, 即使在恶劣环境下, 它也能促进合作行为的涌现, 而且这种情形对不同的选择强度和突变率是鲁棒的.

7.4 合作涌现机制的实证研究

除了上述的理论和仿真研究外, 也有大量的实证工作在实际社交网络上研究合作行为的涌现机制. 随着大规模虚拟社交网络的兴起, 对人群行为的调查和统计变得越来越容易. 实证研究通常选定一些个体, 让它们在线上进行实时博弈, 通过观察每个个体的策略选择, 来分析实际中合作行为涌现的方式和原因[50].

例如, Grujic 等人[51] 考察了个体的局部交互结构对于合作行为的影响. 他们召集了 169 个志愿者个体参与实验. 实验的规则是: 每个个体只有合作和背叛两种策略可以选择, 个体与每个邻居进行囚徒困境博弈, 其总收益为与每个个体博弈收益的和. 收益通过金钱的方式返还给每个个体, 在进行若干轮实验后, 收益高的个体可以获得更高的金钱奖励. 所有参与个体在参与博弈实验之前都被告知这些规则.

Grujic 等人分别进行了三组实验. 在第一组实验中, 169 个个体之间按照空间格子的方式进行交互. 初始时刻, 每个个体被要求随机地采取合作或背叛策略. 在第二组实验中 (称为控制实验), 个体每次和 4 个随机的个体进行博弈. 而在第三组实验中, 个体仍按照空间格子的方式进行交互, 但初始时刻, 合作策略的比例为 0.32. 在每一次博弈后, 个体及其邻居上一步采取策略和收益都被显示出来, 个体可以依据这些信息调整自己的策略, 进行下一轮博弈.

图 7.11 展示了上述实验中每一步群体中合作者的比例. 通过分析发现, 在上述实验设置中, 个体之间的局部交互结构对群体中最终的合作水平几乎没有影响. 三组实验中, 群体中合作者的比例都下降到 0.2 左右. 这一实验表明, 如果不对个体的决策行为进行约束, 个体之间的局部交互网络对于合作行为的提高没有显著作用.

Rand 等人[52] 考察了个体的动态交互结构对于合作行为的影响. 他们进行了四组实验. 在第一组实验中, 个体之间的连边通过随机连接的方式更新. 在第二

第 7 章 复杂网络上的合作涌现机制

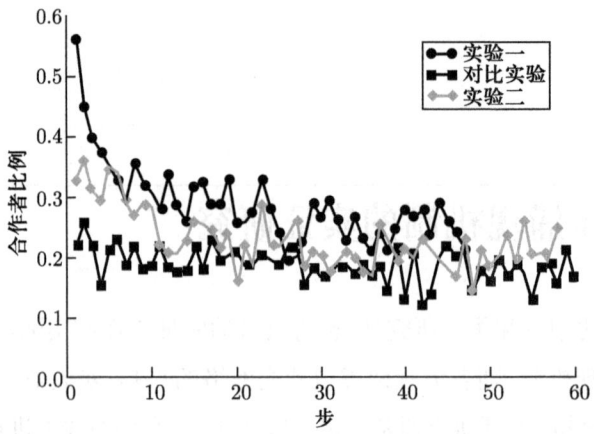

图 7.11 三组实验中群体中合作者的比例 (取自文献 [51])

组实验中, 个体之间的连边固定保持不变. 在第三组和第四组实验中, 每一步, 有比例分别为 0.1 和 0.3 的连边进行重连. 在进行重连的时候, 个体被告知对方的策略, 并依据此信息决定是否重连. 图 7.12 展示了实验结果. 结果表明个体切断和重建社会关系的能力能够提高人群中合作行为的水平.

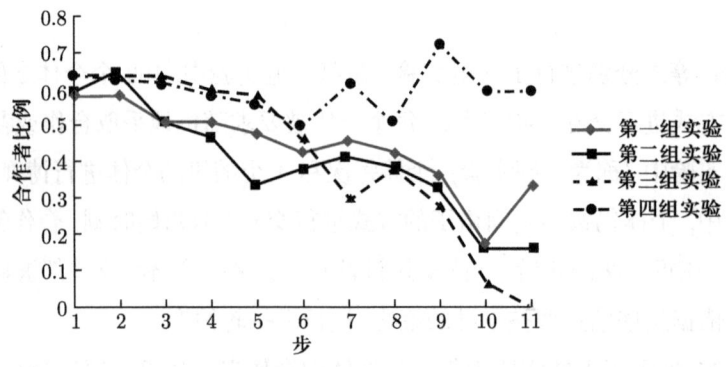

图 7.12 动态交互网络有助于群体中合作水平的提高 (取自文献 [52])

7.5 本章要点小结

本章我们探讨了复杂网络上合作行为的涌现问题. 基于网络上的演化博弈模型, 网络上合作行为涌现的研究可以从多个侧面展开. 基于个体间交互结构的类型不同, 我们总结了三类网络上合作行为的涌现.

(1) 静态网络模型. 如果个体之间的交互结构是一个固定的静态网络, 那么网络中的合作者可以通过组成团簇的形式, 抵抗背叛者的入侵, 从而保持在一定水平. 这种称为网络互惠的机制已经被大量仿真研究所证实.

(2) 共演化网络博弈模型. 如果个体之间的交互结构和个体的策略按照一定的规则同时演化, 那么群体可以通过调整自己的连接结构, 来促进合作行为的涌现. 本章介绍的基于邻域继承机制的共演化规则, 能够在高付出收益比的情况下, 使合作保持在一定水平.

(3) 实际个体组成的网络. 通过召集志愿参与者, 进行合作困境下的博弈实验, 并通过改变实际个体之间的连接关系, 可以分析实际情形下, 个体交互网络对于群体中合作水平的作用. 一些实证研究表明个体动态调整连接结构的能力有助于合作水平的提高.

目前, 关于复杂网络上合作行为的涌现机制已有大量研究结果, 个体间的交互网络结构会影响其合作行为已获得普遍认可, 但是至于网络结构的哪个因素影响了其上合作行为的涌现目前还不清楚, 这还有待于进一步的工作来阐明.

小至一个社团, 大至整个社会, 合作行为都至关重要. 个体间通过相互交互形成社会网, 其中合作行为是凝聚个体间关系、维系整个网络的动力. 理解复杂网络上合作行为涌现的方式、规律及其影响因素有助于更好地设计个体间的关系网络结构和交互行为方式, 使得合作行为得以自发地涌现. 这些研究对于个体行为的规范, 群体组织结构的规划都有重要的现实意义.

参考文献

[1] Kappeler P M, van Schaik C P. Cooperation in Primates and Humans: Mechanisms and Evolution [M]. Berlin: Springer, 2005.

[2] Dugatkin L A. Cooperation Among Animals: An Evolutionary Perspective [M]. New York: Oxford University Press, 1997.

[3] Nowak M A. Evolutionary Dynamics: Exploring the Equations of Life [M]. Cambridge: Harvard University Press, 2006.

[4] Kropotkin P. Mutual Aid: A Factor of Evolution [M]. New York: Double Day, 1902.

[5] Trivers R L. The evolution of reciprocal altruism [J]. Q. Rev. Biol., 1971, 46: 35–57.

[6] Johnson D D P, Stopka P, Knights S. Sociology: The puzzle of human cooperation [J]. Nature, 2003, 421(6926): 911–912.

[7] Fehr E, Fischbacher U. The nature of human altruism [J]. Nature, 2003, 425(6960): 785–791.

[8] Nowak M A. Five rules for the evolution of cooperation [J]. Science, 2006, 314(5805): 1560–1563.

[9] Axelrod R, Hamilton W D. The evolution of cooperation [J]. Science, 1981, 211(4489): 1390–1396.

[10] Wilson D S A. Theory of group selection [J]. Proc. Nat. Acad. Sci. USA, 1975, 72(1): 143–146.

[11] Doebeli M, Knowlton N. The evolution of interspecific mutualisms [J]. Proc. Natl. Acad. Sci. USA, 1998, 95(15): 8676–8680.

[12] Nowak M A, Sigmund K. Evolution of indirect reciprocity [J]. Nature, 2005, 437(7063): 1291–1298.

[13] Galliard J F L, Ferriére R, Dieckmann U. The adaptive dynamics of altruism in spatially heterogeneous populations [J]. Evolution, 2003, 57(1): 1–17.

[14] Szabó G, Fáth G. Evolutionary games on graphs [J]. Phys. Rep., 2007, 446(4-6): 97–216.

[15] Tan S, Lü J, Yu X, Hill D J. Exploring evolutionary dynamics in a class of structured populations [C]: Proceedings of the 2012 IEEE International Symposium on Circuits and Systems (ISCAS'12), Seoul, Korea, May 20–23, 2012, 169–172.

[16] Lü J, Leung H, Chen G. Complex dynamical networks: Modeling, synchronization

and control [J]. Dynam. Cont. Dis. Ser. B, 2004, 11: 70–77.

[17] Lü J, Chen G. A time-varying complex dynamical network model and its controlled synchronization criteria [J]. IEEE Trans. Autom. Control, 2005, 50(6): 841–846.

[18] May R M. Network structure and the biology of populations [J]. Trends. Ecol. Evol., 2006, 21(7): 394–399.

[19] Santos F C, Pacheco J M, Lenaerts T. Evolutionary dynamics of social dilemmas in structured heterogeneous populations [J]. Proc. Nat. Acad. Sci. USA, 2006, 103(9): 3490–3494.

[20] Santos F C, Santos M D, Pacheco J M. Social diversity promotes the emergence of cooperation in public goods games [J]. Nature, 2008, 454(7201): 213–216.

[21] Nowak M A, May R M. Evolutionary games and spatial chaos [J]. Nature, 1992, 359(6398): 826–829.

[22] Santos F C, Pacheco J M. Scale-free networks provide a unifying framework for the emergence of cooperation [J]. Phys. Rev. Lett., 2005, 95(9): 098104.

[23] Nowak M A, Sigmund K. Evolutionary dynamics of biological games [J]. Science, 2004, 303: 793–799.

[24] Taylor C, Fudenberg D, Sasaki A, et al. Evolutionary game dynamics in finite populations [J]. Bulluten of Mathematical Biology, 2004, 66: 1621–1644.

[25] Ohtsuki H, Nowak M A. Evolutionary games on cycles [J]. Proc. R. Soc. B, 2006, 273(1598): 2249–2256.

[26] Ohtsuki H, Hauert C, Lieberman E, et al. A simple rule for the evolution of cooperation on graphs and social networks [J]. Nature, 2006, 441(7092): 502–505.

[27] Konno T. A condition for cooperation in a game on complex networks [J]. J. Theor. Biol., 2011, 269(1): 224–233.

[28] Perc M, Szolnoki A. Coevolutionary games: A mini review [J]. Biosystems, 2010, 99(2): 109–125.

[29] Pacheco J M, Traulsen A, Nowak M A. Coevolution of strategy and structure in complex networks with dynamical linking [J]. Physical Review Letter, 2006, 97: 258103.

[30] Zhang J, Chen X, Zhang C, et al. Elimination mechanism promotes cooperation in coevolutionary prisoner's dilemma games [J]. Physica A, 2010, 389(19): 4081–4086.

[31] Tan S, Lü J, Yu X, et al. Evolution and maintenance of cooperation via inheritance

of neighborhood relationship [J]. Chin. Sci. Bull., 2013, 58(28-29): 3491–3498.

[32] Moran P A P. The Statistical Processes of Evolutionary Theory [M]. Oxford: Clarendon Press, 1962.

[33] Ewens W J. Mathematical Population Genetics 1: Theoretical Introduction [M]. 2nd ed. New York: Springer, 2004.

[34] Antal T, Ohtsuki H, Wakeley J, et al. Evolution of cooperation by phenotypic similarity [J]. Proc. Natl. Acad. Sci. USA, 2009, 106(21): 8597–8600.

[35] Kimura M. The Neutral Theory of Molecular Evolution [M]. Cambridge: Cambridge University Press, 1983.

[36] Fletcher J A, Doebeli M. A simple and general explanation for the evolution of altruism [J]. Proc. R. Soc. B, 2009, 276(1654): 13–19.

[37] Hamilton W D. Genetical evolution of social behavior [J]. J. Theor. Biol., 1964, 7(1): 1–52.

[38] Traulsen A, Nowak M A. Evolution of cooperation by multilevel selection [J]. Proc. Natl. Acad. Sci. USA, 2006, 103(29): 10952–10955.

[39] Wang J, Suri S, Watts D J. Cooperation and assortativity with dynamic partner updating [J]. Proc. Natl. Acad. Sci. USA, 2012, 109(36): 14363–14368.

[40] West S A, Griffin A S, Gardner A. Social semantics: altruism, cooperation, mutualism, strong reciprocity and group selection [J]. J. Evolution Biol., 2007, 20(2): 415–432.

[41] Traulsen A, Semmann D, Sommerfeld R D, et al. Human strategy updating in evolutionary games [J]. Proc. Natl. Acad. Sci. USA, 2010, 107(7): 2962–2966.

[42] McNally L, Brown S P, Jackson A L. Cooperation and the evolution of intelligence [J]. Proc. R. Soc. B, 2012, 279(1740): 3027–3034.

[43] Langer P, Nowak M A, Hauert C. Spatial invasion of cooperation [J]. J. Theor. Biol., 2008, 250(4): 634–641.

[44] Vainstein M H, Silva A T C, Arenzon J J. Does mobility decrease cooperation [J]. J. Theor. Biol., 2007, 244(4): 722–728.

[45] Helbing D, Yu W. Migration as a mechanism to promote cooperation [J]. Adv. Complex Syst., 2008, 11(4): 641–652.

[46] Rand D G, Arbesman S, Christakis N A. Dynamic social networks promote coop-

eration in experiments with humans [J]. Proc. Nat. Acad. Sci. USA, 2011, 108(48): 19193–19198.

[47] Cong R, Wu B, Qiu Y, et al. Evolution of cooperation driven by reputation-based migration [J]. Plos One, 2012, 7(7): e35776.

[48] Velicer G J, Yu Y N. Evolution of novel cooperative swarming in the bacterium Myxococcus xanthus [J]. Nature, 425(6953):75–78, 2003.

[49] Rainey P B, Rainey K. Evolution of cooperation and conflict in experimental bacterial populations [J]. Nature, 2003, 425(6953): 72–74.

[50] Voelkl B, Kasper C. Social structure of primate interaction networks facilitates the emergence of cooperation [J]. Biol. Lett., 2009, 5(4): 462–464.

[51] Grujic J, Fosco C, Araujo L, et al. Social experiments in the mesoscale: Humans playing a spatial prisoner's dilemma [J]. Plos One, 2010, 5(11): e13749.

[52] Rand D G, Dreber A, Ellingsen T, et al. Positive interactions promote public cooperation [J]. Science, 2009, 325(5945): 1272–1275.

第 8 章 符号网络上的演化博弈

符号网络是一类特殊的图. 在这类网络中, 节点之间的连边被赋予正或负两个符号, 用以刻画节点之间的关系. 符号网络常用于刻画各类社会和生物系统[1,2]. 一般地, 符号网络中的正边或负边常用于表示社会网络中个体之间的友好或敌对关系以及合作或竞争关系等[3,4]; 同样地, 这类正负边也适用于表示生物化学网络中激励或抑制作用[5-7]. 近年来, 符号网络逐渐成为研究社会或生物网络动力学性质的一个新工具[8-11].

基于正负边之间形成的结构冲突, 社会或生物网络中的节点常常形成两个对立的联盟[12-15]. 然而, 一个尚不清楚的问题是符号网络中的节点如何自发地形成两个对立联盟, 来减少网络中的结构冲突[16-20]. 本章将通过构造符号网络上的演化博弈及其动力学过程来刻画其节点联盟的形成和演化过程. 具体地, 8.1 节介绍符号网络以及结构冲突的相关基本概念; 8.2 节将构造符号网络上的博弈及其演化动力学, 来刻画符号网络中节点联盟的形成过程; 8.3 节将上述网络博弈和动力学模型应用于不同的符号网络上, 并分析其动态演化过程; 最后 8.4 节对本章的要点内容进行总结.

8.1 符号网络及其结构冲突

8.1.1 符号网络的概念

一个符号网络由一个二元组 $(\mathcal{G},\sigma)$ 构成,其中 $\mathcal{G}=(\mathcal{V},\mathcal{E})$ 是一个简单图, $\sigma:\mathcal{E}\to\{+1,-1\}$ 是关于边的符号函数. 根据图 $\mathcal{G}$ 为无向图、有向图或加权图,对应的符号网络分别被称为无向的、有向的或加权的.

在符号网络中,一条路径 $W=e_{12}e_{23}\cdots e_{k-1,k}$ 的符号是这条路径中所有边的符号的乘积,即

$$\sigma(W)=\sigma(e_{12})\sigma(e_{23})\cdots\sigma(e_{k-1,k}). \tag{8.1}$$

因此,根据路径中负边的数目,一条路径可以是正的或者负的. 同样,在符号网络中,一个圈即闭合路径,也具有一个正或者负的符号.

8.1.2 结构平衡

结构平衡是符号网络中的一个核心概念. 结构平衡这一概念源于对社会网络的研究. 在社会网络中,结构平衡也称为社会平衡,用于分析社交网络中的稳定性和张力. 而在生物化学网络中,结构平衡等价于动力系统的单调性,与对应动力学系统的收敛性、可预测性和鲁棒性等特性密切相关.

一个符号网络,如果它包含的所有圈都具有正符号,那么称这个符号网络为结构平衡的. 具体地,以具有相互连接的 3 个节点的网络为例,根据节点之间连边的符号,可以发现一些网络结构比另一些结构更加稳定合理. 不失一般性,根据连边的正负性,3 个相互连接的节点具有 4 种不同的构型,如图 8.1 所示.

(1) 三条连边都是正边,如图 8.1(a) 所示. 在社会网络中,如果正负边分别指代朋友或敌对关系,那么这种构型对应于互为朋友的个体关系网络,是一种常见

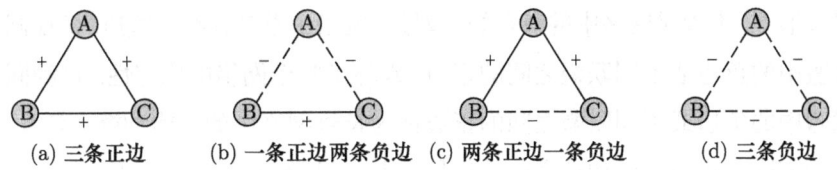

图 8.1 根据连边的正负性, 3 个两两相连节点之间的 4 种不同构型

的稳定构型.

(2) 三条连边中, 有一条正边, 两条负边, 如图 8.1(b) 所示. 这种构型也是一种常见的社会关系网络. 在这个构型中, 其中两个正连接的个体是朋友, 而第三个个体是他们共同的敌人.

(3) 三条连边中, 有一条负边, 两条正边, 如图 8.1(c) 所示. 在这种情形下, 个体 B 和 C 都是个体 A 的朋友, 但是 B 和 C 之间却是敌对关系. 在社会网络中, 这种构型被视为不稳定的关系网络. 在个体 A 的调和下, 个体 B 和 C 很可能从敌对关系转化为朋友关系, 从而形成如图 8.1(a) 中所示稳定构型; 或者在个体 B 或 C 的作用下, 个体 A 与 B (或者 C) 站在同一阵营, 而与 C (对应地 B) 成为敌对关系, 形成如图 8.1(b) 中所示的稳定构型.

(4) 三条连边都为负边, 如图 8.1(d) 所示, 任意两个个体之间都是敌对关系. 同样地, 这种构型也被视为不稳定的社会关系网络. 在这种情形下, 其中任意两个个体容易形成同盟的朋友关系, 来共同对付第三个个体.

可以看到, 在上述由三个两两相连的节点构成的符号网络中, 如果其中没有负边或者有两条负边, 此时的网络是稳定的, 称这类网络结构是平衡的; 而如果其中只有一条或三条负边, 此时的网络是不稳定的, 称这类网络结构是不平衡的. 将这个核心思想拓广到一般的符号网络中, 则得到符号网络的结构平衡这一概念. 对于一般的符号网络, 如果其节点集合可以分为两个对立的联盟, 其中每个联盟中节点之间的连边都是正边, 而两个联盟之间的连边都是负边, 那么称这类符号网络是结构稳定的. 容易证明, 上述关于结构稳定的两种阐述是等价的.

8.1.3 结构冲突

实际社会或生物网络常常不具备完全的结构平衡, 而是近似于结构平衡. 在很多情形下, 不管对网络中的节点如何划分, 网络中总是存在一些边, 例如同一节点联盟中的负边或不同联盟之间的正边, 破坏了整个网络的稳定性. 这种同一节点联盟中的负边或不同联盟之间的正边称为符号网络中的结构冲突. 实际上, 只需要改变这一小部分结构冲突边的符号, 即可使得符号网络结构平衡.

实际上, 令 $s: \mathcal{V} \to \{+1, -1\}$ 为关于符号网络上节点的一个符号赋值函数. 那么对任意结构平衡的符号网络, 总是存在一个关于节点的符号赋值函数, 使得 $s(v_i)\sigma(e_{ij})s(v_j) = 1$ 对于所有 $e_{ij} \in \mathcal{E}$ 都成立, 如图 8.2(a) 所示. 在每个网络中, 节点的颜色表示其所属的联盟. 而对于结构不平衡的符号网络, 对任意关于节点的符号赋值函数, 总是存在一些边 $e_{ij} \in \mathcal{E}$, 使得 $s(v_i)\sigma(e_{ij})s(v_j) = -1$, 如图 8.2(b) 所示, 这些边即为符号网络中的结构冲突. 对于符号网络, 一个重要的问题是如何找到一个关于节点的符号赋值函数, 将节点分为两部分, 使得其中的结构冲突数目最少. 给定一个符号网络 $(\mathcal{G}, \sigma)$, 容易证明, 上述问题等价于找到一个关于节点的符号赋值函数 s, 来最大化如下函数:

$$H(s) = \sum_{(i,j) \in \mathcal{E}} s(v_i)\sigma(e_{ij})s(v_j). \tag{8.2}$$

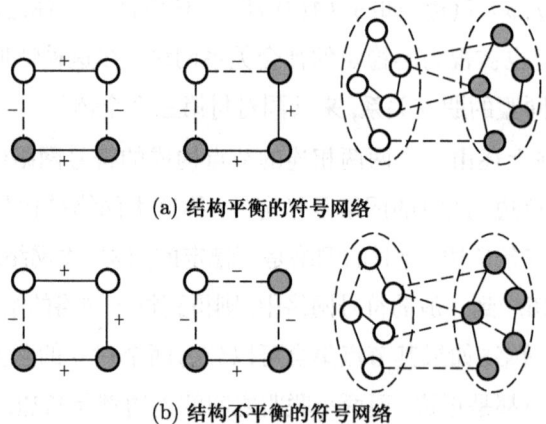

(a) 结构平衡的符号网络

(b) 结构不平衡的符号网络

图 8.2 符号网络的结构平衡示意图

8.2 符号网络上的联盟博弈及其动力学模型

本节介绍符号网络上的联盟博弈并提出一个基于选择突变的网络博弈动力学[21]. 在这个动力学作用下, 符号网络中的每个节点通过更新自己的策略来获取更好的收益, 同时由于局部更新的作用, 整个符号网络的节点最终将自动地分成两个不同的联盟, 使得网络中的结构冲突数最少. 基于这一符号网络上的联盟博弈及其动力学, 我们介绍了一个计算符号网络中最少结构冲突数目的分布式启发式算法.

8.2.1 符号网络上的联盟博弈及其动力学

复杂网络上的博弈动力学由三个基本要素组成: 底部网络、节点之间的博弈以及节点策略的更新规则.

底部网络刻画了系统各部件之间的交互结构. 对于符号网络上的博弈, 其底部网络即为一个符号网络. 一般地, 一个图 $\mathcal{G} = (\mathcal{V}, \mathcal{E}, \mathbf{W})$ 用来表示一个符号网络, 其中 $\mathcal{V} = \{v_1, v_2, \cdots, v_n\}$、$\mathcal{E}$ 和 $\mathbf{W} = (w_{ij})_{n \times n}$ 分别为节点集、边集和图的权重矩阵. 在这里, 图是一个符号网络, 因此, 每条边的权重 w_{ij} 可以为正或者为负. 如果对所有边 $e_{ij} \in \mathcal{E}$, 其权重为 $w_{ij} = +1$ 或者 $w_{ij} = -1$, 那么称这个符号网络为无权的. 如果对所有边 $e_{ij} \in \mathcal{E}$, 其权重满足 $w_{ij} = w_{ji}$, 那么称这个符号网络为无向的, 否则称为有向的.

节点之间的博弈刻画了系统间各部件之间的交互. 具体地, 每个节点选取一定的策略并与其所有邻居进行博弈, 同时从博弈交互中获取相应的收益. 在多数情况下, 考虑到节点之间的交互是同质的, 一般假定所有节点之间进行同一种类型的博弈. 然而, 对于符号网络, 节点之间存在两种不同类型的交互关系, 因此我们考虑两种不同类型的博弈.

第 8 章 符号网络上的演化博弈

具体地，令每个节点的策略集为 $\{+1, -1\}$. 如果两个节点之间的连边是正的，那么节点进行下面的博弈：

$$\begin{array}{c|cc} & +1 & -1 \\ \hline +1 & 1 & -1 \\ -1 & -1 & 1 \end{array} \tag{8.3}$$

反之，如果节点之间的连边是负的，那么节点进行下面的博弈：

$$\begin{array}{c|cc} & +1 & -1 \\ \hline +1 & -1 & 1 \\ -1 & 1 & -1 \end{array} \tag{8.4}$$

令 $s(v_i)$ 表示节点 $v_i \in \mathcal{V}$ 的策略. 那么，在上述博弈中，个体 $v_i \in \mathcal{V}$ 获得的收益为

$$\pi(v_i) = \sum_{v_j \in \mathcal{V}} s(v_i) w_{ij} s(v_j). \tag{8.5}$$

这一博弈称为符号网络上的联盟博弈.

节点策略的更新规则描述了网络策略的微观演化过程. 每个节点根据其邻居个体的收益和策略信息，更新自己的策略. 这里，我们考虑基于选择-突变的更新规则. 具体地，如果节点的收益小于某个给定的阈值 Θ，那么选择发生作用，这个节点将被淘汰，同时一个采取相反策略的节点将替代这一淘汰节点；反之，如果节点的收益大于或等于给定的阈值，那么突变以一定的概率发生. 令 $s(v_i, t), \pi(v_i, t), \mu(v_i, t)$ 分别表示节点 $v_i \in \mathcal{V}$ 在 t 时刻的策略、收益和突变概率，令 $\Theta = 0$ 为阈值. 那么，上述选择-突变更新规则可以描述如下：

$$s(v_i, t+1) = \begin{cases} s(v_i, t), & \text{在 } \pi(v_i, t) \geqslant \Theta \text{ 情况下以概率 } 1 - \mu(v_i, t)/2 \text{ 发生}, \\ -s(v_i, t), & \text{其他情形}. \end{cases}$$

$$\tag{8.6}$$

在上述博弈动力学过程中，突变机制为整个网络引入新的策略组合，探索节点的所有策略组合空间；而选择机制淘汰不利的策略组合且保留优势的策略组合，如图 8.3 所示. 在每个网络中，±1 表示节点的策略，后面括号中的数值表示对应节点的收益. 在这种演化机制的长期作用下，每个节点的收益将不断提高.

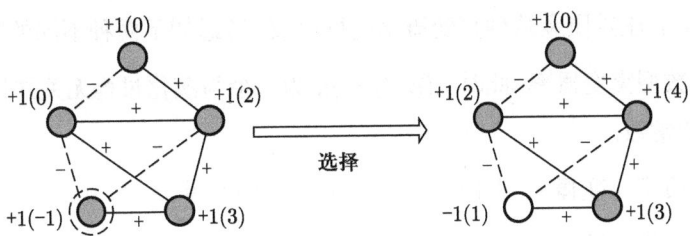

(a) 在选择机制的作用下，节点通过调整自己的策略来获取更大的收益

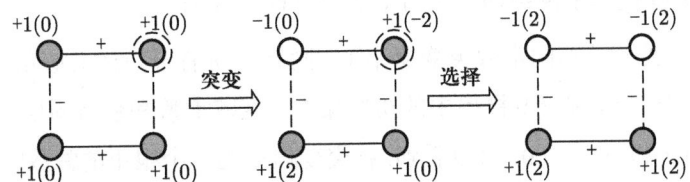

(b) 在突变机制的作用下，新的策略组合得以产生，这有助于整个网络摆脱局部最优的策略组合

图 8.3　基于符号网络演化博弈动力学的优化过程示意图

8.2.2　演化动力学的参数选择

突变概率的取值能够极大地影响整个演化博弈过程的轨迹和效率. 恰当的突变概率有助于进一步提高整个网络在博弈中获得的总收益. 在多数演化博弈模型中, 突变概率被假定为一个常数. 本章将突变概率设定为一个与节点收益以及当前时间相关的参数. 具体地, 我们取突变概率为

$$\mu(v_i, t) = 0.5 \mathrm{e}^{-\pi(v_i,t)/T}, \tag{8.7}$$

其中, $T = \alpha^k T_0$ 称为噪声参数. 这里, $T_0 > 0$ 为初始噪声, $0 < \alpha < 1$ 是一个衰减常数, $k = \lfloor t/K \rfloor$, 其中 t 为当前时间, K 是衰减周期.

上述对突变概率的设定具有两个典型的特征. 首先, 突变概率的大小与对应节点的收益高度相关. 具体地, 高收益的节点具有低突变概率, 而低收益的节点具有相对高的突变概率. 从直观角度看, 这种设置是合理的, 因为节点的收益越低, 它具有更大的倾向来改变自己的策略. 其次, 噪声参数初始时刻很大, 然后随着演化过程逐渐降为 0. 这种设置与模拟退火算法非常相似[22]. 因此, (8.7) 式中的突变概率也被称为异质衰减型突变概率.

为了与上述异质衰减型突变概率进行比较,考虑如下两种不同的突变概率:

(1) 常数型突变概率. 此时 $\mu(v_i,t) = \mu$, 为一个与演化过程无关并且对所有节点都相同的常数.

(2) 异质型突变概率. 此时 $\mu(v_i,t) = 0.5\mathrm{e}^{-\pi(v_i,t)/T_0}$, 仅与节点的收益相关.

下面,我们以酵母菌的基因调控网络[23]作为底部符号网络,通过仿真来分析上述不同突变概率下网络博弈动力学演化过程的区别.

图 8.4 展示了不同常数突变概率下,网络中所有节点的总收益随着时间的演化轨迹. 异质衰减突变概率中的初始噪声、衰减常数和衰减周期分别为 $T_0 = 100$, $\alpha = 0.9$ 和 $K = 100$. 可以看到,在突变概率为一个很小的常数的情形下,网络节点的总收益能够迅速增长到一个稳定的值. 然而,也因为突变概率不为 0,在此之后,整个网络的总收益围绕在这一稳定值附近波动. 此外,与异质衰减型突变概率相比,在常数型突变概率作用下,网络中所有节点最终的总收益远低于异质衰减型突变概率作用下的总收益.

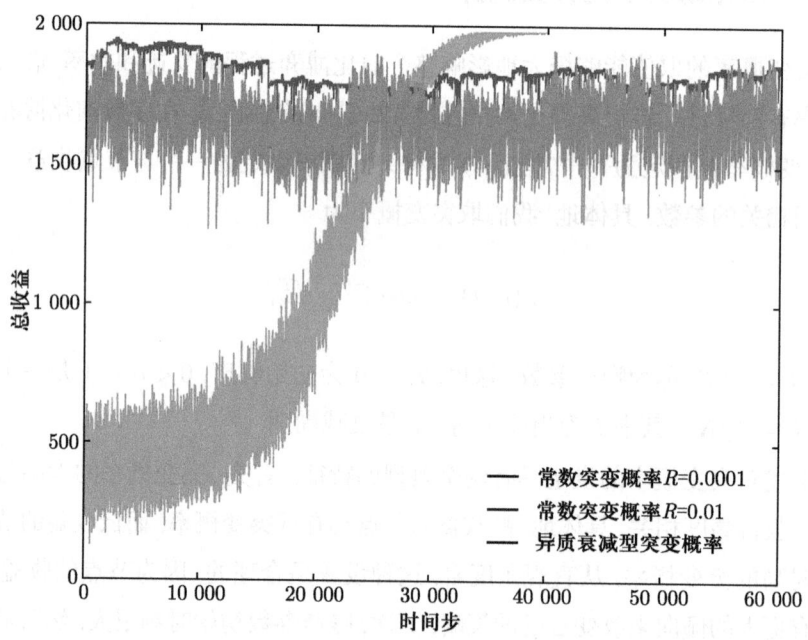

图 8.4 不同常数突变概率和异质衰减型突变概率作用下,网络中所有节点总收益的演化轨迹 (见彩图)

图 8.5 展示了不同噪声参数的异质型突变概率和异质衰减型突变概率作用下, 网络中结构冲突数目随时间的演化过程. 注意到, 对于异质型突变概率, 其噪声参数是一个常数. 因此, 在噪声常数较大的情况下, 结构冲突数目的演化轨迹将会不断波动, 这与常数型突变概率的情形相同. 而在噪声常数较小的情况下, 结构冲突数目的演化过程将会停留在一个局部稳定的非最优状态. 因此, 对于异质型突变概率来说, 一个需要解决的问题是如何选取合适的噪声参数. 而对于异质型衰减突变概率则巧妙地避免了上述问题.

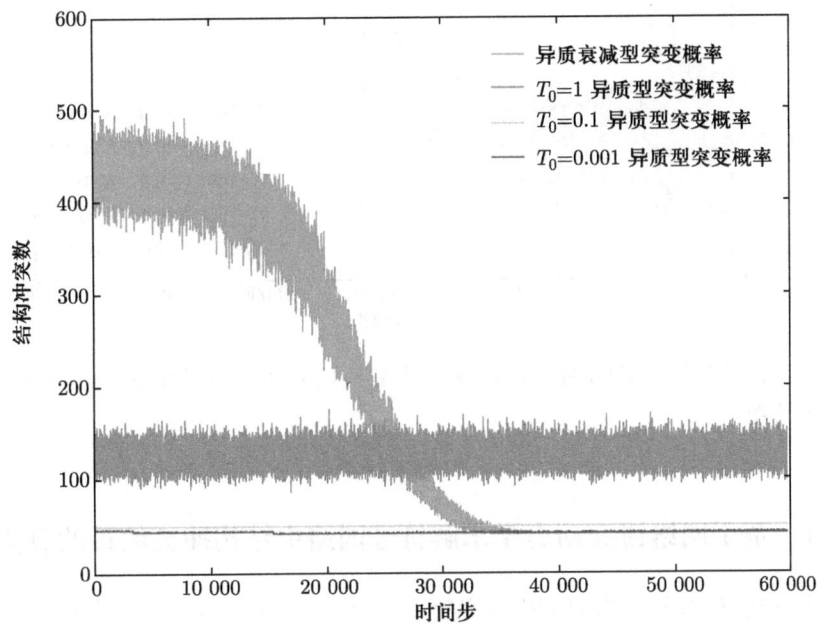

图 8.5 不同噪声参数的异质型突变概率和异质衰减型突变概率作用下, 网络中结构冲突数目随时间的演化轨迹 (见彩图)

基于上述比较, 本章采取了异质衰减型突变概率的设定. 实际上, 异质衰减型突变概率的初始噪声参数、衰减常数以及周期等参数也会影响整个演化博弈过程. 这里初始噪声、衰减常数和衰减周期分别为 $T_0 = 100$, $\alpha = 0.9$ 和 $K = 100$. 图 8.6 展示了不同噪声参数条件下, 网络中所有节点的总收益的演化轨迹. 可以看到, 异质衰减型突变概率的参数能够影响整个演化过程的收敛速度和最终状态. 幸运的是, 突变机制仅作用于每个节点, 因此突变概率参数的选取与整个网络的规模无关. 从而, 恰当的突变概率参数可以应用于各种不同的网络中.

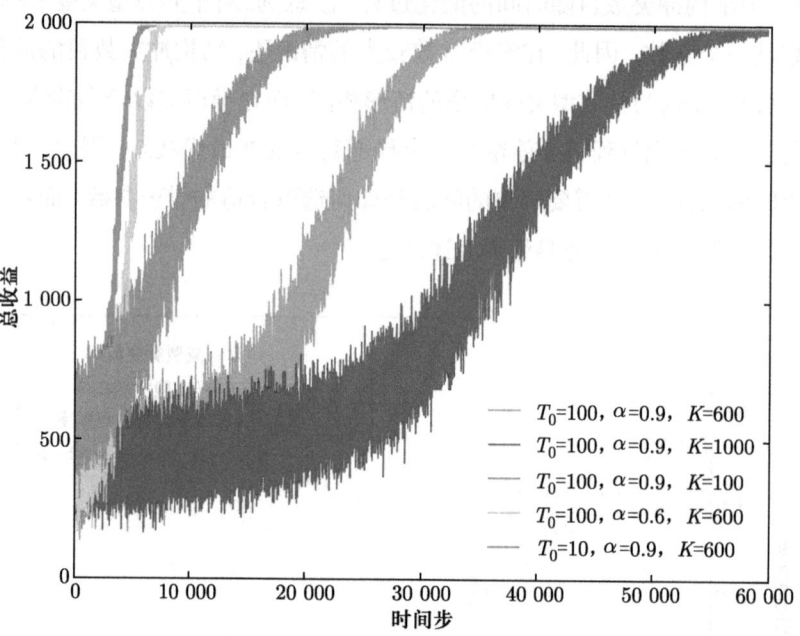

图 8.6　不同噪声参数的异质衰减型突变概率作用下, 网络中所有节点的总收益随时间的演化轨迹 (见彩图)

8.2.3　基于网络博弈动力学求解符号网络中结构冲突数目的算法

注意到, 使符号网络中结构冲突数目最少这一优化目标等价于找到一个关于节点的符号赋值函数 s, 使得 (8.2) 式中的 $H(s)$ 最大化. 与符号网络上的联盟博弈相比较, 可以发现, 博弈中节点的策略即是一个关于节点的符号赋值函数, 而最优目标 $H(s)$ 与网络博弈中所有节点的总收益相等, 即

$$H(s) = \sum_{v_i \in \mathcal{V}} \pi(v_i). \tag{8.8}$$

因此, 可以通过优化网络博弈中所有节点总收益的方式来求解符号网络中结构冲突的数目. 注意到, 在网络博弈动力学过程中, 如果一个节点的收益增长了 1 个单位, 那么网络中所有节点的总收益则会增长 2 个单位. 因此, 每个节点的局部非合作型策略更新方式能够驱使整个网络中所有节点总收益的增长.

基于上述演化博弈动力学, 我们提出了一个分布式的启发式优化算法来优化符号网络中的结构冲突数目. 这一算法主要由三个部分组成, 包括初始过程、节点策略更新过程以及终止判定过程, 令每个节点的策略为 +1 或 −1 表示节点所属的联盟. 算法中每个部分的具体操作如下.

算法 8.1 (基于网络博弈动力学的结构冲突数目优化算法).

- 输入: 一个符号网络 $\mathcal{G} = (\mathcal{V}, \mathcal{E}, \boldsymbol{W})$, 初始噪声参数 $T_0 > 0$, 衰减常数 $\alpha \in (0, 1)$, 衰减周期 K, 以及关于突变概率的最小阈值 μ.

- S1: 初始化过程. 对于给定符号网络, 令所有节点采取策略 +1, 同时按照 (8.5) 式计算每个节点的收益. 令时间步 $t = 0$.

- S2: 节点策略的更新过程. 按照任意顺序或随机时序, 依次更新每个节点的策略. 每更新一个节点的策略后, 同时更新这个节点以及它所有邻居的收益.

    - S2.1: 策略更新. 对于每个节点 $v_i \in \mathcal{V}$, 如果其收益小于 0, 那么令这个节点采取相反的策略; 反之, 如果其收益大于或等于 0, 那么以 (8.7) 式的突变概率 $\mu(v_i, t)$, 令这个节点从策略集合 $\{+1, -1\}$ 随机选择一个策略.

    - S2.2: 收益更新. 如果一个节点 $v_i \in \mathcal{V}$ 的策略发生了改变, 那么将其收益改变为原来收益的相反数, 同时将其每个邻居 $v_j \in \mathcal{V}$ 的收益增加 $2s(v_i)w_{ij}s(v_j)$.

  当所有节点进行了一次策略更新过程后, 记录当前网络中所有节点的总收益, 并将时间步 t 增加 1.

- 终止判定过程. 如果所有节点的突变概率 $\mu(v_i, t)$ 小于指定的突变概率阈值 μ, 那么终止上述演化过程, 退出程序; 否则, 返回到第 S2 步.

根据异质突变型突变概率的设定, 所有节点的突变概率最终将趋于 0. 因此, 上述程序将在有限时间内结束. 此外, 网络中节点的总更新次数仅依赖于突变概率的初始参数, 与整个符号网络的规模无关. 同时, 在每一步节点进行更新的过程中, 每个节点 $v_i \in \mathcal{V}$ 的策略和收益最多分别更新了 1 次和 $|N_i| + 1$ 次. 这里, $|N_i|$ 是指节点 v_i 的邻居数目. 综上原因可以发现, 上述算法的计算复杂度是关于符号网络节点和边数目乘积的线性函数, 因此上述算法是多项式时间收敛的.

8.3　不同符号网络中的结构冲突优化

下面,我们将上述基于网络博弈的优化算法应用到不同的符号网络中,并阐述其可行性和有效性.

8.3.1　无向无权符号网络

首先,我们利用四种实际大规模符号网络来测试上述算法的可行性. 这四类大规模符号网络包括酵母菌的基因调控网络 (Yeast)[23]、表皮生长因子受体通道网络 (EGFR)[24]、巨噬细胞的分子交互网络 (Macrophage)[25]、以及大肠杆菌的基因调控网络 (E.coli)[26]. 上述网络的节点和边的数目各不相同,从上百到上千. 考虑到上述实际系统的原始网络中具有一些非对称和重复性的边集,按照常用的研究方法,通过删除这些非对称和重复性的边集,将上述网络转化为无向无权的符号网络.

通过将上述演化博弈动力学应用于这些符号网络上后,可以发现,网络中的节点能够自动的调整其策略来获得更高的收益. 同时,尽管上述节点的策略更新过程是非合作和利己的,整个网络中结构冲突的数目却随着节点策略的调整过程不断地减少,如图 8.7 所示. 以大肠杆菌的基因调控网络为例,在时间步为 $t = 5000$ 时,网络中结构冲突数目为 1195,而当时间步增长到 15000 步、25000 步和 35000 步时,网络中结构冲突数目分别下降到 684、484 和 376.

在图 8.7 所示网络中,红色和绿色节点分别表示两种敌对的联盟,灰色、黑色和蓝色的边分别表示正边、负边以及冲突边. 在演化博弈动力学的作用下,网络中的节点自动的形成两个对立的联盟,减少了网络中的结构冲突数目. 同一符号图不同影像中节点位置的差异是由网络可视化算法的随机性造成的.

为了进一步阐释上述网络演化博弈中的优化过程,我们记录网络中所有节点

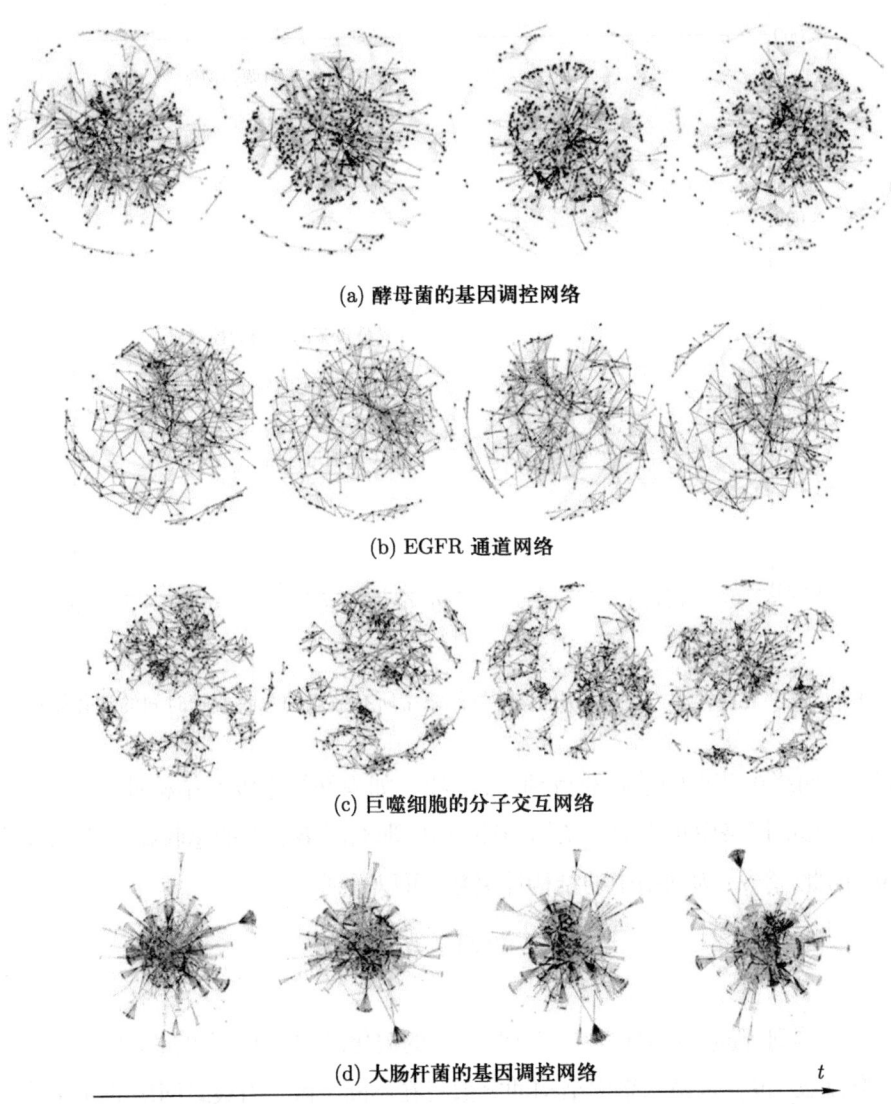

(a) 酵母菌的基因调控网络

(b) EGFR 通道网络

(c) 巨噬细胞的分子交互网络

(d) 大肠杆菌的基因调控网络

图 8.7 在演化博弈动力学的作用下, 四种不同符号网络上节点联盟和结构冲突的演化过程 (见彩图)

总收益 $H(s)$ 的演化轨迹, 如图 8.8 所示. 初始时刻, 所有节点属于同一联盟, 此时网络节点的总收益很低. 节点策略更新的选择机制提升了网络节点的总收益, 而节点策略更新的突变机制打破了局部的稳定状态, 并使得网络节点的总收益呈现一定程度的波动. 注意到网络中的结构冲突数目可以由网络的规模 $|\mathcal{E}|$ (即边的

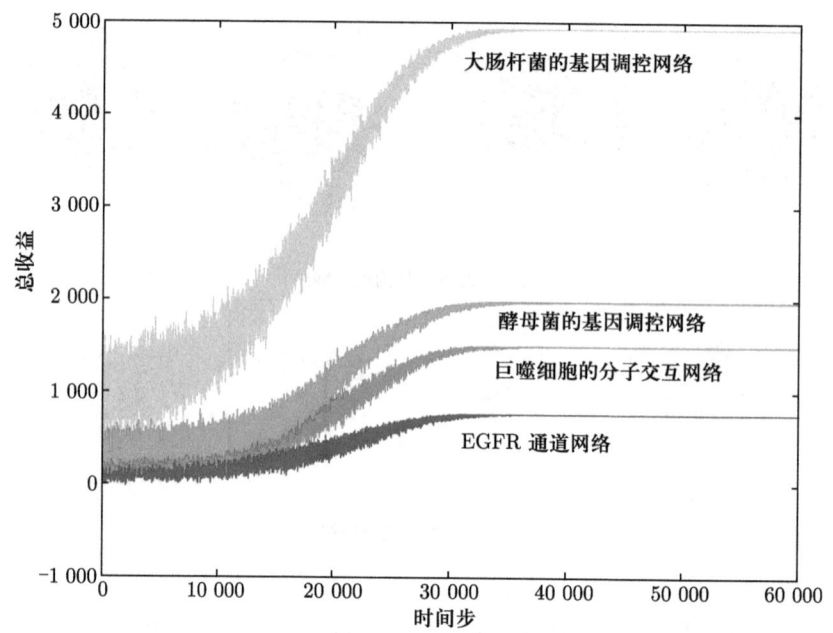

图 8.8 在演化博弈动力学的作用下, 符号网络中所有节点的总收益随时间的演化轨迹.

数目) 和网络中节点的总收益得到. 具体地, 如果网络中没有结构冲突, 此时有 $H(s) = 2|\mathcal{E}|$. 网络中每增加一条结构冲突边, 那么网络节点的总收益会降低 4 个单位. 因此, 令 m 为网络中的结构冲突数, 可以得到

$$m = \frac{2|\mathcal{E}| - H(s)}{4}. \tag{8.9}$$

可以看到, 随着网络博弈中节点策略 s 的演化, 网络中节点的总收益 $H(s)$ 也在不断增长, 也就是说网络中结构冲突数目在不断下降. 当最终网络的演化博弈过程稳定于某一平衡点时, 此时网络中的结构冲突数目降至近似最优的数目. 表 8.1 给出了上述博弈过程下四种不同实际符号网络中的最小结构冲突数目.

上述仿真结果说明基于演化博弈动力学的优化算法能够自动地最小化符号网络中的结构冲突数目, 但是一个潜在的问题是上述算法所得的结果与实际结构冲突的最优数目之间有多大的差异. 为了回答这一问题, 我们构造了一类具有特定结构冲突数目的符号网络, 并在这些网络上进行演化博弈实验, 来比较算法所得结果与实际结构冲突数目之间的差异.

表 8.1 四种不同实际符号网络中的最小结构冲突数目

符号网络	节点数目 $|\mathcal{V}|$	边数 $|\mathcal{E}|$	总收益 $|H(s)|$	结构冲突数目 m
Yeast	690	1080	1996	41
EGFR	329	779	786	193
Macrophage	678	1425	1522	332
E.coli	1461	3215	4946	371

通过以下方法构造具有特定结构冲突数目的符号网络. 假定所构造的符号网络具有 $2N$ 个节点, $2M_1$ 条正边和 M_2 条负边, 且网络中所有设定的结构冲突数目为 m. 首先, 将网络节点平均分为两个部分, 并在每个部分中的节点之间随机地添加 M_1 条正边, 然后在两个部分节点之间随机地添加 M_2 条负边, 这样形成了一个结构平衡的符号网络. 最后, 从上面构造的网络中随机地选取 m 条边, 改变其符号, 这样生成了一个最多只有 m 条结构冲突边的符号网络.

一般地, 上面所构造的符号网络中的最优结构冲突数目等于或略小于所设定的结构冲突数目. 通过在上面构造的符号网络上进行演化博弈仿真实验, 结果发现实验所得的结构冲突数目总是等于或略小于符号网络中所设定的结构冲突数目, 一共进行了 31 次实验, 不同实验中结构冲突的数目预定为 0~150. 如图 8.9 所示. 这表明, 符号网络中的最优结构冲突数目能够近似地被上述方法得到. 仿真实验结果证实了上述基于演化博弈动力学的优化方法的有效性.

8.3.2 无向加权符号网络

在一些社交网络或生物网络中, 节点之间的友好/敌对关系或促进/抑制关系的程度可能彼此之间有一定的差别[8]. 在这种情形下, 实际系统更适于用无向加权符号网络来刻画. 在这一小节, 我们利用上述演化博弈动力学的方法来优化无向加权符号网络中的结构冲突.

令 $\mathcal{G} = (\mathcal{V}, \mathcal{E}, \boldsymbol{W})$ 为一个无向加权符号网络. 这里, $\boldsymbol{W} = (w_{ij})_{n \times n}$ 是一个权重矩阵, 其中, $w_{ij} = w_{ji}$ 可以为正值、负值或者零. 直观上, 改变一个权重较低的边的符号所需要的代价也相对较低. 从这个角度看, 无向加权符号网络的结构冲突可以定义为一系列边集, 这些边集的总权重最低, 且通过删除或改变这些边的

第 8 章 符号网络上的演化博弈

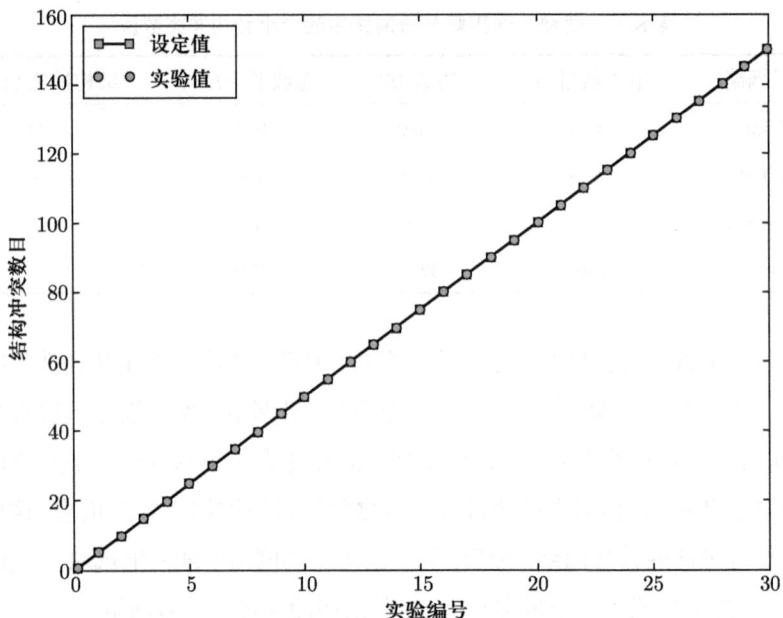

图 8.9 所构造的符号网络中,设定的结构冲突数目与实验所得的结构冲突数目之间的对比

符号即可使得原符号网络结构平衡.

注意到,加权符号网络和无权符号网络中的结构冲突定义有一定的差异. 如图 8.10(a) 和图 8.10(b) 所示,边的权重值可能显著地影响符号网络中结构冲突的选择. 但是,基于演化博弈动力学的优化方法对无向加权符号网络仍然有效.

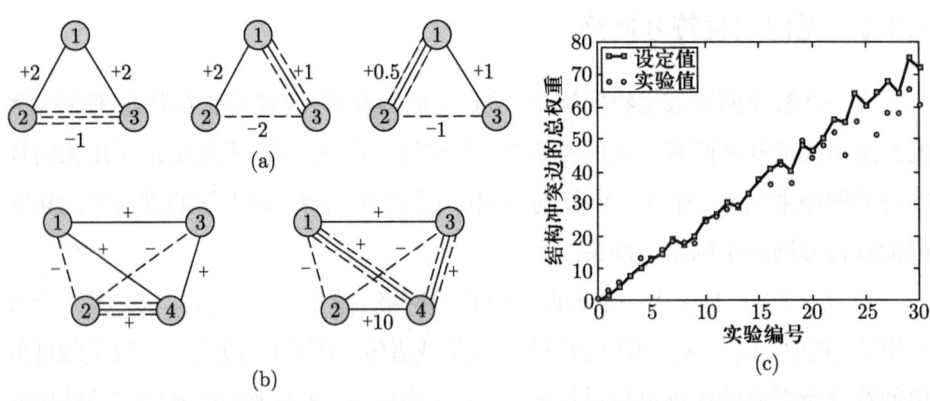

图 8.10 无向加权符号网络中的结构冲突示意图

如图 8.10(a) 所示,如果网络是无权的,那么改变任意一条边的符号,即可使得网络的结构平衡. 然而,如果网络是加权的,那么结构冲突边的选择还取决于边的权重. 如图 8.10(b) 所示,如果网络是无权图,那么一个最优的联盟策略是: 节点 v_1, v_3, v_4 形成一个联盟,而 v_2 为另一个联盟. 在这种情形下,边 e_{24} 是唯一的结构冲突边. 然而,如果节点 v_2 和 v_4 是非常紧密的朋友关系,那么很可能最优的联盟策略是: v_2, v_4 为一个联盟,而 v_1, v_3 为另一个联盟. 此时,边 e_{14} 和 e_{34} 是结构冲突边. 如图 8.10(c) 所示,所构造的无向加权符号网络中,设定的结构冲突数目与实验求得的结构冲突数目之间的对比.

同样地,为了验证基于演化博弈动力学优化方法的有效性,我们构造了一系列无向加权符号网络作为实验对象. 这些无向加权符号网络的构造方法与上述无向无权符号网络的构造方法相同,只不过现在网络每条边被随机地赋予大小在 0 和 1 之间的权重绝对值. 实验结果如图 8.10(c) 所示,在所有的 31 次实验中,演化博弈动力学方法得到的结构冲突与实际符号网络的结构冲突基本吻合. 因此,基于演化博弈动力学的优化方法仍然能够有效地优化无向加权符号网络中的结构冲突.

8.3.3 有向符号网络

有向符号网络常常在实际的社交和生物系统中碰到[27]. 在以前的研究中,为了简便起见,常常通过将不对称的有向边删除,将有向符号网络转化为无向符号网络进行研究. 实际上,由于有向符号网络中交互的不相容性,即 $w_{ij} \neq w_{ji}$,此时某个节点收益的增长不能够保证网络节点总收益的增长. 特别地,在一些情形下,如图 8.11(a) 所示,一些有向符号网络上的演化博弈动力学过程可能不收敛,相反地,这个演化动力学过程进入了一个周期轨道.

图 8.11(a) 为一个有向符号网络上演化博弈动力学过程的周期演化轨迹示意图. 在这个有向符号网络中,节点 v_1 喜欢 v_2,而节点 v_2 却不喜欢 v_1. 同样的情况也发生在节点对 (v_2, v_3) 和 (v_3, v_1) 上. 这种情形在社交关系网络上很常见. 在这个网络博弈过程中,网络节点的总收益总是为 0,因此,一个节点收益的增加肯定导致了另一个节点收益的减少,从而产生了一个周期循环的演化过程. 这里,± 1

第 8 章 符号网络上的演化博弈

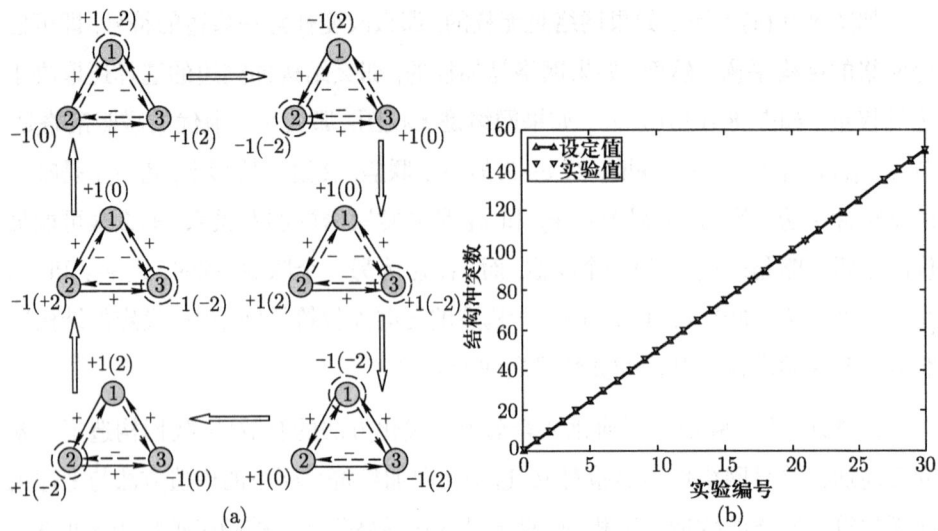

图 8.11 有向符号网络中的结构冲突示意图

表示节点的策略,其后括号中的值表示节点的收益. 图 8.11(b) 为所构造的有向符号网络中, 设定的结构冲突数目与实验求得的结构冲突数目之间的对比.

为了解决这一问题,我们重新定义每个节点的收益为

$$\pi(v_i) = \sum_{v_j \in \mathcal{V}} s(v_i)(w_{ij} + w_{ji}) s(v_j). \tag{8.10}$$

仿真实验表明,基于上述收益的演化博弈动力学方法仍然能够有效地优化有向符号网络中的结构冲突数目, 如图 8.11(b) 所示. 综上所述,基于演化博弈动力学的优化方法为求解有向加权符号网络中的结构冲突提供了一个一般性的方法.

8.4 本章要点小结

本章我们介绍了一个基于演化博弈动力学的方法来优化符号网络中的结构冲突. 不同的仿真实验表明, 所提出的方法对无权或加权以及无向或有向符号网

络都有效. 此外, 这个基于演化博弈动力学的优化方法是分布式的, 即网络中每个节点仅获取其邻居的信息并更新自身的策略, 基于每个节点策略的相互调整, 符号网络中的结构冲突数目逐渐降至近似最小值.

上述演化博弈动力学在优化问题中的成功应用主要归因于下面两个因素:

(1) 选择机制. 选择机制是节点之间进行自适应调整的主要原因. 在策略更新的过程中, 每个节点通过调整自己的策略来适应周围邻居环境, 而节点收益的定义使得每个节点自利性策略更新能够提高网络中所有节点总收益的共同增长, 促使整个符号网络走向更加平衡的状态.

(2) 突变机制. 在演化博弈过程中, 整个网络常常会受困于一些局部稳定的状态. 突变机制, 通过不断地为整个网络引入新的策略组合, 能够帮助网络脱离那些局部稳定的状态, 向具有更高收益的状态演化. 特别地, 突变概率的阶梯性下降对于整个优化过程至关重要. 具体地, 在演化的初始时刻, 节点的收益很低, 在这种情形下, 相对较大的突变概率有助于帮助节点迅速地调整自身的策略. 随着节点收益的增长, 突变概率也在不断地下降. 最后, 突变概率趋于 0, 使得网络能够稳定于某一近似最优的状态. 这种设置与模拟退火算法非常相似.

实际上, 基于选择–突变的演化博弈动力学是刻画实际符号网络中联盟形成和演化过程的一个恰当模型. 其中, 选择机制对应每个个体的理性决策过程, 而突变机制则对应个体的随机探索行为. 总之, 实际中的社交或生物网络多种多样: 其连边可能为无向或有向的、无权或加权的; 其节点数目可能从几百到上千; 此外, 其连接结构可能为时变的. 不管哪种情形, 本章提出的分布式演化博弈动力学方法为研究符号网络中联盟的形成提供了一个有效的工具.

参考文献

[1] Szell M, Lambiotte R, Thurner S. Multirelational organization of large-scale social networks in an online world [J]. Proc. Natl. Acad. Sci. USA, 2010, 107: 13636–13641.

[2] Iacono G, Altafini C. Monotonicity, frustration, and ordered response: An analysis of the energy landscape of perturbed large-scale biological networks [J]. BMC Syst. Biol., 2010, 4: 83.

[3] Srinivasan A. Local balancing influences global structure in social networks [J]. Proc. Natl. Acad. Sci. USA, 2011, 108: 1751–1752.

[4] Borgatti S P, Mehra A, Brass D J, et al. Network analysis in the social sciences [J]. Science, 2009, 323: 892–895.

[5] Sontag E D. Monotone and near-monotone biochemical networks [J]. Syst. Synth. Bio., 2007, 1: 59–87.

[6] Soranzo N, Ramezani F, Iacono G, et al. Decompositions of large-scale biological systems based on dynamical properties [J]. Bioinformatics, 2012, 28: 76–83.

[7] Iacono G, Ramezani F, Soranzo N, et al. Determining the distance to monotonicity of a biological network: A graph-theoretical approach [J]. IET. Syst. Biol., 2010, 4: 223–235.

[8] Mason M J, Fan G P, Plath K, et al. Signed weighted gene co-expression network analysis of transcriptional regulation in murine embryonic stem cells [J]. BMC Genomics, 2009, 10: 327.

[9] Helton J W, Katsnelson V, Klep I. Sign patterns for chemical reaction networks [J]. J. Math. Chem., 2010, 47: 403–429.

[10] Vanderweele T J, Robins J M. Signed directed acyclic graphs for causal inference [J]. J. Roy. Stat. Soc. B, 2010, 72(1): 111–127.

[11] Rovira-Asenjo N, Gumi T, Sales-Pardo M, et al. Predicting future conflict between team-members with parameter-free models of social networks [J]. Sci. Rep., 2013, 3: 1999.

[12] Marvel S A, Kleinberg J, Kleinberg R D, et al. Continuous-time model of structural balance [J]. Proc. Natl. Acad. Sci. USA, 2011, 108: 1771–1776.

[13] Antal T, Krapivsky P L, Redner S. Social balance on networks: The dynamics of friendship and enmity [J]. Physica D, 2006, 224: 130–136.

[14] Marvel S A, Strogatz S H, Kleinberg J M. Energy landscape of social balance [J]. Phys. Rev. Lett., 2009, 103: 1987016.

[15] van de Rijt A. The micro-macro link for the theory of structural balance [J]. J. Math. Sociol., 2011, 35: 94–113.

[16] Facchetti G, Iacono G, Altafini C. Computing global structural balance in large-scale signed social networks [J]. Proc. Natl. Acad. Sci. USA, 2011, 108: 20953–20958.

[17] Cartwright D, Harary F. Structural balance: A generalization of heider's theory [J]. Psychol. Rev., 1956, 63: 277–292.

[18] DasGupta B, Enciso G A, Sontag E, et al. Algorithmic and complexity results for decompositions of biological networks into monotone subsystems [J]. Biosystems, 2007, 90: 161–178.

[19] Zaslavsky T. Signed graphs [J]. Discrete Appl. Math., 1982, 4: 47–74.

[20] Doreian P, Mrvar A. Partitioning signed social networks [J]. Social Networks, 2009, 31: 1–11.

[21] Tan S, Lü J. An evolutionary game approach for determination of the structural conflicts in signed networks [J]. Sci. Rep., 2016, 6: 22022.

[22] Kirkpatrick S, Gelatt C D, Vecchi M P. Optimization by simulated annealing [J]. Science, 1983, 220: 671–680.

[23] Milo R, Shen-Orr S, Itzkovitz S, et al. Network motifs: Simple building blocks of complex networks [J]. Science, 2002, 298: 824–827.

[24] Oda K, Matsuoka Y, Funahashi A, et al. A comprehensive pathway map of epidermal growth factor receptor signaling [J]. Mol. Syst. Biol., 2005, 1: 0010.

[25] Oda K, Kimura T, Matsuoka Y, et al. Molecular interaction map of a macrophage [J]. AfCS Res. Rep., 2004, 2: 14.

[26] Salgado H, Gama-Castro S, Peralta-Gil M, et al. RegulonDB (version 5.0): Escherichia coli K-12 transcriptional regulatory network, operon organization, and growth conditions [J]. Nucl. Acids Res., 2006, 34: D394–D397.

[27] Qiu P, Plevritis S K. Reconstructing directed signed gene regulatory network from microarray data [J]. IEEE Trans. Biomed. Eng., 2010, 58: 3518–3521.

第 9 章 行为网络上的演化博弈动力学

行为选择广泛存在于社会经济等各类系统的交互决策过程中. 对于一个群体的行为选择过程来说, 一个重要的问题是当个体具有很多不同的行为可以选择时, 群集行为如何在群体中形成和演化. 本章, 我们基于演化博弈动力学中的复制 – 突变机制, 提出了一个选择 – 漂移动力学模型, 来刻画社会群体中的行为模仿和探索过程, 同时基于这一模型, 分析几类典型的行为演化模式, 包括行为聚集、行为雪崩以及行为振荡等.

具体地, 本章内容组织如下: 9.1 节介绍群体行为选择的相关研究背景; 9.2 节介绍行为网络以及演化博弈动力学中复制 – 突变方程, 并构造用于描述群体行为选择的选择 – 漂移动力学模型; 基于这一模型, 在 9.3 节中, 我们考察同质对称行为网络中行为聚集到行为雪崩之间的相变, 并给出社会行为演化过程的分岔图; 9.4 节分析异质对称行为网络中最优行为的涌现机制; 9.5 节分析非对称行为网络所诱导的行为振荡; 最后 9.6 节对本章的要点内容进行总结.

9.1 引言

从一系列相互竞争的行为选项中选择出一种行为是日常生活中常常遇到的问题. 例如, 在金融市场中, 同一类产品中常常具有不同品牌吸引消费者, 此时, 个体需要决定是否购买以及购买哪一个品牌. 实际上, 行为选择是社会心理、政治、文化和经济等不同学科中一个共同的课题. 在过去几十年, 很多关于行为选择的机制被提出, 用于刻画个体为达到某个目的进行决策的过程[1-3].

从群体的角度看, 多个个体之间的交互决策过程形成了各种不同的集群行为演化模式[4-9]. 一些典型的演化模式包括: ① 行为集群 (behavioral flocking), 即一种主导型的行为占据了整个群体, 此时这个主导型行为也常被称为社会范式; ② 行为雪崩 (behavioral collapse), 即多种不同的行为在群体中共存; 以及 ③ 行为振荡 (behavioral oscillation), 即各种行为在群体中所占的比例随着时间周期波动. 因此, 对于群体决策来说, 一个重要的问题是, 个体层面的行为选择如何导致了群体层面行为模式的涌现和演化. 一方面, 对群体层面决策行为的研究有助于理解和分析社会集群行为的涌现、消散、相变等现象下的底部机制, 另一方面, 从社会控制学的角度看, 对群体层面决策行为的研究有助于设计对应的控制机制, 来引导群体的集群行为.

近年来, 演化博弈动力学中的复制-突变方程逐渐成为研究群体中集群行为演化的一个热点方式[10-14]. 在这种研究方式中, 不同行为选项之间的交互以及它们对于个体的效用常常用一个演化博弈模型来刻画; 而个体决策的两种基本机制, 包括对成功行为的模仿机制以及基于试错的随机探索机制, 分别被演化博弈动力学中的选择和突变过程来描述. 基于这种个体层面行为决策的建模, 群体层面的行为演化动力学可以用一个特殊的演化方程来刻画, 这种建模方式为个体行为选择与群体行为演化两者之间建立了一个桥梁. 例如, Olfati-Saber 利用复制-

突变动力学来解释群体中主导型行为的涌现和消散[10]. Xu 等人发现在一些特定的突变模型下, 复制–突变动力学甚至能够产生混沌型的演化模式[12].

复制–突变方程, 最初由 Eigen 和 Schuster 提出[15], 为研究社会群体中的集群行为模式提供了一个新颖的模型. 然而, 由于在这个动力学方程, 复制和突变过程具有很强的非线性耦合作用, 这在一定程度上局限了其在群体集群行为中的应用. 例如, 如果将行为效用矩阵的每一列加上一个数值, 从博弈理论的角度看, 这一操作对群体集群行为不会产生影响, 然而复制–突变方程的动力学行为与上述预测不符. 此外, 在复制–突变动力学中, 一个行为的效用不仅能够影响个体的行为选择过程, 也会影响其突变过程. 具体地, 随机突变在群体行为演化过程中的作用可能被行为的效用放大或缩小. 在这种情形下, 评估行为效用对于群体集群行为演化过程的作用也变得更加困难.

基于上述考虑, 本章我们基于演化博弈理论, 介绍了一个描述群体中行为选择和漂移过程的动力学模型. 在这个模型中, 可供选择的行为集合由一个关联着效用矩阵的交互网络来刻画, 个体行为决策过程中的两个基本要素, 即模仿行为和随机探索行为, 统一用一个选择–漂移动力学来描述. 基于所构造的动力学模型, 我们分析群体中不同行为模式的涌现[16].

9.2 行为网络上的演化动力学模型

本节我们首先介绍行为网络 (behavior networks) 的基本概念, 然后介绍作为行为演化模型的复制–突变方程及其局限性, 最后, 我们介绍一个描述群体中行为演化的新型动力学模型.

9.2.1 行为网络的基本概念

一个行为网络通常可以由一个关联着效用矩阵 $U = (u_{ij})_{N \times N}$ 的图 $\mathcal{G} = (\mathcal{V}, \mathcal{E})$ 来刻画. 其中, 节点集 $\mathcal{V} = \{b_1, b_2, \cdots, b_N\}$ 表示 N 种不同的行为集合, 边

集 $\mathcal{E}$ 表示行为之间的两两交互关系. 每个效用值 u_{ij} 刻画了行为 b_i 面对行为 b_j 时的相对效用.

从博弈论的角度, 行为网络其实可以看作一个网络博弈, 其中每个行为对应一个策略, 而效用矩阵对应于收益矩阵. 行为网络的博弈描述为刻画和分析群体交互行为选择的复杂模式提供了一个有力的工具[17-22]. 实际上, 行为网络已经被广泛用于描述个体在各类情境下的行为交互, 包括金融环境下的商品选择和社会文化演化中的语法、习惯选择等. 此外, 博弈论中解的概念以及分析工具也为解释和预测个体的行为决策过程提供了一个有效的方法[23-25].

本章我们主要考察三种典型的行为网络, 包括:

(i) 完全同质对称型行为网络 (fully homogeneous symmetric behavior networks). 这类行为网络的效用矩阵 U 为

$$u_{ii} = 1, \quad u_{ij} = a \in [0,1], \quad 对于 j \neq i. \tag{9.1}$$

从图论的角度看, 上述效用矩阵对应于一个每个节点带有自环、节点之间所有连边权重相等的加权完全图. 显然, 在上述行为网络模型中, 从自交互和两两交互的意义上, 所有行为是相互等价的.

(ii) 完全异质对称型行为网络 (fully heterogeneous symmetric behavior networks). 这类行为网络的效用矩阵 U 为

$$u_{ii} \in [1, +\infty), \quad u_{ij} = a \in [0,1], \quad 对于 j \neq i. \tag{9.2}$$

在这类行为网络模型中, 不同行为之间的两两交互仍然是完全对称的. 然而与同质型行为网络不同, 在异质型行为网络中, 每个行为自交互带来的效用 u_{ii} 可能相互不同. 这种行为网络模型描述了行为具有相同两两交互效用却不同自交互效用的情形.

(iii) 非对称型行为网络 (asymmetric behavior networks). 这类行为网络的效用矩阵 U 为

$$u_{ii} = 1, \quad u_{ij} \in [0,1), \quad 对于 j \neq i. \tag{9.3}$$

这里, 对于 $i \neq j$, 如果行为 b_i 与 b_j 之间不相连, 那么 $u_{ij} = 0$; 否则 u_{ij} 是从区间 $[0,1)$ 中均匀选取的值. 这种行为网络模型描述了行为具有相同的自交互效用却不同的两两交互效用的情形.

在上述三种不同类型的行为网络中,每个行为对应于一个严格纳什均衡点. 也就是说,每个行为是其本身的最优响应,而且如果所有个体选择了某一同样的行为,那么任何个体不能通过改变其行为选择来获取更高的收益.

9.2.2 复制 – 突变动力学

复制 – 突变动力学是描述种群演化过程中的复制和突变两个基本机制的微分方程组. 这个动力学方程通常用于对生物种群的演化过程进行建模, 也广泛应用于刻画语法演化、文化变迁、创新传播以及博弈中的群体的决策过程等[26−32]. 近年来, Olfati-Saber 利用复制 – 突变动力学来解释社会网络中主导型行为和社会范式的涌现[10].

考虑一个具有 N 种行为选择的无限群体. 基于个体的行为选择, 群体中所有个体可以分为 N 个不同的群组. 令 $x_i \in [0,1]$ 表示采取行为 b_i 的个体比例, 显然有 $\sum_{i=1}^{N} x_i = 1$. 从而, 整个群体的状态可以由下面单纯形 Δ_N 中的一个点 $\boldsymbol{x}$ 表示, 其中

$$\Delta_N = \{\boldsymbol{x} = (x_1, x_2, \cdots, x_N) \in \mathbb{R}^N : x_i \geqslant 0, \sum_{i=1}^{N} x_i = 1\}. \tag{9.4}$$

在复制 – 突变动力学中, 复制动力学刻画了个体行为选择机制作用下群体状态 $\boldsymbol{x}$ 的演化过程. 简单起见, 令 f_i 表示行为 b_i 的适应度, 且令 $\boldsymbol{f} = (f_1, f_2, \cdots, f_N)$ 为整个群体的适应度向量. 令 $\phi = \boldsymbol{x}\boldsymbol{f}^{\mathrm{T}} = \sum_{i=1}^{N} f_i x_i$ 为整个群体的平均适应度. 那么, 复制动力学由下面的微分方程组描述:

$$\dot{x}_i = x_i(f_i - \phi), \quad i = 1, 2, \cdots, N. \tag{9.5}$$

从上述方程可以看到, 如果行为 b_i 的适应度 f_i 大于群体的平均适应度 ϕ, 那么其所占群体的比例 x_i 增长; 反之, 如果行为 b_i 的适应度 f_i 小于群体的平均适应度 ϕ, 那么其所占群体的比例 x_i 降低. 此外, 其增长或降低幅度与其适应度与平均适应度之差成正比. 从行为科学的角度看, 上述演化机制可以看作是由个体对成功行为的模仿导致的.

与行为选择过程不同,突变动力学描述了个体行为的随机探索过程. 令 $\boldsymbol{Q} = (q_{ij})_{N \times N}$ 为一个突变矩阵, 其中 $q_{ij} \in [0,1]$ 是个体从行为 b_i 突变为行为 b_j 的概率. 显然有 $\sum_{j=1}^{N} q_{ij} = 1$. 那么, 突变动力学由下面的微分方程组描述:

$$\dot{x}_i = \sum_{j=1}^{N} x_j q_{ji} - x_i, \quad i = 1, 2, \cdots, N. \tag{9.6}$$

其中, 等式右边第一部分 $\sum_{j=1}^{N} x_j q_{ji}$ 是指从其他行为突变到行为 b_i 的个体比例, 第二部分 $-x_i$ 是指从行为 b_i 突变到其他行为的个体比例. 整个微分方程描述了个体行为探索试错过程所导致的群体状态的演化过程.

复制-突变动力将行为选择和行为探索两种过程合并为一个系统, 其微分方程如下:

$$\dot{x}_i = \sum_{j=1}^{N} x_j f_j q_{ji} - x_i \phi, \quad i = 1, 2, \cdots, N. \tag{9.7}$$

如果不考虑个体的行为突变过程, 即对于所有 $i \neq j$, 有 $q_{ii} = 1$ 和 $q_{ji} = 0$, 那么方程 (9.7) 退化为 (9.5) 式所示的复制动力学. 另一方面, 如果所有行为是同等重要的, 即对所有 $i = 1, 2, \cdots, N$, 都有 $f_i = 1$, 那么行为选择机制将不存在, 方程 (9.7) 退化为 (9.6) 式中所示的突变动力学.

现在, 考虑行为网络上的复制-突变动力学. 不失一般性, 假定行为 b_i 在一个行为网络的适应度由下式给出:

$$f_i = f_0 + \omega \sum_{j=1}^{N} u_{ij} x_j = f_0 + \omega (\boldsymbol{U}\boldsymbol{x})_i, \quad i = 1, 2, \cdots, N, \tag{9.8}$$

其中, f_0 为适应度基准, $\sum_{j=1}^{N} u_{ij} x_j$ 为行为 b_i 与其他所有行为进行均匀混合交互所得的期望收益. 参数 $\omega \in [0, \infty)$ 为选择强度, 用于调整行为交互产生的收益在整个适应度中所占的比例. 令 $f_0 = 0$, $\omega = 1$, 并将 (9.8) 式代入 (9.7) 式中, 那么可以得到描述群体行为演化的一个典型的复制-突变动力学方程, 具体如下:

$$\dot{x}_i = \sum_{j=1}^{N} x_j (\boldsymbol{U}\boldsymbol{x})_j q_{ji} - x_i \sum_{j=1}^{N} x_j (\boldsymbol{U}\boldsymbol{x})_j, \quad i = 1, 2, \cdots, N. \tag{9.9}$$

9.2.3 选择–漂移动力学的构造

(9.9) 式所示的复制–突变动力学为描述群体中行为分布 x 在个体模仿和探索机制作用下的演化提供了一个明确的框架. 然而, 在上述动力学中, 复制和突变过程的强非线性耦合 $(f_j q_{ji})$ 可能导致一些不符预期的不合理的演化现象.

例如, 考虑具有如下效用矩阵的两种简单行为网络:

$$U_1 = \begin{pmatrix} 1 & 0 \\ 1.1 & 0.1 \end{pmatrix}, \quad U_2 = \begin{pmatrix} 10 & 9 \\ 10.1 & 9.1 \end{pmatrix}. \tag{9.10}$$

从博弈论的角度看, 上述两种效用矩阵对应着两个等价的囚徒困境博弈的收益矩阵. 因此, 对于上述两种行为网络的复制–突变动力学, 其演化轨迹应该完全相同或具有一定的相似性. 然而, 如图 9.1 中仿真结果所示, 两种行为网络群体中的稳态行为分布具有很大的差异. 对于效用矩阵为 U_1 的行为网络, 最终一个主导型行为 (即背叛行为) 占据了几乎整个群体; 而对于效用矩阵为 U_2 的行为网络, 最终两种行为 (即合作行为和背叛行为) 在群体中共存. 这种复制–突变动力学产生的结果与实际博弈论预测之间的不一致性可能会导致对于合作行为涌现

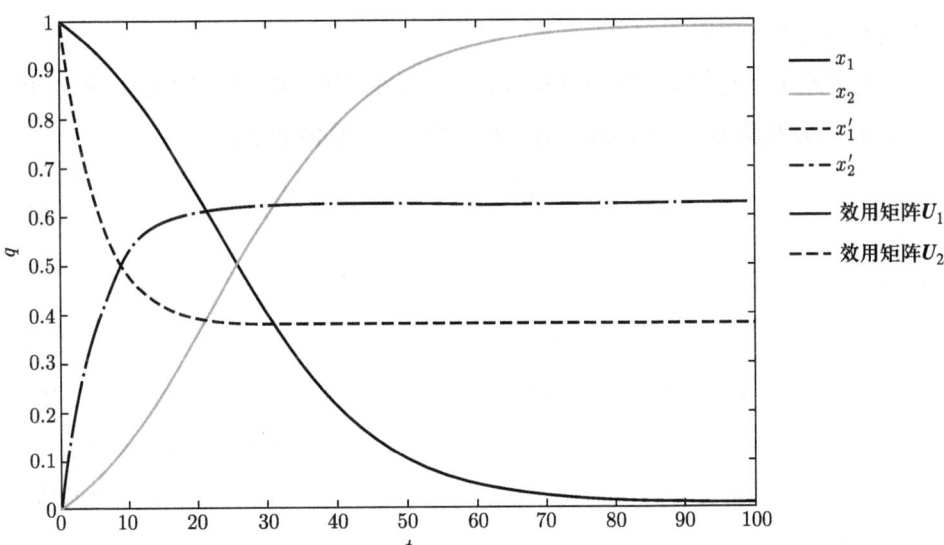

图 9.1 在 (9.9) 式所示的复制–突变动力学方程作用下, 群体中不同行为频率的演化轨迹 (突变矩阵中的元素为 $q_{11} = q_{22} = 0.99$, $q_{12} = q_{21} = 0.01$)

的错误认识.

实际上, 上述不合理的结果是由复制过程和突变过程之间的强非线性耦合关系导致的. 考虑两个效用矩阵 $\boldsymbol{U} = (\boldsymbol{u}_1, \boldsymbol{u}_2, \cdots, \boldsymbol{u}_N)$ 和 $\widetilde{\boldsymbol{U}} = (\boldsymbol{u}_1, \boldsymbol{u}_2, \cdots, \boldsymbol{u}_i + c\mathbf{1}, \cdots, \boldsymbol{u}_N)$, 其中 $\widetilde{\boldsymbol{U}}$ 是由矩阵 $\boldsymbol{U}$ 第 i 列中所有元素加上一个常数 c 所得. 这里, $\mathbf{1}$ 是一个维度为 N 元素全为 1 的列向量. 在不考虑突变动力学的情况下, 将 $\boldsymbol{U}$ 替换为 $\widetilde{\boldsymbol{U}}$ 复制动力学保持不变. 然而, 如果考虑突变动力学, 那么效用矩阵为 $\widetilde{\boldsymbol{U}}$ 时的复制–突变动力学方程为

$$\dot{x}_i = \sum_{j=1}^N x_j(\boldsymbol{U}\boldsymbol{x})_j q_{ji} - x_i \sum_{j=1}^N x_j(\boldsymbol{U}\boldsymbol{x})_j$$
$$+ c(\sum_{j=1}^N x_j q_{ji} - x_i), \quad i = 1, 2, \cdots, N. \tag{9.11}$$

与效用矩阵为 $\boldsymbol{U}$ 时的复制–突变动力学方程 (9.9) 式相比, 上述方程具有一个额外的由参数 c 调控的突变动力学方程. 因此, 可以知道, 在上述典型的复制–突变动力学中, 行为网络的效用矩阵不仅决定了个体的行为选择过程, 也影响了其行为突变过程. 具体地, 突变动力学机制在群体行为演化中的作用能够被行为的效用放大或缩小. 这也是造成效用矩阵分别为 $\boldsymbol{U}_1$ 和 $\boldsymbol{U}_2$ 时复制–突变动力学演化轨迹不同的根本原因.

为了避免上述复制–突变动力学中的不合理现象, 本章我们考虑复制动力学 (9.5) 式和突变动力学 (9.6) 式的另一种组合方式, 具体如下:

$$\dot{x}_i = \omega x_i(f_i - \phi) + (\sum_{j=1}^N x_j q_{ji} - x_i), \quad i = 1, 2, \cdots, N, \tag{9.12}$$

其中

$$f_i = (\boldsymbol{U}\boldsymbol{x})_i, \qquad \phi = \boldsymbol{x}^{\mathrm{T}}\boldsymbol{U}\boldsymbol{x}. \tag{9.13}$$

显然, 上式中所示动力学系统是复制动力学和突变动力学两者的线性组合. 其中, 选择强度 $w \geqslant 0$ 用于调整行为选择机制对整个演化动力学的作用. 考虑到上述动力系统描述了群体中行为的选择和随机漂移过程, 所以下面称方程 (9.12) 为选择–漂移动力学.

选择–漂移动力学中隐含了一个基本假设, 即个体的行为选择过程和行为探索过程是相互独立的. 在社会经济学过程中, 当面对各种不同的行为选项时, 个

体要么选择那些具有优势的行为,要么随机地选择一个行为,此时,上述假设是合理的[33,34]. 然而,在复制–突变动力学中,个体被假定先模仿那些成功的行为,而发生在模仿过程中的随机性错误导致了行为的突变[35]. 这种假设更适合于描述生物种群演化中的复制过程.

选择–漂移动力学具有一个良好的特性,具体如下:

定理 9.1. 对于任意效用矩阵 U,

(i) 将效用矩阵 U 的任意列中所有元素加上某一常数,选择–漂移动力学方程保持不变;

(ii) 将效用矩阵 U 乘以一个正常数,那么在将选择强度调整至 w/K 之后,选择–漂移动力学方程保持不变.

上述定理可以通过对比效用矩阵变换前后的选择–漂移动力学方程得到. 这种不变性质有助于减少选择–漂移方程中的参数,并简化效用矩阵.

9.2.4 突变网络

突变动力学是决定群体行为演化过程的一个关键性要素. 突变动力学可以诱导各类动力学现象,包括一致性、雪崩、周期振荡以及混沌等. 在探讨不同行为网络上的选择–漂移动力学前,本小节介绍突变网络的概念和模型.

到目前为止,已经有多种不同的突变网络被提出. 突变网络可以是指定概率分布中随机生成的静态随机矩阵[12],也可以是与当前群体状态或适应度相关的动态矩阵[10]. 这里我们考虑一个与行为网络具有相同拓扑结构且突变到其他任意行为概率相同的突变网络.

具体地,假设行为网络为 $\mathcal{G} = (\mathcal{V}, \mathcal{E})$. 令 $\boldsymbol{A} = (a_{ij})_{N \times N}$ 是网络 $\mathcal{G}$ 的邻接矩阵,其中,如果行为 b_i 与 b_j 相连,那么 $a_{ij} = 1$; 否则 $a_{ij} = 0$. 令 $d_i = \sum_{j=1}^{N} a_{ij}$ 为行为 b_i 的出度 (out-degree). 我们令突变矩阵 $\boldsymbol{Q} = (q_{ij})_{N \times N}$ 为

$$q_{ii} = 1 - \mu, \text{ 对于 } b_i \in \mathcal{V}; \quad q_{ij} = \frac{a_{ij}\mu}{d_i}, \quad \text{如果 } i \neq j, \tag{9.14}$$

其中 $\mu \in [0,1]$ 称为突变率. 在行为网络中没有孤立节点的情况下 (即对所有 $i = 1, 2, \cdots, N$, 都有 $d_i > 0$), 上述定义总是有效. 特别地, 对于完全对称型行为网络,

上述突变矩阵简化为

$$q_{ii} = 1 - \mu, \text{ 对于 } b_i \in \mathcal{V}; \quad q_{ij} = \frac{\mu}{N-1}, \quad \text{如果 } i \neq j. \tag{9.15}$$

上式突变矩阵称为独立的突变模型[13].

令 $D = \text{diag}(d_1, d_2, \cdots, d_N)$ 为第 i 个对角线元素为 d_i 的对角矩阵, 令 $L = I - D^{-1}A$ 为行为网络的拉普拉斯矩阵, 那么 (9.14) 式所示的突变矩阵可以表述为 $Q = I - \mu L$, 这里 I 表示一个大小为 N 的单位矩阵. 将等式 (9.14) 代入 (9.12) 式的选择–漂移动力学方程中, 可以得到

$$\dot{x}_i = \omega x_i (f_i - \phi) - \mu \sum_{j=1}^{N} x_j l_{ji}, \quad i = 1, 2, \cdots, N, \tag{9.16}$$

其中 l_{ji} 为拉普拉斯矩阵 L 的元素.

(9.16) 式所示的动力系统清楚地展示了选择和突变机制在群体行为演化过程中的作用. 其中, 选择强度 ω 和突变率 μ 分布决定了选择和突变的作用. 此外, 由下面定理可知, 如果 $\omega > 0$, 那么这两个参数可以综合为一个参数, 称为突变选择强度比 $\gamma = \mu/\omega$.

定理 9.2. 如果选择强度 $\omega > 0$, 那么时间尺度为 t 的选择–漂移动力学方程 (9.16) 等价于时间尺度为 ωt 的如下方程:

$$\dot{x}_i = x_i (f_i - \phi) - \gamma \sum_{j=1}^{N} x_j l_{ji}, \quad i = 1, 2, \cdots, N, \tag{9.17}$$

9.3 行为聚集和行为雪崩的涌现

行为聚集和行为雪崩, 是社交群体行为演化中的两种极端情形. 行为聚集是指某一个主导型行为占据了整个群体, 即存在某个 i, $i \in \{1, 2, \cdots, N\}$ 使得 $x_i = 1$, 而对于 $j \neq i$, $x_j = 0$. 行为雪崩是指多种不同的行为在群体中共存. 特别地, 如果对于 $i = 1, 2, \cdots, N$, 都有 $x_i = 1/N$, 那么称这种状态为完全雪崩[10].

本节, 我们利用完全同质对称型行为网络上的选择–漂移动力学来探讨群体行为聚集和行为雪崩现象的涌现机制. 选择强度 ω 和突变率 μ 对于群体行为演化多样性的影响将被阐明. 这些在同质对称型行为网络上的分析和结果有助于理解一般的复杂行为网络上的行为演化现象.

首先考虑 (9.16) 式所示的选择–漂移动力学. 显然, 在选择强度 $\omega = 0$ 的情况下, 这个方程退化为 (9.6) 式所示的突变动力学, 此时容易得到群体的状态最终将稳定于 $x_i = 1/N$, $\forall i = 1, 2, \cdots, N$, 即完全雪崩状态. 因此, 下面我们仅考虑选择强度 $\omega > 0$ 的情形. 由定理 9.2 可知, 此时选择–漂移动力学可以简化为 (9.17) 式所示的方程. 将完全同质对称型行为网络的效用矩阵 (9.1) 以及其对应的突变矩阵 (9.15) 代入方程 (9.17) 可得

$$\dot{x}_i = (1-a)x_i(x_i - \sum_{j=1}^{N} x_j^2) - \gamma \frac{Nx_i - 1}{N-1}, \quad i = 1, 2, \cdots, N. \tag{9.18}$$

令 $\rho = \gamma/(1-a) = \mu/(\omega(1-a))$. 通过调整时间尺度, 上述动力系统可以进一步简化为

$$\dot{x}_i = x_i(x_i - \sum_{j=1}^{N} x_j^2) - \rho \frac{Nx_i - 1}{N-1}, \quad i = 1, 2, \cdots, N. \tag{9.19}$$

由上式方程可以看出, 完全同质对称型行为网络上的选择–漂移动力学的动力学性质完全由参数 ρ 决定.

9.3.1 从聚集到雪崩

图 9.2 展示了方程 (9.19) 的一组典型的动力学仿真结果. 从这些仿真结果可以观察到一些有意思的群体行为演化现象.

(1) 随着参数 ρ 的增加, 选择–漂移动力学方程 (9.19) 作用下的群体最终状态经历了一个从单一主导型行为到所有行为共存的转移过程, 即从行为聚集到行为雪崩的变化. 注意, 这里参数 ρ 的增加既可能是由突变率 μ 的增加引起, 也可能是由选择强度 ω 的降低导致.

(2) 对于某些适中的参数 ρ, 选择–漂移动力学方程 (9.19) 作用下的群体状态最终可能稳定于两种完全不同的状态, 即聚集或雪崩, 这取决于初始时刻群体的状态.

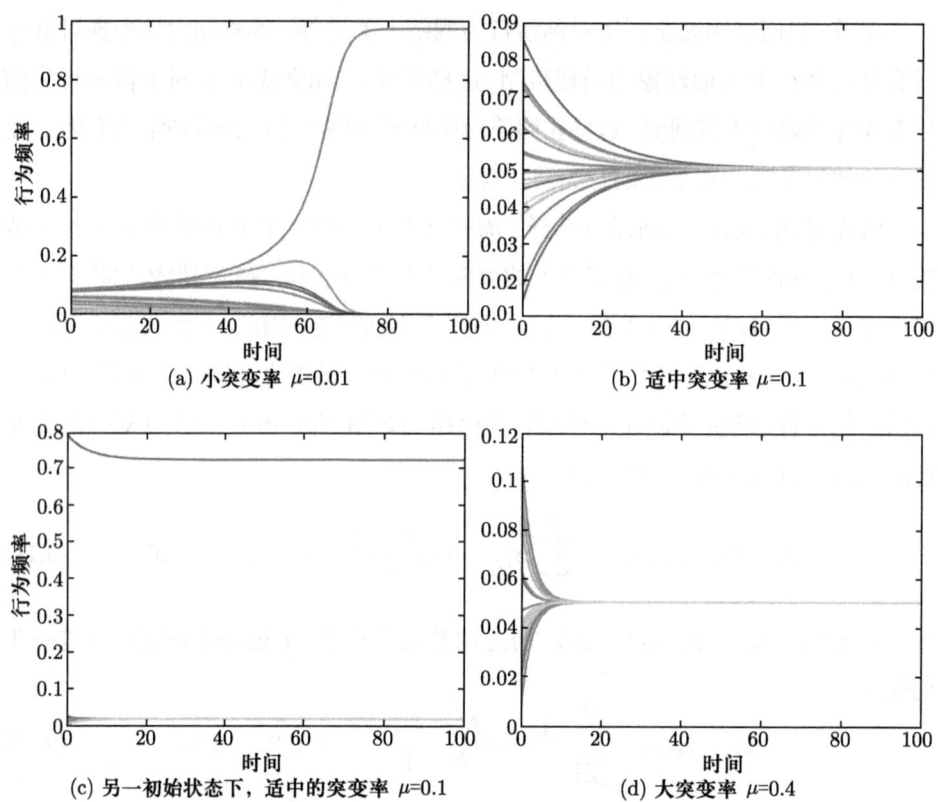

图 9.2 完全同质对称型行为网络上选择-漂移动力学方程 (9.19) 的一组典型的动力学仿真结果 (节点数 $N=20$, $a=0.5$, 选择强度为 $\omega=1$)

(3) 如果行为聚集现象发生, 那么最终在群体中占主导型的行为一定是初始时刻群体中比例最大的行为.

特别地, 仿真结果的第三个现象可以由定理 9.3 解释.

定理 9.3. 完全同质对称型行为网络上的选择-漂移动力学具有保序性质. 即对任意 $i,j=1,2,\cdots,N$, 如果 $x_i(0) \leqslant x_j(0)$, 那么 $x_i(t) \leqslant x_j(t)$.

证明: 注意到在完全同质对称型行为网络的情况下, 不同变量 x_i 的动力学方程是完全相同的. 因此, 如果在某一时刻 $T>0$, $x_i(T)=x_j(T)$ 成立, 那么由解的唯一性可知, 对于 $t \geqslant T$, $x_i(t)=x_j(t)$ 都成立. 由此可知, 如果 $x_i(0) \leqslant x_j(0)$, 那么不可能存在 $t \geqslant 0$, 使得 $x_i(t)>x_j(t)$ 成立. 定理得证. □

为了进一步阐明参数 ρ 对选择–漂移动力学方程 (9.19) 最终收敛态的调节作用, 我们进一步通过数值仿真得到群体中最终行为的多样性与突变率的关系曲线. 具体地, 群体中行为多样性定义如下:

$$n_e(\boldsymbol{x}) = \frac{1}{\sum_{i=1}^{N} x_i^2} = 1/\|\boldsymbol{x}\|^2. \tag{9.20}$$

显然, 多样性 n_e 的取值范围为 $[1, N]$, 其中 $n_e = 1$ 和 $n_e = N$ 分别对应于行为聚集和行为雪崩情形. 给定参数 $\rho > 0$, 我们计算多种不同初始条件下方程 (9.19) 最终状态的多样性 $n_e(\boldsymbol{x})$. 这些初始状态包括聚集状态 (即 $x_1(0) = 1$, 而 $i \neq 1$ 时, $x_i(0) = 0$), 近似雪崩状态 (对所有 $i = 1, 2, \cdots, N$, 都有 $x_i(0) \approx 1/N$, 这种状态通过对状态 $\boldsymbol{x} = 1/N + 0.1\boldsymbol{p}$ 进行归一化得到, 其中 $\boldsymbol{p}$ 是 $[0, 1]$ 区间中的均匀随机抽样得到的随机向量), 以及随机初始状态.

图 9.3 给出了不同初始状态下, 选择–漂移动力学方程 (9.19) 的多样性与突变率的关系曲线. 突变率 (因为实验中 $a = 0.5, \omega = 1$, 突变率即 0.5ρ) 对于行为选择–漂移动力学的最终状态的影响归结如下:

(1) 对于较小的突变率 $\mu < \underline{\mu} \approx 0.025$, 不管初始状态如何, 最终一个主导型行为占据整个群体.

(2) 对于较大的突变率 $\mu > \overline{\mu} \approx 0.125$, 不管初始状态如何, 最终所有行为在群体中占的比例几乎等于 $1/N$.

(3) 对于大小适中的突变率 $\underline{\mu} \leqslant \mu \leqslant \overline{\mu}$, 如果初始状态为聚集状态, 那么最终选择–漂移动力学也收敛于聚集状态. 然而, 如果初始状态近似为雪崩状态, 那么最终选择–漂移动力学也收敛于雪崩状态. 而在随机初始状态的情况下, 最终选择–漂移动力学可能收敛于聚集状态或者雪崩状态, 这取决于群体状态的初始值.

给定不同的选择强度 ω 和效用参数 a, 可以得到类似的多样性与突变率的关系曲线, 区别在于相变发生时的突变率阈值 $\underline{\mu}$ 和 $\overline{\mu}$ 不同. 因此, 可以推断上述从行为聚集到行为雪崩的相变现象是完全同质对称型行为网络上选择–漂移动力学的一般性质. 接下来, 我们对动力学方程 (9.19) 进行理论分析来证实上述推断, 并得到突变率阈值 $\underline{\mu}$ 和 $\overline{\mu}$ 的解.

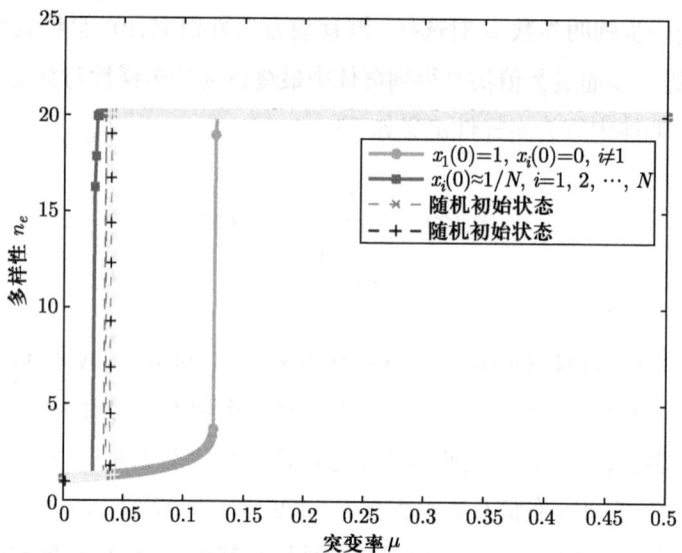

图 9.3 完全同质对称型行为网络上选择–漂移动力学方程 (9.19) 的多样性与突变率的关系曲线 (节点数 $N = 20$, $a = 0.5$, 选择强度为 $\omega = 1$)

9.3.2 动力学分岔

事实上, 上述关于相变的仿真结果表明随着参数 ρ 的变化, 选择–漂移动力学 (9.19) 经历了一个分岔. 这一小节, 我们对选择–漂移动力学的分岔行为展开理论分析. 注意到上述仿真结果在 $N = 2$ 的情况下也成立, 因此, 我们从 $N = 2$ 这一最简单的情形开始分析.

定理 9.4. 具有 $N = 2$ 个行为的选择–漂移动力学 (9.19) 在节点 ($\boldsymbol{x_0} = (0.5, 0.5), \rho = 1/4$) 处存在超临界叉式分岔. 具体地, 如果 $\rho \geqslant 1/4$, 这个动力学具有为唯一一个稳定平衡点 $\boldsymbol{x_0} = (0.5, 0.5)$; 而如果 $\rho < 1/4$, 这个动力学具有两个稳定平衡点 $\boldsymbol{x_1} = (1 + \sqrt{1 - 4\rho}, 1 - \sqrt{1 - 4\rho})/2$, $\boldsymbol{x_2} = (1 - \sqrt{1 - 4\rho}, 1 + \sqrt{1 - 4\rho})/2$ 和一个不稳定平衡点 $\boldsymbol{x_0} = (0.5, 0.5)$.

证明: 在 $N = 2$ 的情形下, (9.19) 中的选择–漂移动力学简化为

$$\dot{x}_i = x_i(x_i - x_1^2 - x_2^2) - \rho(2x_i - 1), \quad i = 1, 2.$$

因为 $x_1+x_2=1$，所以上面的二维方程可以进一步简化为下面的一维动力系统

$$\dot{x}_1 = x_1\left(x_1 - x_1^2 - (1-x_1)^2\right) - \rho(2x_1 - 1).$$

如果 $\rho \geqslant 1/4$，那么上述系统存在一个唯一的平衡点 $\boldsymbol{x_0} = (0.5, 0.5)$，同时容易验证，此平衡点处的雅可比矩阵是负定的，因此这个平衡点是稳定的. 而当 $\rho < 1/4$ 时，系统具有三个平衡点，分别为 $\boldsymbol{x_1} = (1+\sqrt{1-4\rho}, 1-\sqrt{1-4\rho})/2$，$\boldsymbol{x_2} = (1-\sqrt{1-4\rho}, 1+\sqrt{1-4\rho})/2$ 和 $\boldsymbol{x_0} = (0.5, 0.5)$. 通过分析这三个平衡点处雅可比矩阵的特征值，容易证明，$\boldsymbol{x_1}$ 和 $\boldsymbol{x_2}$ 是稳定平衡点，而 $\boldsymbol{x_0}$ 是不稳定平衡点. 因此，当参数 ρ 以递减方向经过分岔点 $\rho = 1/4$ 时，系统中的稳定平衡点分岔为一个鞍点和两个稳定平衡点. □

图 9.4(a) 给出了 $N=2$ 时选择–漂移动力学 (9.19) 的分岔图. 对于较小的参数 $\rho \ll 1/4$，选择–漂移动力学收敛于聚集状态，即一个主导型行为占据了整个群体. 随着 ρ 的增加，选择–漂移动力学的收敛态逐渐从聚集状态转移为雪崩状态. 当 $\rho \geqslant 1/4$ 时，选择–漂移动力学总是收敛于完全雪崩状态.

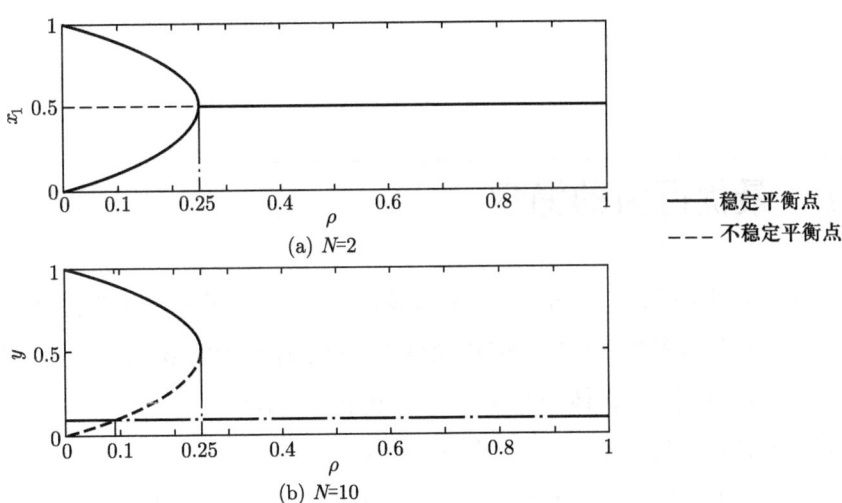

图 9.4 $N=2$ 和 $N=10$ 时的选择–漂移动力学 (9.19) 的分岔图

上述对 $N=2$ 时选择–漂移动力学的推导分析可以推广到一般情形下的选择–漂移动力学. 不失一般性，令 $x_1 = y \geqslant 1/N$，而对于 $j = 2, 3, \cdots, N$，令

$x_j = (1-y)/(N-1)$. 此时, (9.19) 中的选择–漂移动力学简化为

$$\dot{y} = y\left(y - \frac{Ny^2 - 2y + 1}{N-1}\right) - \rho\frac{Ny-1}{N-1}.$$

对上面系统的平衡点和雅可比矩阵展开分析, 可以得到图 9.4(b) 所示的分岔图. 具体地, 当 $\rho \geqslant 1/4$ 时, 选择–漂移动力系统具有一个唯一的稳定平衡点 $y_0 = 1/N$, 这个平衡点对应于系统的完全雪崩状态, 即 $\boldsymbol{x}_0 = (1,1,\cdots,1)/N$. 当 $(N-1)/N^2 < \rho < 1/4$ 时, 选择–漂移动力系统具有两个稳定平衡点 $y_0 = 1/N$ 和 $y_1 = (1+\sqrt{1-4\rho})/2$, 其中后者对应于系统的聚集状态. 最后, 当 $\rho \leqslant (N-1)/N^2$ 时, 选择–漂移动力系统只有一个稳定平衡点, 即 $y_1 = (1+\sqrt{1-4\rho})/2$.

上述分析解释了图 9.3 中所示的相变过程. 事实上, 如果固定选择强度 ω 和效用参数 a 的值不变, 那么容易得到相变发生时突变率的阈值, 结果如下:

$$\underline{\mu} = \frac{N-1}{N^2}\omega(1-a), \quad \bar{\mu} = \frac{1}{4}\omega(1-a). \tag{9.21}$$

特别地, 当 $\omega = 1$, $a = 0.5$, $N = 20$ 时, 计算可得 $\underline{\mu} = 0.025$ 和 $\bar{\mu} = 0.125$. 这与图 9.3 的仿真结果完全一致.

9.4 最优行为的涌现

本节, 我们探讨完全异质对称型行为网络上的选择–漂移动力学, 主要目的在于阐明个体层次的选择机制和随机漂移机制对群体行为的影响, 同时分析最优行为能够最终占据整个群体的条件. 这些分析和结果有助于设计有效的选择–漂移机制来驱使群体从一系列行为中找出最优行为.

不失一般性, 假设完全异质对称型行为网络的效用矩阵为 U, 其中 $u_{ij} = 0, \forall i \neq j$ 且记 $u_{ii} = u_i$. 在均匀混合的交互作用下, 行为 $b_i \in \mathcal{V}$ 的适应度以及整个群体的平均适应度分别为

$$f_i = u_i x_i, \quad \phi = \sum_{j=1}^{N} u_j x_j^2.$$

将上式以及突变矩阵 (9.15) 代入 (9.17) 式中的选择-漂移方程可得

$$\dot{x}_i = x_i(u_i x_i - \sum_{j=1}^{N} u_j x_j^2) - \gamma \frac{N x_i - 1}{N-1}, \quad i = 1, 2, \cdots, N. \quad (9.22)$$

根据上面方程,给定自交互效用 u_i 后,变异选择强度比 $\gamma = \mu/\omega$ 是决定选择-漂移动力学中群体行为演化的关键变量.

9.4.1 适应度景观的相变

在完全异质对称型行为网络中,不同行为之间的差异体现在其自交互效用值上. 一个有意思的问题是,如果所有个体在初始时刻采取的都是最差的行为 (即自交互效用值最小),那么在选择-漂移动力学作用下,整个群体的行为是否有可能逐渐转变为最优的行为 (即自交互效用值最大)[36]?

为了得到上述问题的一个直观理解,下面考虑一个特殊的完全异质对称型行为网络,其中每个行为的自交互效用为 $u_i = 1 + 0.1i$,其中 $i = 1, 2, \cdots, 20$,且 $\boldsymbol{x}(0) = (1, 0, \cdots, 0)$. 初始时刻,假设所有个体都采取最差的行为 b_1,然后在不同的突变-选择强度比 $\gamma = \mu/\omega$ 的情况下,按照方程 (9.22) 中的选择-漂移动力学更新个体的行为. 图 9.5 展示了在动力学仿真过程平稳状态时群体中行为频率的几种分布. 可以观察到,在选择-漂移动力学作用下,随着突变-选择强度比 γ 的增长,群体行为经历了一个从聚集状态到雪崩状态的转变. 除了上述与完全同质对称型行为网络相同的相变现象外,上述仿真结果还具有一些有意思的新特征,具体如下:

(i) 当群体行为处于聚集状态时,其中占主导型的行为类型由突变选择强度比 γ 决定. 对于非常小的 $\gamma = 0.01$,如图 9.5(a) 所示,群体初始时刻采取的最差行为 b_i 几乎占据了整个群体. 而对于适中的 $\gamma = 0.3$,如图 9.5(b) 所示,最优行为 b_{20} 占据整个群体.

(ii) 当群体行为处于雪崩状态时,如图 9.5(c) 所示,群体中各行为的比例按照其自交互效用值的大小依次降低. 此外,如图 9.5(d) 所示,随着突变选择强度比 γ 的增大,不同行为比例之间的方差逐渐降为 0.

上述仿真结果表明,存在一个最优的突变选择强度比,使得群体能在选择-漂

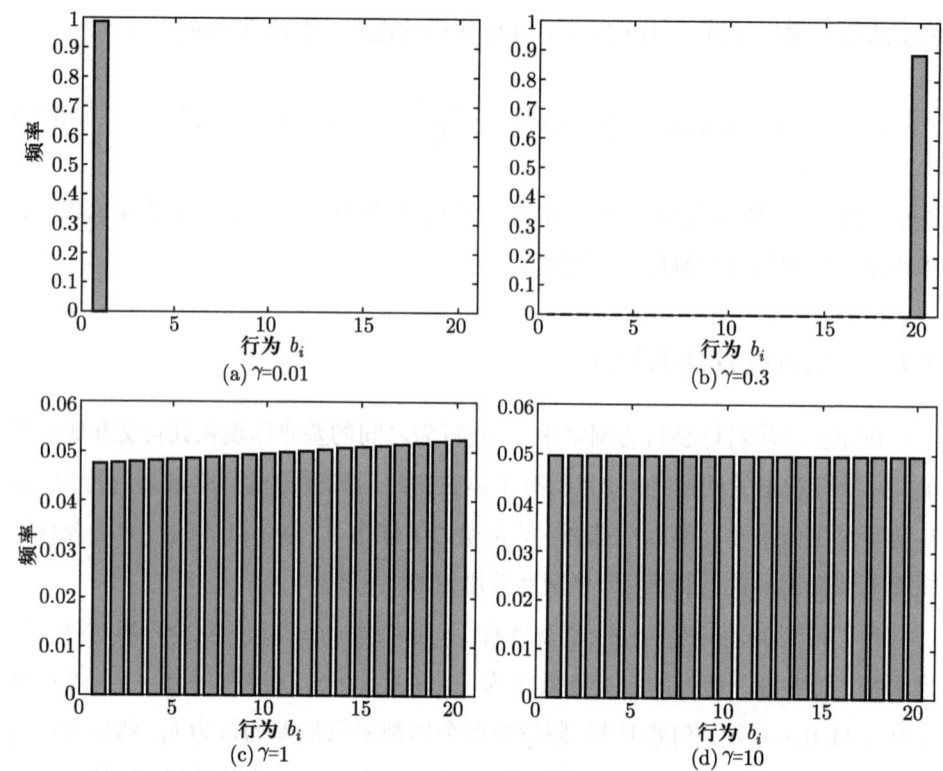

图 9.5　γ 取不同值时 (9.22) 式中的选择–漂移动力学平稳状态中行为频率的分布

移动力学的作用下从不利行为演化为优势行为. 这一突变选择强度比既不能太小也不能太大. 若突变选择强度比太小, 选择机制主导了整个选择–漂移动力学过程, 此时, 由于最差行为的最优响应是其本身, 群体无法从初始时刻的最差行为状态中脱离. 然而, 若突变选择强度比太大, 随机漂移将主导整个选择–漂移动力学过程, 此时在平稳状态时, 每个行为所占的比例几乎相同. 适当大小的突变选择强度比能够帮助群体从局部的弱势行为中转移, 同时选择出最优的行为.

为了找到最佳的突变选择强度比, 我们通过数值仿真得到选择–漂移动力学平稳状态中群体的平均适应度与突变选择强度比的变化曲线. 图 9.6 展示了一类特殊完全异质对称型行为网络上的仿真结果, 其中每个行为 b_i, $i = 1, 2, \cdots, 20$ 的自交互效用为 $u_i = 1 + H * i$, 且 $\boldsymbol{x}(0) = (1, 0, \cdots, 0)$. 这里 $H > 0$ 用于调节行为间自交互效用的差异. 从这个仿真结果中可以看到, 群体的平均适应度随突变选

择强度比的变化可以分为 3 个阶段:

(i) 对于非常小的突变选择强度比 $\gamma < \underline{\gamma}$, 群体的平均适应度等于或略小于 $1 + H$, 并且随着 γ 递减. 此时, 最差行为 b_1 占据几乎整个群体.

(ii) 对于非常大的突变选择强度比 $\gamma > \overline{\gamma}$, 群体的平均适应度近似等于 $0.05 + H/2$. 此时, 群体中所有行为的比例几乎都约等于 $1/N$.

(iii) 对于适中的突变选择强度比 $\underline{\gamma} \leqslant \gamma \leqslant \overline{\gamma}$, 群体的平均适应度略小于 $1 + 20H$. 此时, 最优行为 b_{20} 占据几乎整个群体.

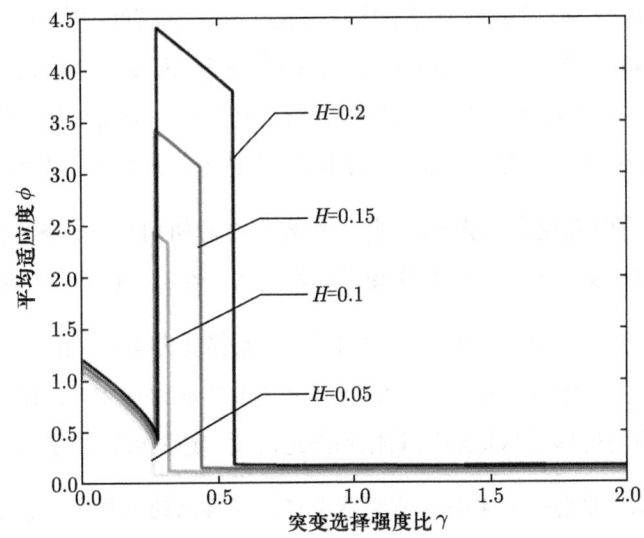

图 9.6　(9.22) 式中的选择–漂移动力学平稳状态中群体的平均适应度与突变选择强度比的关系曲线

此外, 上述仿真结果也表明突变选择强度比的最优区间 $(\underline{\gamma}, \overline{\gamma})$ 与行为的自交互效用高度相关. 事实上, 可以看到区间 $(\underline{\gamma}, \overline{\gamma})$ 大小随着参数 H 的减小而减小. 特别地, 如果不同行为自交互效用之间没有显著差异, 例如 $H = 0.05$, 此时突变选择强度比的最优区间大小小于 0.0005 (这里, 0.0005 是相邻仿真中突变选择强度比的补步长) 甚至为 0.

与上述适应度景观相变相似的现象同样存在于更一般的完全异质对称型行为网络上的选择–突变动力学中. 能够使得群体总适应度最大化的最佳突变选择强度比的大小, 随着行为的自交互效用 u_i 和两两交互效用 $u_{ij} = a$ 的值变化而变化. 一般地, 不存在一个简单的突变选择强度比值对所有行为网络都有效. 因此, 一个新的问题是如何找出最佳的突变选择强度比. 接下来, 我们不对如何找到最优的突变选择强度比进行理论分析, 相反地, 我们提出一个随时间切换的选择强度和突变率, 称为选择突变机制, 来优化群体在选择-漂移动力学中的适应度.

9.4.2 时变选择-突变机制

寻找一个最佳的突变-选择强度比值, 使得对应的选择-漂移动力学既能逃离局部最优状态也能稳定于全局最优状态是一件非常困难的事情. 实际上, 为了使群体能够从一些局部最优状态转移到新的中间态, 需要一个较大的突变-选择强度比; 而为了使群体收敛于全局最优的状态, 则需要一个较小的突变-选择强度比. 因此本小节, 我们介绍一个简单实用的时变选择-突变机制来解决这一问题.

机制 9.1 (时变突变-选择机制). 给定一个时间阈值 T, 令突变率在 $[0,T]$ 时 $\mu=1$, 在 (T,∞) 时 $\mu=0$, 令选择强度在 $[0,T]$ 为 $\omega=0$, 在 (T,∞) 时 $\omega=1$.

在具有上述时变选择-突变机制的选择-漂移动力学中, 群体的演化过程在 $[0,T]$ 和 $(T,+\infty)$ 时间段分别由突变动力学和选择动力学主导. 显然, 这种演化过程有助于驱使群体从低适应度演化到高适应度. 定理 9.5 说明了这一事实.

定理 9.5. 考虑一个完全异质对称型行为网络上的选择-漂移动力学, 其中行为网络的效用矩阵为

$$1 \leqslant u_1 \leqslant u_2 \leqslant \cdots \leqslant u_{N-1} < u_N, \ u_{ij}=a \in [0,1), \ 对于 \ i \neq j.$$

令

$$T_1 = \frac{N-1}{N}\left(\ln(N-1) - \ln(NB-1)\right) \tag{9.23}$$

以及

$$B = \frac{\sum_{i=2}^{N} u_i - (N-1)a}{(N-1)^2 u_1 + \sum_{i=2}^{N} u_i - 2(N-1)a},$$

如果选择强度和突变率由机制 9.1 确定, 且其中的时间阈值 $T \geqslant T_1$, 那么选择-漂

移动力学 (9.16) 式从初始状态 $x(0) = (1, 0, \cdots, 0)$ 出发, 总是收敛于状态 $x^* = (0, \cdots, 0, 1)$.

证明: 根据机制 9.1 中的时变选择–突变机制, 当 $t \in [0, T_1]$ 时, 有 $\mu = 1$ 和 $\omega = 0$. 因此, 当 $t \in [0, T_1]$ 时, (9.16) 式的选择–漂移动力学退化为下面方程中所示的突变动力学:

$$\dot{x}_i = -x_i + \sum_{j=1, j \neq i}^{N} x_j/(N-1), \quad i = 1, 2, \cdots, N. \tag{9.24}$$

而当 $t \in [T_1, \infty)$ 时, 有 $\mu = 0$ 和 $\omega = 1$, 此时, (9.16) 式的选择–漂移动力学退化为下面方程中所示的选择动力学:

$$\dot{x}_i = x_i \left((u_i - a) x_i - \sum_{j=1}^{N} (u_j - a) x_j^2 \right), \quad i = 1, 2, \cdots, N. \tag{9.25}$$

令 $\Omega = \{x \in \Delta_N | x_1 \leqslant B, x_2 \leqslant x_3 \leqslant \cdots \leqslant x_N\}$. 下面, 我们首先证明在突变动力学 (9.24) 的作用下, 群体状态能够在 T_1 的时间内, 从初始状态 $x(0) = (1, 0, \cdots, 0)$ 转移到 Ω 内. 实际上, 在突变动力学中, 对任意 $i, j \neq 1$, 都有 $\dot{x}_i = \dot{x}_j$ 和 $x_i(0) = x_j(0)$, 因此, 可以得到对任意 $i, j \neq 1$, 都有 $x_i(t) = x_j(t) = (1 - x_1(t))/(N-1)$. 将这一关系代入突变动力学 (9.24) 方程中, 可以得到

$$\dot{x}_1 = -x_1 + (1 - x_1)/(N-1).$$

通过解上面方程可以得到 $x_1(T_1) = B$, 因此可得对于 $i \neq 1$, 有 $x_i(T_1) = (1-B)/(N-1)$. 这个群体状态显然属于 Ω.

接下来, 我们证明在选择动力学 (9.25) 的驱动下, 群体从区域 Ω 内的任意状态出发, 都将收敛于状态 $x^* = (0, \cdots, 0, 1)$. 事实上, 容易验证当 $t \in [T_1, \infty)$ 且 $x \in \Omega$ 时, $\dot{x}_2 \leqslant \dot{x}_3 \leqslant \cdots \leqslant \dot{x}_{N-1} \leqslant \dot{x}_N$ 成立, 且存在一个常数 c 使得 $\dot{x}_1/x_1 \leqslant c < 0$. 因此, 根据比较原理, 可以得到 $x_2(t) \leqslant x_3(t) \leqslant \cdots \leqslant x_N(t)$ 且 $x_1(t) \leqslant B$. 这表明, Ω 是一个闭合区域, 即在选择动力学的驱使下, 任意从 Ω 中出发的状态都将保持在 Ω 中. 注意到 $x^* = (0, \cdots, 0, 1)$ 是选择动力学方程 (9.25) 在区域 Ω 中的唯一渐进稳定平衡点. 因此, 从区域 Ω 出发的任意轨迹都将收敛于 $x^* = (0, \cdots, 0, 1)$. 定理得证. □

定理 9.5 表明在时变选择-突变机制的作用下, 如果群体的行为按照选择-漂移动力学演化, 那么群体从任意初始的弱势行为出发, 总能够演化到最优的行为. 从优化理论的角度看, 上述时变选择-突变机制有助于选择-漂移动力学跳出局部最优状态并演化至全局最优状态.

考虑一类特殊的完全异质对称型行为网络, 其中每个行为 b_i, 对于 $i \neq j$, 令 $u_{ij} = 0$, 而对于 $i = 1, 2, \cdots, 20$, 自交互效用为 $u_i = 1 + H * i$, 并将具有上述机制的选择-漂移动力学应用于这一类特殊的行为网络中. 图 9.7 给出了群体平均适应度的演化轨迹. 时间阈值 T 由 (9.23) 式确定. 可以看到, 当行为之间的自交互效用差异很小时, 很难找到一个固定的突变-选择强度比来驱使群体从弱势行为转向优势行为, 但此时时变选择-突变机制却仍然有效.

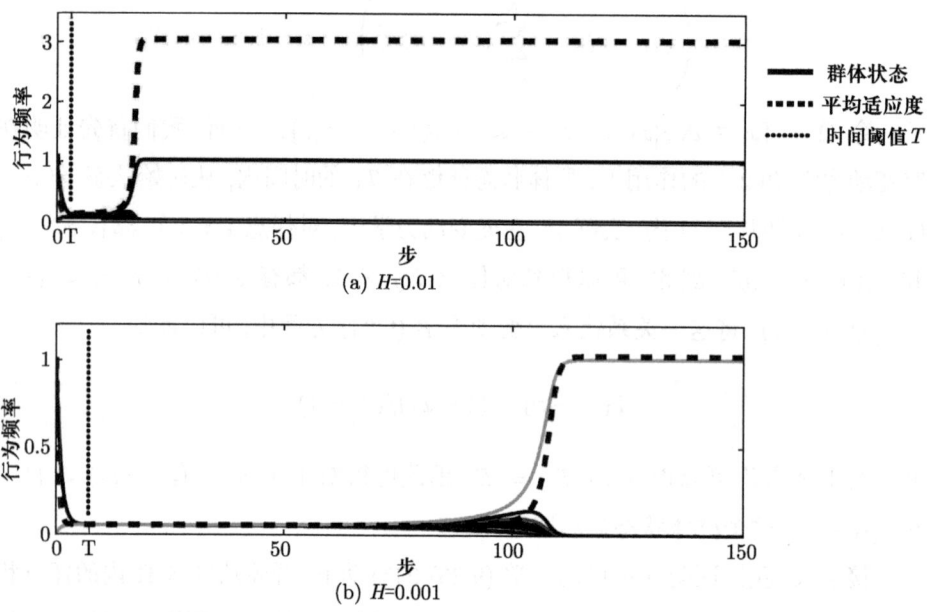

图 9.7 在具有选择-突变机制的选择-漂移动力学 (9.16) 作用下, 群体状态和其平均适应度的演化轨迹

9.5 非对称性导致的行为振荡

上面两节我们介绍了对称型行为网络上的选择–漂移演化动力学过程. 在这两类行为网络中, 任意两种行为进行交互时, 其得到的交互效用是相同的. 本节, 我们考虑非对称行为网络上的选择–漂移动力学. 在多数情况下, 非对称网络上的选择–漂移动力学具有类似的聚集–雪崩相变现象. 但是, 在某些特殊情形下, 行为网络的非对称性可能导致选择–漂移动力学中的行为振荡现象.

考虑图 9.8(a) 所示的非对称环状行为网络[13]. 效用矩阵定义如下: ① 对于 $i = 1, 2, \cdots, N$, 令 $u_{ii} = 1$; ② 按照顺时针方向, 当 $i = 1, 2, \cdots, N-1$ 时, 令 $u_{i,i+1} = \alpha$, 同样令 $u_{N,1} = \alpha$; ③ 按照逆时针方向, 当 $i = 2, \cdots, N$ 时, 令 $u_{i,i-1} = \beta$, 同样令 $u_{1,N} = \beta$; 其中, $\alpha, \beta \in (0,1)$ 且 $\alpha \neq \beta$. 显然, 对于上述非对称环状行为网络, 在选择动力学或突变动力学的单独作用下, 群体中不会产生行为振荡现象. 然而, 给定适当的突变–选择强度比, 上述两个动力学结合而成的选择–漂移动力学能够产生周期性振荡.

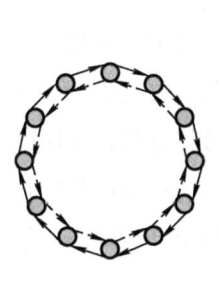

(a) 非对称环状行为网络示意图

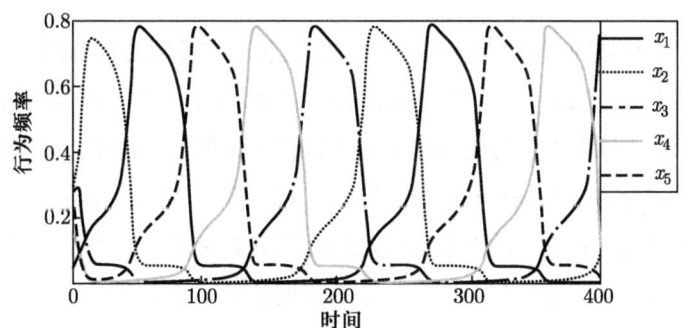

(b) 具有5个节点的非对称环状行为网络上的选择–漂移动力学 (9.17) 中的行为振荡现象

图 9.8 非对称环状行为网络

作为示例, 考虑具有 5 个节点非对称环状行为网络上的选择–漂移动力学

(9.17). 图 9.8(b) 展示了 $\gamma = 0.1$, $\alpha = 0.6$, $\beta = 0.1$ 时这个动力学产生的行为振荡现象. 图 9.9 给出了这个动力学中变量 x_1 随着参数 γ 变化产生的分岔图. 可以看到, 较大的突变–选择强度比会使得选择–漂移动力学收敛于完全雪崩状态, 而较小的突变–选择强度比使得选择–漂移动力学收敛于聚集状态. 只有当突变–选择强度比 γ 在适当的区间取值时, 对应的选择–漂移动力学会产生行为振荡现象, 且行为频率振荡的幅度随着 γ 增大而减小.

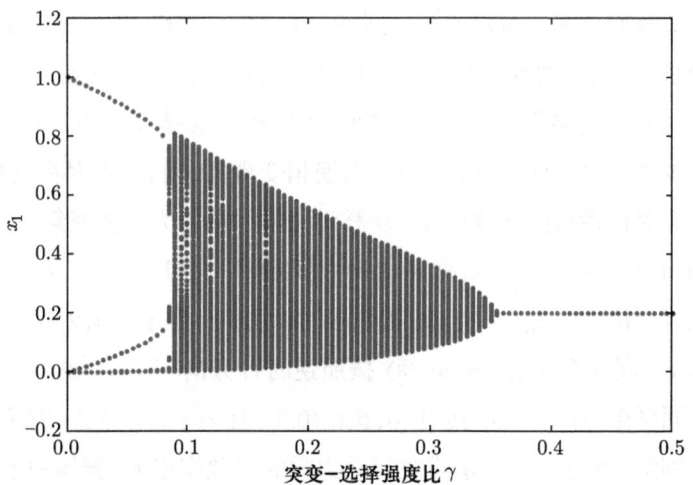

图 9.9　具有 5 个节点的非对称环状行为网络上的选择–漂移动力学 (9.17) 中变量 x_1 随着参数 γ 变化产生的分岔图 (从任意 10 个随机初始分布开始)

相似的行为振荡现象也存在于其他一些非对称行为网络上的选择–漂移动力学中. 一般地, 这些非对称行为网络都包含了一个非对称环状图结构. 图 9.10 展示了不同非对称行为网络上行为振荡现象的一些例子. 可以看到, 这些行为网络上的行为振荡是不规则的, 且其振荡周期互不相同. 这些结果表明行为网络的拓扑结构与其对应动力学行为之间存在着紧密的关联关系. 行为网络结构的一些细微改变可能导致其对应行为振荡周期和频率的显著变化.

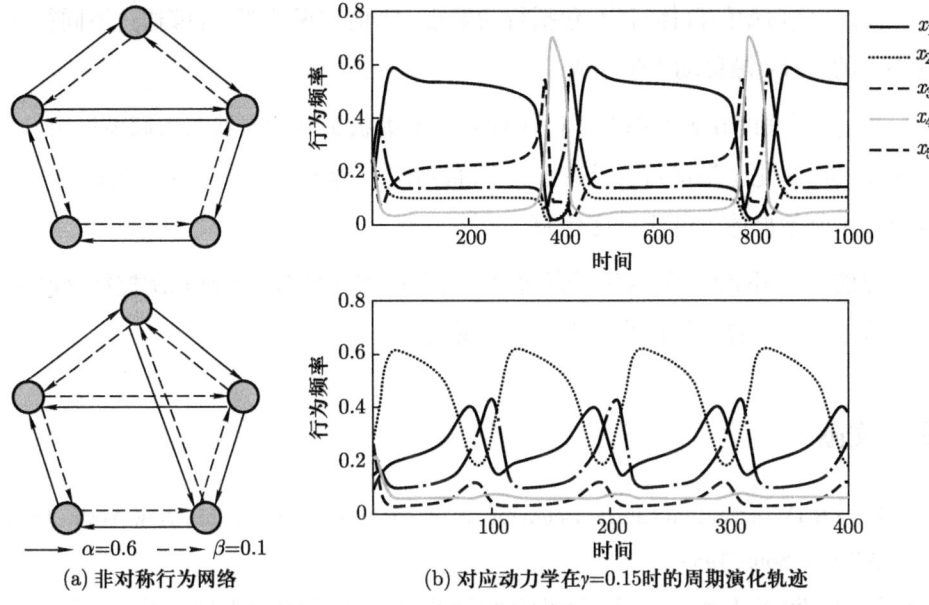

图 9.10 非对称行为网络上选择-漂移动力学所产生的行为振荡现象

9.6 本章要点小结

本章, 我们利用演化博弈动力学模型, 探讨了社交群体中集群行为的若干典型的涌现现象, 包括行为群集现象、行为雪崩现象以及行为振荡现象等. 集群行为的演化博弈动力学模型主要具有两个典型特征: ① 群体中的行为及其交互由一个博弈来刻画. 每个行为被当作一种策略, 而行为之间的交互则通过博弈收益矩阵来表示. ② 个体行为的调整过程由一个演化动力学模型刻画. 这里, 我们介绍了一个选择-漂移动力学方程, 用于对群体中行为的演化过程进行建模.

本章主要介绍了选择-漂移动力学模型的 3 个典型特征:

(1) 选择-漂移动力学具有一些不变性质, 且基于这个模型, 容易评估行为效用、个体行为的选择以及行为的随机探索对于群体集群行为的作用.

(2) 一些典型的群体行为, 包括行为聚集、雪崩和振荡等, 能够通过不同行为网络上的选择-漂移动力学生成.

(3) 选择强度和突变率对于群体行为从聚集状态到雪崩状态的调控作用, 以及对于群体演化至最优行为具有十分明确的作用. 这有利于构造对应的选择-突变机制来驱使群体收敛于最优行为.

显然, 行为网络上的演化博弈动力学过程能够为理解、监测和调控社交群体中一些范式和趋势的形成演化提供新的视角.

参考文献

[1] Luce R D. Individual Choice Behavior: A Theoretical Analysis [M]. New York: John Wiley & Sons, 1959.

[2] Sen S, Jin Y, Hosanagar K. Modeling the dynamics of network technology adoption and the role of converters [J]. IEEE/ACM Trans. Netw., 2010, 18(6): 1793–1805.

[3] Wang Y, Vasilakos A V, Ma J, et al. On studying the impact of uncertainty on behavior diffusion in social networks [J]. IEEE Trans. Syst. Man. Cybern. Syst., 2015, 45(2): 185–197.

[4] Schoner G, Kelso J A. Dynamic pattern generation in behavioral and neural systems [J]. Science, 1988, 239(4847): 1513–1520.

[5] Olfati-Saber R. Flocking for multi-agent dynamic systems: Algorithms and theory [J]. IEEE Trans. Autom. Contr., 2006, 51(3): 401–420.

[6] Morlon H. Microbial cooperative warfare [J]. Science, 2012, 337(6099): 1184–1185.

[7] Hauert C. Cooperation, collectives formation and specialization [J]. Adv. Complex Syst., 2006, 9(4): 315–335.

[8] Jin L, Chen Y, Wang T Y, et al. Understanding user behavior in online social networks: A survey [J]. IEEE Commun. Mag., 2013, 51(9): 144–150.

[9] Wei G Y, Zhu P, Vasilakos A V, et al. Cooperation dynamics on collaborative social networks of heterogeneous population [J]. IEEE J. Sel. Area Comm., 2013, 31(6): 1135–1146.

[10] Olfati-Saber R. Evolutionary dynamics of behavior in social networks [C]: Proceedings of the 46th IEEE Conference on Decision and Control, New Orleans, USA, December

12–14, 2007, 4051–4056.

[11] Hussein I I. An individual-based evolutionary dynamics model for networked social behaviors [C]: Proc. of the 2009 American Contr. Conf., St Louis, USA, June 10–12, 2009, 5789–5796.

[12] Xu X L, Chen Z Q, Si G Y, et al. The chaotic dynamics of the social behavior selection networks in crowd simulation [J]. Nonlinear Dynam., 2011, 64(1-2): 117–126.

[13] Pais D, Caicedo-Nunez C H, Leonard N E. Hopf bifurcations and limit cycles in evolutionary network dynamics [J]. SIAM J. Appl. Dyn. Syst., 2012, 11(4): 1754–1784.

[14] Leonard N E. Multi-agent system dynamics: Bifurcation and behavior of animal groups [J]. Annu. Rev. Contr., 2014, 38(2): 171–183.

[15] Eigen M, Schuster P. The Hypercycle: A Principle of Natural Self-organization [M]. Berlin: Springer-Verlag, 1979.

[16] Tan S, Wang Y, Chen Y, et al. Evolutionary dynamics of collective behavior selection and drift: flocking, collapse, and oscillation [J]. IEEE Trans. Cybern., 2017, 47(7): 1694–1705.

[17] Khan M A, Tembine H, Vasilakos A V. Game dynamics and cost of learning in heterogeneous 4G networks [J]. IEEE J. Sel. Area Comm., 2012, 30(1): 198–213.

[18] Wei G Y, Vasilakos A V, Zheng Y, et al. A game-theoretic method of fair resource allocation for cloud computing services [J]. J. Supercomput., 2010, 54(2): 252–269.

[19] Wang Y F, Nakao A, Vasilakos A V. On modeling of coevolution of strategies and structure in autonomous overlay networks [J]. ACM Trans. Auton. Adap. Sys., 2012, 7(2): 17.

[20] Zeng Y, Xiang K, Li D, et al. Directional routing and scheduling for green vehicular delay tolerant networks [J]. Wirel. Netw., 2013, 19(2): 161–173.

[21] Khan M A, Tembine H, Vasilakos A V. Evolutionary coalitional games: Design and challenges in wireless networks [J]. IEEE Wirel. Commun., 2012, 19(2): 50–56.

[22] Wang Y F, Vasilakos A V, Ma J H. VPEF: A simple and effective incentive mechanism in community-based autonomous networks [J]. IEEE Trans. Netw. Serv. Manag., 2015, 12(1): 75–86.

[23] Mitchener W G, Nowak M A. Chaos and language [J]. Proc. Royal Soc. B-Biol. Sci.,

2004, 271(1540): 701–704.

[24] Jin Y, Kesidis G, Jang J W. Diffusion dynamics of network technologies with bounded rational users: Aspiration-based learning [J]. IEEE/ACM Trans. Network., 2013, 21(1): 28–40.

[25] Yang Y, Li X. Towards a snowdrift game optimization to vertex cover of networks [J]. IEEE Trans. Cybern., 2013, 43(3): 948–956.

[26] Komarova N L, Niyogi P, Nowak M A. The evolutionary dynamics of grammar acquisition [J]. J. Theor. Biol., 2001, 209(1): 43–59.

[27] Chattopadhyay D. A game theoretic model for strategic maintenance and dispatch decisions [J]. IEEE Trans. Power Syst., 2004, 19(4): 2014–2021.

[28] Anastasopoulos M P, Arapoglou P D M, Kannan R, et al. Adaptive routing strategies in IEEE 802.16 multi-hop wireless backhaul networks based on evolutionary game theory [J]. IEEE J. Sel. Area. Comm., 2008, 26(7): 1218–1225.

[29] Chai B, Chen J, Yang Z, et al. Demand response management with multiple utility companies: A two-level game approach [J]. IEEE Trans. Smart Grid, 2014, 5(2): 722–731.

[30] Quek H Y, Tan K C, Abbass H A. Evolutionary game theoretic approach for modeling civil violence [J]. IEEE Trans. Evol. Comput., 2009, 13(4): 780–800.

[31] Akkarajitsakul K, Hossain E, Niyato D, et al. Game theoretic approaches for multiple access in wireless networks: A survey [J]. IEEE Commun. Surv. Tut., 2011, 13(3): 372–395.

[32] Wang Y F, Nakao A, Vasilakos A V, et al. P2P soft security: On evolutionary dynamics of P2P incentive mechanism [J]. Comput. Commun., 2011, 34(3): 241–246.

[33] Apesteguia J, Huck S, Oechssler J. Imitation-theory and experimental evidence [J]. J. Econ. Theory, 2007, 136(1): 217–235.

[34] Traulsen A, Semmann D, Sommerfeld R D, et al. Human strategy updating in evolutionary games [J]. Proc. Natl. Acad. Sci. USA, 2010, 107(7): 2962–2966.

[35] Nowak M A. Evolutionary Dynamics: Exploring the Equations of Life [M]. Cambridge: Harvard University Press, 2006.

[36] Gokhale C S, Iwasa Y, Nowak M A, et al. The pace of evolution across fitness valleys [J]. J. Theor. Biol., 2009, 259(3): 613–620.

第 10 章 连续势博弈中的学习动力学及其在分布式协同控制中的应用

近年来, 演化博弈中的学习动力学在多个体的分布式协同控制中取得了越来越多的应用. 实际上, 博弈学习算法可以应用于多个体系统的各种任务, 而实际应用中个体所有可获取信息的有限性, 则是设计对应博弈学习动力学的关键因素. 本章, 我们介绍一种针对连续势博弈的基于收益信息的学习动力学. 在这类动力学中, 个体只能获取关于自身策略和收益的信息, 并依据这些信息来调整自己的策略. 通过为个体设计相应的试错学习机制, 来搜索合适的移动方向和步长以调整个体的策略, 我们证明了在这种有限信息下, 个体的策略组合仍然能够收敛于连续势博弈的纯策略纳什均衡点. 同时, 作为应用示例, 我们将上述基于收益信息的学习动力学应用于为多个体系统设计基于距离信息的同步协议.

具体地, 本章内容组织如下: 10.1 节介绍博弈的学习动力学及其在分布式协同控制中应用的相关研究背景; 10.2 节介绍连续势博弈和博弈学习的相关基本概念; 10.3 节介绍一种基于最优响应的博弈学习动力学, 称为梯度学习; 10.4 节介绍基于收益信息的学习动力学并建立其收敛性定理; 10.5 节将上述博弈学习动力学应用于设计多个体系统的同步协议; 最后 10.6 节对本章的要点内容进行总结.

第 10 章 连续势博弈中的学习动力学及其在分布式协同控制中的应用

10.1 引言

博弈学习是一群相互关联的个体基于所获得的信息来独立地优化自身收益函数的过程. 博弈模型及其学习动力学为研究和设计各种任务中个体之间的交互和行为规则提供了一个恰当的框架[1]. 例如, 近年来, 有越来越多的研究利用博弈模型及其学习动力学来为多个体系统设计分布式协同控制协议, 使其完成各种任务, 包括一致性、目标定位、自动路由以及资源分配等[2-5].

个体所能获取的信息是设计博弈学习动力学的关键因素. 一个经常性的假设是: 每个个体知道其自身目标函数的具体结构 (即知道其收益如何受其他个体策略的影响); 同时每个个体也能够获取那些能影响自身收益的个体的策略信息. 在这种情形下, 给定其他个体的策略组合后, 每个个体能够评估自己采取每种策略所能够获取的收益, 并依据这一评估来调整自身的策略. 多数博弈学习动力学属于这一类情形, 包括最优响应动力学[6]、择优响应动力学[7]、虚拟行动动力学[8]以及由它们衍生的相关动力学等[9-12].

然而, 一种常见的情形是个体可能完全不知道自身目标函数的结构, 也无法获取关于其他个体策略的信息. 在这种情形下, 个体所能获取的信息只是它自己过去的策略和对应的收益. 这种无法获取完全信息的情形可能会在各种实际情景中碰到. 例如, 在移动协调问题中[13], 个体可能只具有探测其自身与其他个体之间距离的能力, 却不具有感知其他个体绝对位置的能力. 此时, 一个挑战性的问题是, 是否能够基于这些有限的信息来设计博弈学习动力学, 使得在学习动力学的驱使下, 个体的策略能够收敛于纳什均衡点.

实际上, 对于具有有限策略集的势博弈, 最近有研究表明, 能够基于试错法来构造上述有限信息下的博弈学习动力学[14]. 这种类型学习动力学的主要原理如下: 在每个时间步, 一个个体被选择出来更新自身的策略; 个体以一定的概率探索一个新的策略; 如果新的策略能够带来更高的收益, 那么这个个体则接受这一新的策略, 否则这个个体保持原来策略不变. 考虑到个体的策略集是有限的, 因此上述试错式更新能够遍历个体所有的策略组合, 直到收敛于某一纳什均衡点. 所谓的后悔测试算法[15,16] 以及安全、简单、抽样实验动力学[17] 等都属于这一类学习动力学. 因为这一类学习动力学只利用了每个个体自身的收益信息, 因此这类动力学也被称为基于收益信息的学习动力学.

本章的目的在于为具有连续策略空间的势博弈发展出一个基于收益信息的学习动力学. 注意到, 上面在有限策略集的势博弈中提到的试错学习法, 不能直接应用于连续策略的势博弈中, 因为连续势博弈中的无限策略集合可能会导致一个无限的试错过程. 因此, 这里不打算构造直接对策略集合进行试错式搜索的方法; 相反地, 我们为个体构造一个对其策略调整方向和步长进行试错式搜索的方法, 并证明基于这种试错式搜索过程, 个体的策略组合能够渐进收敛于一个纯策略纳什均衡点.

10.2 连续势博弈及其学习动力学的基本概念

本节我们对博弈学习的相关背景进行简单的介绍. 首先给出连续势博弈的定义及其相关的概念, 然后提出连续势博弈的学习动力学所需达成的目标, 并利用最优响应动力学进行说明.

10.2.1 连续势博弈

一个标准形式的博弈由 3 个要素组成, 包括个体 (玩家) 集合、每个个体的非空策略集合以及每个个体的收益函数. 收益函数取值由其他个体所采取的策略以及这个个体本身的策略决定. 考虑一个多个体连续型博弈, 其中个体集合为 $\mathcal{P} = \{\mathcal{P}_1, \mathcal{P}_2, \cdots, \mathcal{P}_n\}$. 每个个体 $\mathcal{P}_i \in \mathcal{P}$ 的策略集 $\mathcal{X}_i = \mathbb{R}^{N_i}$ 是一个 N_i 维的欧氏空间, 其收益函数定义为 $U_i : \mathcal{X} \to \mathbb{R}$, 其中 $\mathcal{X} = \mathcal{X}_1 \times \mathcal{X}_2 \times \cdots \times \mathcal{X}_n$. 为简便起见,

下面用记号 $\Gamma = (\mathcal{P}, \{\mathcal{X}_i | \mathcal{P}_i \in \mathcal{P}\}, \{U_i | \mathcal{P}_i \in \mathcal{P}\})$ 表示上述多个体连续博弈.

令 $x^i = (x_1^i, x_2^i, \cdots, x_{N_i}^i) \in \mathcal{X}_i$ 表示个体 $\mathcal{P}_i$ 的策略, 令 $x = (x^1, x^2, \cdots, x^n) \in \mathcal{X}$ 表示这个博弈中所有个体的策略组合, 那么, 除个体 $\mathcal{P}_i$ 之外所有其他个体的策略组合表示为 $x^{-i} = (x^1, \cdots, x^{i-1}, x^{i+1}, \cdots, x^n)$. 在下文中, 表示博弈中所有个体策略组合 $(x^1, x^2, \cdots, x^n)$ 的记号 x 和记号 (x^i, x^{-i}), 将视具体情形切换使用.

定义 10.1. 对于博弈 $\Gamma = (\mathcal{P}, \{\mathcal{X}_i | \mathcal{P}_i \in \mathcal{P}\}, \{U_i | \mathcal{P}_i \in \mathcal{P}\})$, 如果存在一个势函数 $\phi: \mathcal{X} \to \mathbb{R}$ 使得

$$U_i(x^i, x^{-i}) - U_i(y^i, x^{-i}) = \phi(x^i, x^{-i}) - \phi(y^i, x^{-i}) \tag{10.1}$$

对所有 $x^i, y^i \in \mathcal{X}_i$, $x^{-i} \in \mathcal{X}^{-i}$ 以及 $\mathcal{P}_i \in \mathcal{P}$ 成立, 那么称这个博弈 Γ 为势博弈.

由上述定义可知, 在势博弈中, 如果一个个体单方面改变自身的策略, 那么这个个体收益的变化与其势函数的变化相等.

假设在博弈 $\Gamma = (\mathcal{P}, \{\mathcal{X}_i | \mathcal{P}_i \in \mathcal{P}\}, \{U_i | \mathcal{P}_i \in \mathcal{P}\})$ 中, 每个个体 $\mathcal{P}_i \in \mathcal{P}$ 的收益函数 $U_i(x)$ 关于 $\mathcal{X}$ 连续可微. 令

$$\nabla_i U_i = \left(\frac{\partial U_i}{\partial x_1^i}, \frac{\partial U_i}{\partial x_2^i}, \cdots, \frac{\partial U_i}{\partial x_{N_i}^i}\right). \tag{10.2}$$

在这种情形下, Monderer 和 Shapley[18] 证明, ϕ 是博弈 Γ 的势函数当且仅当 ϕ 是一个连续可微函数, 且

$$\nabla_i U_i = \nabla_i \phi, \quad \forall \mathcal{P}_i \in \mathcal{P}. \tag{10.3}$$

定义 10.2. 在博弈 $\Gamma = (\mathcal{P}, \{\mathcal{X}_i | \mathcal{P}_i \in \mathcal{P}\}, \{U_i | \mathcal{P}_i \in \mathcal{P}\})$ 中, 如果对所有个体 $\mathcal{P}_i \in \mathcal{P}$, 一个策略组合 $\bar{x} \in \mathcal{X}$ 满足下面条件

$$U_i(\bar{x}^i, \bar{x}^{-i}) = \max_{x^i \in \mathcal{X}_i} U_i(x^i, \bar{x}^{-i}), \tag{10.4}$$

那么称这个策略组合 $\bar{x}$ 为博弈 Γ 的纯策略纳什均衡点.

纳什均衡点为非合作博弈提供了一个解的概念. 从上述定义可以知道, 一个纳什均衡点是每个个体收益函数关于自身策略的局部最优解. 换句话说, 纳什均衡点是稳定的, 因为在其他所有个体策略保持不变的情况下, 没有任何一个个体能够通过单方面改变自身的策略来获取更高的收益.

对于一般标准形式的博弈来说, 判定其中是否存在纳什均衡点是一件非常困难的事情. 但对于势博弈来说, 下面的引理将保证, 任意势博弈都具有至少一个纯策略纳什均衡点[18].

引理 10.1. 考虑一个势博弈 $\Gamma = (\mathcal{P}, \{\mathcal{X}_i | \mathcal{P}_i \in \mathcal{P}\}, \{U_i | \mathcal{P}_i \in \mathcal{P}\})$, 并假设其势函数为 $\phi : \mathcal{X} \to \mathbb{R}$, 令 $\bar{x} = \arg\max_{x \in \mathcal{X}} \phi(x)$, 那么 $\bar{x}$ 是这个博弈 Γ 的一个纯策略纳什均衡点.

10.2.2 重复博弈及其学习动力学

现在知道, 一个多个体连续势博弈总是存在至少一个纯策略纳什均衡点. 那么, 一个进一步的问题是: 个体之间如何协调各自的策略来达到某一纳什均衡点? 这个问题即是博弈学习理论的研究对象.

在博弈学习动力学的框架中, 个体被假定重复地进行同一个博弈, 并在每个时间步按照一定的学习规则更新自己的策略. 具体地, 考虑一个博弈 $\Gamma = (\mathcal{P}, \{\mathcal{X}_i | \mathcal{P}_i \in \mathcal{P}\}, \{U_i | \mathcal{P}_i \in \mathcal{P}\})$, 并假设博弈重复的时间轴为自然数集 $\mathbb{N}$. 在每个时刻 $t \in \mathbb{N}$, 每个个体 $\mathcal{P}_i \in \mathcal{P}$ 同时选择一个策略 $x^i(t) \in \mathcal{X}_i$ 进行博弈, 并获得收益 $\pi_i(t) = U_i(x(t))$, 其中 $x(t) = (x^1(t), x^2(t), \cdots, x^n(t)) \in \mathcal{X}$. 基于所获得信息, 在每个时间步, 个体按照一定的学习规则调整自身的策略.

一般地, 一个博弈学习规则可以表述为

$$x^i(t+1) = \mathcal{H}\left(\prod_{k=0}^{t} x^i(k); \prod_{k=0}^{t} x^{-i}(k); U_i\right). \tag{10.5}$$

在这个一般的学习机制中, 每个个体 $\mathcal{P}_i \in \mathcal{P}$ 所能获取的信息包括所有个体过去时刻采取的策略、其自身的收益函数以及其自身过去时刻所得到的收益, 其中后者可以对应地由过去时刻的策略以及收益函数两者推断出来. 学习函数 $\mathcal{H}$ 可以是确定性的或随机性的. 利用上述信息来决定下一时间步个体将采取的策略 $x^i(t+1)$.

显然, 上述一般学习规则要求每个个体都具有无限的记忆能力. 然而, 一个更严格的条件是每个个体可能只具有一步记忆能力. 在这种情况下, 上述一般学

习规则可以改写为如下形式:

$$x^i(t+1) = \mathcal{H}(x^i(t); x^{-i}(t); U_i). \tag{10.6}$$

显然, 最优响应动力学是具有上述学习形式的典型学习规则. 具体地, 令

$$BR_i(x^{-i}) = \arg\max_{x^i \in \mathcal{X}_i} U_i(x^i, x^{-i}). \tag{10.7}$$

离散时间的最优响应动力学定义如下:

$$x^i(t+1) \in BR_i(x^{-i}(t)). \tag{10.8}$$

最优响应动力学是寻找势博弈纳什均衡的一个经典方法. 然而, 它具有一些本质性的局限性:

(1) 最优响应动力学要求每个个体能够获得关于其自身收益函数的解析形式以及所有个体策略的信息. 注意到, 当博弈的玩家集包括许多个体时, 获取所有个体的策略信息变得非常困难. 此外, 在很多应用中, 个体的收益函数的解析形式可能并不清楚或者甚至是非数值函数.

(2) 在每个时间步, 最优响应动力学都需要求解一个最优问题, 即 (10.7) 式. 而求解最优问题可能具有相对高的计算复杂度或者甚至是不可能的.

(3) 离散时间的最优响应动力学可能导致个体策略在一步时间内发生较大改变. 这种情形不适用于如无人车的运动协调等物理系统中, 因为受物理规则限制, 这些系统中个体的运动状态只能是逐步改变的.

接下来, 我们期望为多个体连续势博弈构造这样一种学习动力学. 首先, 每个个体的策略更新过程必须非常简单和直接, 具体地, 即要求策略更新过程不具有高计算复杂度的操作. 其次, 个体策略在每个时间步的改变是渐变的. 最后, 最重要的是, 每个个体只利用其自身过去时间所采取的策略和得到的收益信息来调整自身的策略. 这就是说, 这个学习动力学具有如下形式:

$$x^i(t+1) = \mathcal{H}(x^i(t); \pi_i(t)). \tag{10.9}$$

一个具有上述形式的学习动力学被称为基于收益信息的学习动力学[17]. 注意到在上述学习动力学中, 每个个体 $\mathcal{P}_i \in \mathcal{P}$ 所需要的信息 $\{x^i(t), \pi_i(t)\}$ 是能够

轻松获取的. 实际上, 这样的信息 $\{x^i(t), \pi_i(t)\}$ 要求是博弈学习能够有效进行的最小信息要求, 缺失其中任何一个信息 $x^i(t)$ 或 $\pi_i(t)$ 将无法构造一个学习动力学, 使得个体的策略组合能够收敛于纳什均衡点. 接下来, 我们将探讨如何构造具有 (10.9) 式结构的学习动力学, 使得个体的策略组合能够收敛于博弈的某一纳什均衡点.

10.3 梯度学习

本节, 我们介绍一种称为梯度博弈的学习动力学, 来为后面设计基于收益的学习动力学做准备. 梯度学习是择优响应动力学的一种. 在梯度学习动力学中, 每个个体顺着其收益函数的梯度方向, 以合适的步长调整自身的策略. 这种学习方式能够拓展为一个基于收益信息的学习动力学.

考虑一个连续势博弈 $\Gamma = (\mathcal{P}, \{\mathcal{X}_i | \mathcal{P}_i \in \mathcal{P}\}, \{U_i | \mathcal{P}_i \in \mathcal{P}\})$. 对所有个体 $\mathcal{P}_i \in \mathcal{P}$, 假设其收益函数 $U_i(x)$ 关于 $\mathcal{X}$ 连续可微, 且将其关于分量 x^i 的梯度记作 $\nabla_i U_i$, 如 (10.2) 式所示. 离散时间的梯度动力学具有如下形式:

$$x^i(t+1) = x^i(t) + \delta \nabla_i U_i(x(t)), \quad \forall \mathcal{P}_i \in \mathcal{P}. \tag{10.10}$$

其中, $\delta > 0$ 是一个重要参数, 用于控制更新的步长.

在上面离散时间梯度学习动力学中, 每个个体的决策更新过程非常简单, 且个体策略的变化是渐进式的. 个体进行策略更新所需要的信息包括其自身上一步的策略、其自身收益函数的解析形式以及其他所有个体上一步的策略信息, 以便计算收益函数的梯度.

现在, 我们讨论上述离散时间梯度学习动力学是否能够收敛于连续势博弈 Γ 的一个纯策略纳什均衡点. 令 $\phi: \mathcal{X} \to \mathbb{R}$ 表示其势函数. 因为收益函数被假定是连续可微的, 那么这个势函数也连续可微. 令 $\nabla \phi$ 为势函数 ϕ 关于变量 x 的梯度.

由 (10.3) 式可知
$$\nabla \phi = (\nabla_1 U_1, \nabla_2 U_2, \cdots, \nabla_n U_n). \tag{10.11}$$

下面, 假定势函数 ϕ 具有如下性质.

条件 1 (Lipschitz 条件). 势函数 ϕ 的梯度是 L-Lipschitz 函数. 即, 对任意 $x, y \in \mathcal{X}$, 都有
$$\|\nabla \phi(x) - \nabla \phi(y)\| \leqslant L\|x - y\|.$$
其中 $L > 0$ 是一个常数.

条件 2 (凹性条件). 势函数 ϕ 是一个具有上界的凹函数. 即对任意 $x, y \in \mathcal{X}$ 和任意 $\alpha \in [0, 1]$, 都有
$$\phi((1-\alpha)x + \alpha y) \geqslant (1-\alpha)\phi(x) + \alpha\phi(y),$$
此外, 存在一个上界 $\bar{\phi} = \max\limits_{x \in \mathcal{X}} \phi(x) < +\infty$.

定理 10.1. 给定一个连续势博弈 $\Gamma = (\mathcal{P}, \{\mathcal{X}_i | \mathcal{P}_i \in \mathcal{P}\}, \{U_i | \mathcal{P}_i \in \mathcal{P}\})$. 如果其势函数 ϕ 满足条件 1 和条件 2, 那么具有步长 $0 < \delta < L/2$ 的离散时间梯度动力学 (10.10) 能够收敛于博弈 Γ 的某一纯策略纳什均衡点.

证明: 由条件 1 可得
$$\begin{aligned}\phi(x(t+1)) \geqslant{}& \phi(x(t)) + \langle \nabla \phi(x(t)), x(t+1) - x(t)\rangle \\ & -\frac{L}{2}\|x(t+1) - x(t)\|^2\end{aligned} \tag{10.12}$$

由方程 (10.10) 可得
$$\begin{aligned}x(t+1) - x(t) &= (x^1(t+1) - x^1(t), \cdots, x^n(t+1) - x^n(t)) \\ &= \delta(\nabla_1 U_1, \cdots, \nabla_n U_n) = \delta \nabla \phi.\end{aligned}$$

将上式代入式 (10.12) 可得
$$\phi(x(t+1)) \geqslant \phi(x(t)) + \delta\|\nabla \phi(x(t))\|^2 - \frac{L}{2}\delta^2 \|\nabla \phi(x(t))\|^2.$$

由此可得
$$\|\nabla \phi(x(t))\|^2 \leqslant \frac{1}{\delta(1 - \delta L/2)}(\phi(x(t+1)) - \phi(x(t)))$$

以及
$$\sum_{t=0}^{N}\|\nabla\phi(x(t))\|^2 \leqslant \frac{1}{\delta(1-\delta L/2)}(\phi(x(N+1))-\phi(x(0))).$$

注意到 $\lim_{N\to\infty}\phi(x(N+1)) \leqslant \bar{\phi} = \max_{x\in\mathcal{X}}\phi(x) < +\infty$. 因此, 由上面不等式可知 $\lim_{N\to\infty}\sum_{t=0}^{N}\|\nabla\phi(x(t))\|^2$ 也具有一个上界. 这表明

$$\lim_{t\to\infty}\nabla\phi(x(t)) = 0.$$

现在已知在离散时间梯度学习动力学 (10.10) 的作用下, 个体的策略组合 $x(t)$ 将会收敛于一个满足 $\nabla\phi(\bar{x})=0$ 的平稳点 $\bar{x}$. 由条件 2 可知, 满足条件 $\nabla\phi(\bar{x})=0$ 的平稳点 $\bar{x}$ 是凹函数 ϕ 的一个全局最大解. 因此, 由引理 10.1 可知, 平稳点 $\bar{x}$ 是连续势博弈 Γ 的一个纯策略纳什均衡点. 定理得证. □

10.4 基于收益信息的博弈学习动力学

本节, 我们为连续势博弈构造一个基于收益信息的学习动力学. 具体地, 首先给出关于构造基于收益信息的学习动力学的一些启发式思路, 其次给出基于收益信息的学习动力学, 再次分析所构造的学习动力学的纳什收敛性, 最后讨论所构造学习算法的终止准则.

10.4.1 试探性移动

(10.10) 式的梯度学习动力学可以推广为下面的一般形式:

$$x^i(t+1) = x^i(t) + \delta_i(t)d^i(t), \quad \forall \mathcal{P}_i \in \mathcal{P}. \tag{10.13}$$

这里, $\delta_i(t) > 0$ 是一个与时间有关的参数, 用于调控个体 $\mathcal{P}_i \in \mathcal{P}$ 在每个时间步的更新步长; $\boldsymbol{d}^i(t) = (d_1^i(t), d_2^i(t), \cdots, d_{N_i}^i(t))$ 是一个与时间有关的单位向量, 用于调控每次策略更新的方向. 在没有收益函数 U_i 解析形式的信息, 或者没有其

他个体策略 $x^{-i}(t)$ 的信息时, 梯度 $\nabla_i U_i(x(t))$ 将无法获得并更新方向 $d^i(t)$. 此时, 如果在每个时间步 $t \in \mathbb{N}$, $d^i(t)$ 都被选择为一个合适的递增方向, 使得对所有 $\mathcal{P}_i \in \mathcal{P}$, 都有 $d^i(t)\nabla_i U_i(x(t))^{\mathrm{T}} \geqslant 0$, 那么动力学方程 (10.13) 在适当步长 $\delta_i(t)$ 的情况下也收敛.

现在一个关键问题是在个体仅具有其自身上一步策略和收益信息的条件下, 如何找到一个合适的递增方向 $d^i(t)$ 和步长 $\delta_i(t)$, 同样的问题在构造不利用函数微分信息的优化方法时也会遇到[19]. 幸运的是, 一种被称为生成集搜索方法 (generating set search methods) 被提出来, 用于解决上述搜索适当递增方向的问题[20,21]. 这种方法的主要思想是: 通过试错法搜索能正向张成整个定义域的生成集方向向量, 总能找到至少一个合适的递增方向 $d^i(t)$.

给定一个连续势博弈 $\Gamma = (\mathcal{P}, \{\mathcal{X}_i | \mathcal{P}_i \in \mathcal{P}\}, \{U_i | \mathcal{P}_i \in \mathcal{P}\})$, 其中 $\mathcal{X}_i = \mathbb{R}^{N_i}$. 这里, 对每个个体 $\mathcal{P}_i \in \mathcal{P}$, 我们用 $2N_i$ 个坐标方向 D_i 作为其策略空间的生成集, 其中

$$D_i = \{e_1^i, e_2^i, \cdots, e_{N_i}^i, -e_1^i, -e_2^i, \cdots, -e_{N_i}^i\}. \tag{10.14}$$

这里, e_j^i 是一个 N_i 维的单位坐标向量, 它的第 j 个元素为 1.

引理 10.2. 给定任意一个向量 $y \in \mathcal{X}_i$, 存在一个 $d^i \in D_i$, 使得

$$\frac{\langle d^i, y \rangle}{\|d^i\|\|y\|} \geqslant \frac{1}{\sqrt{N_i}}. \tag{10.15}$$

证明: 因为 $\sum_{j=1}^{N_i} y_j^2 = \|y\|$, 所有总存在某个 $|y_j| \geqslant \|y\|/\sqrt{N_i}$. 当 $y_j \geqslant \|y\|/\sqrt{N_i}$ 时, 令 $d^i = e_j^i$; 当 $-y_j \geqslant \|y\|/\sqrt{N_i}$ 时, 令 $d^i = -e_j^i$. 此时, 不等式 (10.15) 成立. □

上述引理表明, 对每个个体 $\mathcal{P}_i \in \mathcal{P}$, 不管其梯度 $\nabla_i U_i(x(t))$ 的方向如何, 总是存在某个 $d^i \in D_i$, 使得

$$\langle \nabla U_i(x(t)), d^i \rangle \geqslant \frac{1}{\sqrt{N_i}} \|d^i\|\|\nabla_i U_i(x(t))\|. \tag{10.16}$$

也就是说, 对每个个体 $\mathcal{P}_i \in \mathcal{P}$, 坐标方向 D_i 中总是存在某个递增的方向.

步长参数 $\delta_i(t)$ 的选取是更新动力学 (10.13) 中的另一个重要问题. 如果能够获取关于收益函数解析形式和其他个体策略集的信息, 那么这个问题可以通过线

搜索 (line search) 方法来解决. 然而, 在不具有上述信息的情形下, 需要构造一个试错法来解决这一问题.

注意到, 即使策略的更新是沿着收益递增的方向, 步长过大可能导致更新的策略带来的收益降低, 而步长过小会导致学习动力学的收敛速度非常低. 因此, 对步长 $\delta_i(t)$ 的一个合理要求是, 这一步长能在尽量大的情况下, 保证能够给个体的收益带来一定程度的增长. 因此, 可以为每个个体 $\mathcal{P}_i \in \mathcal{P}$ 定义一个函数 $\beta_i : [0, +\infty) \to [0, +\infty)$, 来衡量这个个体在策略更新时所能接受的收益增长. 具体地, 给定一个步长 $\delta_i(t)$, 如果个体 $\mathcal{P}_i \in \mathcal{P}$ 和策略更新方向 $\boldsymbol{d}^i(t)$, 使得下面不等式

$$\pi_i(t+1) - \pi_i(t) = U_i(x(t+1)) - U_i(x(t)) > \beta_i(\delta_i(t)) \tag{10.17}$$

对更新动力学 (10.13) 成立, 那么则接受这一步长 $\delta_i(t)$, 并将其设定为下一时间步的步长. 否则, 如果没有任何个体能够通过顺着对应的更新方向和步长, 依据更新动力学 (10.13) 调整自身的策略, 使得其收益增大至少 $\beta_i(\delta_i(t))$, 那么则将当前的步长缩小为

$$\delta_i(t+1) = \rho_i\, \delta_i(t), \quad \text{其中 } 0 < \rho_i < 1. \tag{10.18}$$

通过这种回溯法, 预期能够得到恰当的步长 $\delta_i(t)$.

10.4.2 学习算法

基于上述对适当策略更新方向和步长的搜索方法, 我们为连续势博弈构造如下的基于收益信息的学习算法.

- **初始化**: 在初始时刻 $t = 0$ 时, 每个个体 $\mathcal{P}_i \in \mathcal{P}$ 随机选择一个初始策略 $x^i(0) \in \mathcal{X}_i$ 和一个适当的初始步长 $\delta_i(0) > 0$.
- **第一步**: 在每个时间步 t, 生成一个进行策略更新的候选集合 $\mathcal{P}_c(t) = \mathcal{P} = \{\mathcal{P}_1, \mathcal{P}_2, \cdots, \mathcal{P}_n\}$; 同时, 对每个个体 $\mathcal{P}_i \in \mathcal{P}$, 生成一个候选的策略更新方向集合:

$$D_{i,c}(t) = D_i = \{e_1^i, e_2^i, \cdots, e_{N_i}^i, -e_1^i, -e_2^i, \cdots, -e_{N_i}^i\}.$$

- **第二步**: 随机地从候选集合 $\mathcal{P}_c(t)$ 选择一个更新个体. 这个被选择的个体, 不失一般性, 设为 $\mathcal{P}_i$, 从其候选的策略更新方向集合 $D_{i,c}(t)$ 中随机地选择一

个更新方向 $d^i(t)$，并将其策略更新为 $x^i(t+1) = x^i(t) + \delta_i(t)d^i(t)$.

- **情形 1**: 如果个体 $\mathcal{P}_i$ 获得收益满足 $\pi_i(t+1) > \pi_i(t) + \beta_i(\delta_i(t))$，那么令 $\delta_i(t+1) = \delta_i(t)$，并返回到第一步.

- **情形 2**: 反之，如果个体 $\mathcal{P}_i$ 获得收益满足 $\pi_i(t+1) \leqslant \pi_i(t) + \beta_i(\delta_i(t))$，那么进行下面操作:

  ① 令 $x^i(t+1) = x^i(t)$ (即回到原策略).

  ② 令 $D_{i,c}(t+1) = D_{i,c}(t) - \{d^i(t)\}$ (即删除无效的策略更新方向 $d^i(t)$).

  ③ 如果 $D_{i,c}(t+1) = \varnothing$，那么令 $\mathcal{P}_c(t+1) = \mathcal{P}_c(t) - \mathcal{P}_i$ (即如果个体 $\mathcal{P}_i$ 的所有更新方向都无效，那么这个个体放弃更新策略的机会); 否则，令 $\mathcal{P}_c(t+1) = \mathcal{P}_c(t)$.

  ④ 如果 $\mathcal{P}_c(t+1) \neq \varnothing$，那么返回至第二步; 否则，如果 $\mathcal{P}_c(t+1) = \varnothing$，则跳至第三步.

- **第三步**: 缩小所有个体的策略更新步长. 即对每个个体 $\mathcal{P}_i \in \mathcal{P}$，令 $\delta_i(t+1) = \rho_i \, \delta_i(t)$.

- **第四步**: 返回第一步并重复上述流程.

上面所构造的基于收益信息的学习算法的主要思想如下: 所有个体都具有一个正概率来异步地调整自己的策略; 他们对数量充分的策略更新方向进行尝试，以便得到一个可以接受的收益增长; 如果所有的策略更新方向都不能带来可以接受的收益增长，那么这个个体就放弃自己更新策略的机会; 而如果所有个体都放弃了自己更新策略的机会，那么所有个体都缩小自己的策略更新步长，并再一次进行上述策略调整的过程.

在上面基于收益信息的学习算法中，可以对其中一些操作进行调整而不会改变整个算法的有效性. 具体地，这些操作包括:

(1) 进行策略更新的个体的选择方式. 在上面算法中，为了保证所有个体更新策略机会的公平性，进行策略更新的个体是从所有候选个体集合中以等概率的方式随机选择. 在更一般情况下，个体可以依据任意的概率分布从候选个体集合中选择出来. 例如，可以以正比于个体策略空间维度的概率或者按照一个确定性的顺序选择等. 一个唯一的要求是，这个选择方式必须保证所有个体都具有一个正概率被选择出来更新策略.

(2) 策略更新方向的选择方式. 与策略更新的个体的选择方式相似, 策略更新方向的选择方式也可以基于一个一般性的概率分布或确定性的顺序来选择. 一个可能的选择方式是, 在每个时间步, 选择上一步中有效的更新方向; 如果此时这一方向无效, 那么从剩余更新方向中随机地选择一个. 考虑个体收益函数的梯度是连续函数, 这种选择方式或许更能快速地选择出有效的策略更新方向.

(3) 策略更新方向集合的选择. 一般地, 对每个个体来说, 其策略更新方向集合可以是任意能够正向张成其整个策略空间的生成集.

注 10.1. 上面所构造的基于收益信息的学习算法可以看作是优化方法中生成集搜索法的一种推广. 生成集搜索方法的目标在于求解如下优化问题:

$$\max_{x \in \mathbb{R}^N} U(x).$$

这个问题可以看作是单个个体需找一个最优的策略来最大化其收益函数 $U(x)$.

本章连续势博弈学习算法需要求解的问题是

$$\max_{x^i \in \mathcal{X}_i} U_i(x^i, x^{-i}), \quad \forall \mathcal{P}_i \in \mathcal{P}. \tag{10.19}$$

即多个个体同时需找一个最优的策略来最大化其收益. 特别地, 个体之间搜索过程是非合作形式的: 每个个体仅关心其自身收益, 也仅能够调整其自身策略.

10.4.3 收敛性分析

本小节, 我们分析上面基于收益信息的学习算法是否能够收敛于连续势博弈 $\Gamma = (\mathcal{P}, \{\mathcal{X}_i | \mathcal{P}_i \in \mathcal{P}\}, \{U_i | \mathcal{P}_i \in \mathcal{P}\})$ 的纯策略纳什均衡点.

注意到, 在上面基于收益信息的学习算法中, 有两个关键的更新过程. 第一, 当**情形 1** 发生时, 某个个体的策略发生了更新. 令 $\mathcal{S}_i = \{t \in \mathbb{N} |$ 在 t 时刻, 个体为 $\mathcal{P}_i \in \mathcal{P}$ 时, **情形 1** 发生$\}$. 容易得到

$$x^i(t+1) = \begin{cases} x^i(t) + \delta_i(t) \boldsymbol{d}^i(t), & \text{若 } t \in \mathcal{S}_i, \\ x^i(t), & \text{其他情况}. \end{cases} \tag{10.20}$$

这里, $\boldsymbol{d}^i(t)$ 是指 t 时刻所选出的有效更新方向.

第二，当**第三步**发生时，每个玩家个体的搜索步长发生了更新. 令 $\mathcal{C} = \{t \in \mathbb{N} | t$ 时刻, **第三步**发生$\}$. 那么, 对每个个体 $\mathcal{P}_i \in \mathcal{P}$, 都有

$$\delta_i(t+1) = \begin{cases} \rho_i \delta_i(t), & \text{若 } t \in \mathcal{C}, \\ \delta_i(t), & \text{其他情形}. \end{cases} \tag{10.21}$$

注意, $\bigcup_{i=1}^{n} \mathcal{S}_i \cup \mathcal{C}$ 是一个无限集合.

条件 3. 函数 $\beta_i : [0, +\infty) \to [0, +\infty)$ 是一个连续且单调递增的函数, 并满足

$$\beta_i(y) \neq 0 \text{ 对任意 } y \neq 0, \quad \lim_{y \to 0} \frac{\beta_i(y)}{y} = 0.$$

很多函数都能满足这一条件. 一个最简单的选择是令 $\beta_i(y) = y^2$.

引理 10.3. 给定一个连续势博弈 $\Gamma = (\mathcal{P}, \{\mathcal{X}_i | \mathcal{P}_i \in \mathcal{P}\}, \{U_i | \mathcal{P}_i \in \mathcal{P}\})$. 如果其势函数 ϕ 具有上界, 且函数 β_i 满足条件 3, 那么, 在上面基于收益信息的学习算法作用下, 所有个体的策略搜索步长将收敛于 0, 同时, 所有个体的策略将收敛于一个平稳点. 即

$$\lim_{t \to +\infty} \delta_i(t) = 0, \quad \forall \mathcal{P}_i \in \mathcal{P}.$$

和

$$\lim_{t \to +\infty} x(t) = \bar{x}.$$

证明: 只需证明, 对所有 $\mathcal{P}_i \in \mathcal{P}$, 当 $t \to +\infty$ 时, 都有 $\delta_i(t) \to 0$. 现在假定存在某一个体 $\mathcal{P}_j \in \mathcal{P}$, 上述极限条件不成立, 即 $\lim_{t \to +\infty} \delta_j(t) > 0$. 那么, 存在一个下界 δ_j^* 使得 $\delta_j(t) > \delta_j^*$ 在任意时刻 $t \in \mathbb{N}$ 都成立. 由 (10.21) 可知, 此时, 集合 $\mathcal{C}$ 是有限集合. 因此, 对所有个体 $\mathcal{P}_i \in \mathcal{P}$, 都存在一个下界 δ_i^*, 使得 $\delta_i(t) > \delta_i^*$ 在任意时刻 $t \in \mathbb{N}$ 都成立.

此外, 由于集合 $\mathcal{C}$ 是有限的, 那么集合 $\cup_{i=1}^{n} \mathcal{S}_i$ 必须是无限集合. 因此, 至少存在某个个体 $\mathcal{P}_k \in \mathcal{P}$, 使得 $\mathcal{S}_k$ 是无限集合. 在这种情况下, 对 $t \in \mathcal{S}_k$, 可以得到

$$\phi(x^k(t+1), x^{-k}(t+1)) - \phi(x^k(t), x^{-k}(t))$$
$$= \phi(x^k(t+1), x^{-k}(t)) - \phi(x^k(t), x^{-k}(t))$$
$$= U_k(x^k(t+1), x^{-k}(t)) - U_k(x^k(t), x^{-k}(t))$$

$$= \pi_k(t+1) - \pi_k(t)$$
$$> \beta_k(\delta_k(t))$$
$$\geqslant \beta_k(\delta_k^*).$$

另外,当 $t \notin \mathcal{S}_k$ 时,势函数不会下降. 注意到 $\beta_k(\delta_k^*) > 0$, 由此可知 $\lim\limits_{t\to\infty} \phi(x(t+1)) \to \infty$, 这与势函数 ϕ 具有上界的条件相矛盾. 因此, 对所有 $\mathcal{P}_i \in \mathcal{P}$, 当 $t \to +\infty$ 时, 都有 $\delta_i(t) \to 0$. 定理得证. □

由引理 10.3 可以发现, 所构造的基于收益信息的学习算法的收敛性条件十分宽松. 在实际应用中, 一个势博弈的势函数常常具有上界. 因此, 容易保证学习算法的收敛性. 现在, 一个进一步的问题是, 学习算法最终收敛的平稳点是否为势博弈的纯策略纳什均衡点.

定理 10.2. 给定一个连续势博弈 $\Gamma = (\mathcal{P}, \{\mathcal{X}_i | \mathcal{P}_i \in \mathcal{P}\}, \{U_i | \mathcal{P}_i \in \mathcal{P}\})$. 如果其势函数满足条件 1 和条件 2, 且函数 β_i 满足条件 3, 那么, 在上面基于收益信息的学习算法作用下, 个体的策略组合将收敛于势博弈 Γ 的某个纯策略纳什均衡点.

证明: 在上面基于收益信息的学习算法中, 对任意时刻 $t \in \mathcal{C}$ (即**第三步**发生的时刻), 下面不等式

$$U_i\left(x^i(t)+\delta_i(t)\boldsymbol{d}^i, x^{-i}(t)\right) - U_i\left(x^i(t), x^{-i}(t)\right) \leqslant \beta_i(\delta_i(t))$$

对所有 $\mathcal{P}_i \in \mathcal{P}$ 和 $\boldsymbol{d}^i \in D_i$ 都成立. 因为个体的收益函数都是连续可微的, 由中值定理可知, 存在 $\theta_i \in [0,1]$, 使得

$$\delta_i(t)\left\langle \nabla_i U_i\left(x^i(t)+\theta_i\delta_i(t)\boldsymbol{d}^i, x^{-i}(t)\right), \boldsymbol{d}^i\right\rangle$$
$$= U_i\left(x^i(t)+\delta_i(t)\boldsymbol{d}^i, x^{-i}(t)\right) - U_i\left(x^i(t), x^{-i}(t)\right)$$

因此有

$$\left\langle \nabla_i U_i\left(x^i(t)+\theta_i\delta_i(t)\boldsymbol{d}^i, x^{-i}(t)\right), \boldsymbol{d}^i\right\rangle \leqslant \frac{\beta_i(\delta_i(t))}{\delta_i(t)}.$$

将上面不等式两边同时减去 $\langle \nabla_i U_i(x^i(t), x^{-i}(t)), \boldsymbol{d}^i\rangle$ 可得

$$\left\langle \nabla_i U_i\left(x^i(t)+\theta_i\delta_i(t)\boldsymbol{d}^i, x^{-i}(t)\right) - \nabla_i U_i(x^i(t), x^{-i}(t)), \boldsymbol{d}^i\right\rangle$$
$$\leqslant \frac{\beta_i(\delta_i(t))}{\delta_i(t)} - \langle \nabla_i U_i(x^i(t), x^{-i}(t)), \boldsymbol{d}^i\rangle. \tag{10.22}$$

根据条件 1,势函数 ϕ 是 L-Lipschitz 连续函数. 且注意到 $\nabla_i \phi = \nabla_i U_i$. 由此可得

$$\|\nabla_i \boldsymbol{U}_i \left(x^i(t) + \theta_i \delta_i(t)\boldsymbol{d}^i, x^{-i}(t)\right) - \nabla_i \boldsymbol{U}_i(x^i(t), x^{-i}(t))\|$$
$$= \|\nabla_i \phi \left(x^i(t) + \theta_i \delta_i(t)\boldsymbol{d}^i, x^{-i}(t)\right) - \nabla_i \phi(x^i(t), x^{-i}(t))\|$$
$$\leqslant L\|\theta_i \delta_i(t)\boldsymbol{d}^i\| \leqslant L\delta_i(t).$$

由引理 10.3 可知,存在某个方向向量 $\tilde{\boldsymbol{d}}^i$,使得

$$\langle \nabla_i \boldsymbol{U}_i(x(t)), \tilde{\boldsymbol{d}}^i \rangle \geqslant \frac{1}{\sqrt{N_i}} \|\tilde{\boldsymbol{d}}^i\| \|\nabla_i \boldsymbol{U}_i(x(t))\|.$$

将上面两等式以及 $\|\tilde{\boldsymbol{d}}^i\| = 1$ 代入方程 (10.22) 式中可得

$$\|\nabla_i \boldsymbol{U}_i(x(t))\| \leqslant \sqrt{N_i} \left(\frac{\beta_i(\delta_i(t))}{\delta_i(t)} + L\delta_i(t) \right). \tag{10.23}$$

注意到不等式 (10.23) 对所有时间 $t \in \mathcal{C}$ 和个体 $\mathcal{P}_i \in \mathcal{P}$ 都成立. 由引理 10.3 可知,集合 $\mathcal{C}$ 是无限的,且 $\lim\limits_{t \to +\infty} \delta_i(t) = 0$. 由此可得

$$\liminf_{t \to +\infty} \|\nabla_i \boldsymbol{U}_i(x(t))\| = 0$$

因此有

$$\liminf_{t \to +\infty} \|\nabla \phi(x(t))\| = 0$$

而根据引理 10.3 可知 $\lim\limits_{t \to +\infty} x(t) = \bar{x}$. 因此 $\|\nabla \phi(\bar{x})\| = 0$. 由条件 2 可知,满足条件 $\nabla \phi(\bar{x}) = 0$ 的变量 $\bar{x}$ 必定是凹函数 ϕ 的全局最优解. 根据引理 10.1,平稳点 $\bar{x}$ 也是连续势博弈 Γ 的一个纯策略纳什均衡点. □

定理 10.2 给出了上面基于收益信息的学习算法收敛于对应博弈纳什均衡点的条件. 这些关于连续势博弈中势函数的条件与梯度动力学中纳什收敛性的条件相同,而后者却需要关于博弈结构以及所有个体策略的信息. 在这个意义上,上面基于收益信息的学习算法中的信息约束并没有为其应用附加更多的限制.

10.4.4 程序终止准则

在实际应用上面基于收益信息的学习算法时,需要增加一个程序终止准则,以便在有限的时间内结束这一学习算法. 一般地,如果可以获取关于博弈的完全

信息，那么可以利用边际效用(即收益函数的梯度)来判定何时终止学习算法。这里，在没有关于收益函数梯度信息的情况下，每个个体的策略搜索步长也是判定程序是否终止的一个有效度量。

考虑一个连续势博弈 $\Gamma = (\mathcal{P}, \{\mathcal{X}_i | \mathcal{P}_i \in \mathcal{P}\}, \{U_i | \mathcal{P}_i \in \mathcal{P}\})$。假设其势函数 ϕ 满足条件 1、条件 2 以及下面条件

$$\|\nabla \phi(x) - \nabla \phi(y)\| \geqslant M\|x - y\|, \tag{10.24}$$

其中 M 是一个正常数。如果学习算法的终止时间为 t，那么此时个体的策略组合与极限情形下收敛的纳什均衡点之间的距离满足

$$\|x(t) - \bar{x}\| \leqslant \frac{1}{M}\|\nabla \phi(x(t))\|.$$

在上面方程中省略了 $\nabla \phi(\bar{x}) = 0$ 这一项。将方程 (10.23) 代入到上面不等式可得

$$\|x(t) - \bar{x}\| \leqslant \frac{1}{M} \sum_{i=1}^{n} \sqrt{N_i} \left(\frac{\beta_i(\delta_i(t))}{\delta_i(t)} + L\delta_i(t) \right). \tag{10.25}$$

因此，在算法终止时，个体的策略组合与极限情形下收敛的纳什均衡点之间的距离被一个关于个体策略探索步长的函数所界定。

如果 $\beta_i(y) = y^2$，那么上述方程变为

$$\|x(t) - \bar{x}\| \leqslant \frac{(L+1)}{M} \sum_{i=1}^{n} \sqrt{N_i} \delta_i(t).$$

在这种情形下，如果算法在

$$\max \delta_i(t) \leqslant \frac{M\epsilon}{(L+1) \sum_{i=1}^{n} \sqrt{N_i}}$$

时终止，那么有 $\|x(t) - \bar{x}\| < \epsilon$。

个体的策略探索步长也可以用来估计博弈势函数的当前取值和最优值之间的误差。根据条件 1，势函数 ϕ 是一个 Lipschitz 连续函数。由此可得

$$|\phi(x(t)) - \phi(\bar{x})| \leqslant \frac{L}{2}\|x(t) - \bar{x}\|.$$

显然，这由一个关于个体的策略探索步长的函数界定。

根据以上分析, 在实际应用中, 可以将上述基于收益信息的学习算法中的第四步改变为

- **第四步**: 如果 $\max \delta_i(t) < \delta_{\text{tol}}$, 那么终止程序; 否则, 返回至第一步.

这里, $\delta_{\text{tol}} > 0$ 是一个事先给定的关于策略探索步长的容忍度.

10.5 基于博弈学习的多个体同步算法

势博弈中的学习算法被广泛应用于设计多个体系统 (如服务机器人、自动传输系统以及移动传感网络等) 的协同控制协议. 作为示例, 本节我们利用上面基于收益信息的博弈学习算法来为多个体系统设计一个基于距离信息的一致性协议.

10.5.1 多个体同步的连续势博弈模型

考虑多个体集合 $\mathcal{P} = \{\mathcal{P}_1, \mathcal{P}_2, \cdots, \mathcal{P}_n\}$ 中的同步问题. 每个个体 $\mathcal{P}_i \in \mathcal{P}$ 具有一个状态变量 $x^i = (x_1^i, x_2^i, \cdots, x_{N_i}^i) \in \mathbb{R}^{N_i}$, 用于描述在 N_i 维空间中的位置. 不失一般性, 这里对每个个体 $\mathcal{P}_i \in \mathcal{P}$, 令 $N_i = 2$. 这就是说, 个体在一个二维平面中移动.

初始时刻, 个体可能分散在平面中不同的位置, 即 $x^1(0) \neq x^2(0) \neq \cdots \neq x^n(0)$. 多个体同步问题的目标是为每个个体设计一个协议 $x^i(t+1) = \mathcal{H}(x^i(t); x^{-i}(t))$, 使得所有个体的状态达成一致, 即

$$x^1(t) = x^2(t) = \cdots = x^n(t), \quad \text{当 } t \to +\infty. \tag{10.26}$$

将个体集合作为某个博弈中的玩家个体集合. 令 $\mathbb{R}^2$ 为每个玩家个体的策略集合. 如果我们可以为每个个体设计适当的收益函数, 使得一致性状态 (10.26) 是对应博弈唯一可能的纳什均衡点集合, 那么多个体系统的同步问题就可以利用连续博弈的学习算法来解决.

实际上, Marden 等人给出了与同步问题目标一致的个体收益函数的赋值方法[3]. 具体地, 对每个个体 $\mathcal{P}_i \in \mathcal{P}$, 定义其收益函数为

$$U_i(x^i, x^{-i}) = -\sum_{\mathcal{P}_j \in \mathcal{N}_i} \|x^i - x^j\|, \tag{10.27}$$

其中, $\mathcal{N}_i \subseteq \mathcal{P}$ 为个体 $\mathcal{P}_i$ 的邻居集. 如果由邻居集合 $\{\mathcal{N}_i\}_{i=1}^n$ 定义的交互网络是一个无向连通图, 那么上述博弈的任意纳什均衡点都是对应多个体系统的同步态. 此外, 上述博弈具有一个势函数

$$\phi(x) = -\sum_{\mathcal{P}_i \in \mathcal{P}} \sum_{\mathcal{P}_j \in \mathcal{N}_i} \frac{\|x^i - x^j\|}{2}, \tag{10.28}$$

其中, $x = (x^1, x^2, \cdots, x^n)$.

显然, 上述势函数是一个凹函数, 且其梯度是 Lipschitz 连续的. 因此, 梯度动力学和上面基于收益信息的学习算法都能收敛于上述博弈的某个纯策略纳什均衡点 (即同步态). 而最优响应动力学, 由于它可能导致个体位置在一个时间步内的突变, 不适用于这一问题, 因为个体有效的移动速度可能无法实现较大的位置改变.

10.5.2 基于位置信息的同步协议

如果多个体系统中存在一个全局的坐标体系, 且每个个体能够感知它自己以及其所有邻居个体的相对位置, 那么梯度动力学中所需要的信息能够满足. 在这种情形下, 基于梯度动力学 (10.10) 可以得到如下的一致性协议:

$$x^i(t+1) = x^i(t) - 2\delta \sum_{\mathcal{P}_j \in \mathcal{N}_i} \left(x^i(t) - x^j(t)\right), \forall \mathcal{P}_i \in \mathcal{P}. \tag{10.29}$$

令 $\Delta_i = |\mathcal{N}_i|$ 表示个体 $\mathcal{P}_i \in \mathcal{P}$ 的邻居数目. 那么, 上述方程可以改写为

$$x^i(t+1) = (1 - 2\delta\Delta_i)x^i(t) + 2\delta \sum_{\mathcal{P}_j \in \mathcal{N}_i} x^j(t), \forall \mathcal{P}_i \in \mathcal{P}. \tag{10.30}$$

上述动力学是多个体系统中一个著名的离散时间一致性协议[22]. 这里, 我们直接给出关于这个动力学收敛性的定理.

定理 10.3. 如果步长满足 $\delta < 1/(2\Delta)$, 其中 $\Delta = \max\limits_{\mathcal{P}_i \in \mathcal{P}} \Delta_i$, 且由多个体系统的邻居集合 $\{\mathcal{N}_i\}_{i=1}^n$ 所诱导的网络是无向连通图, 那么从任意初始状态出发, 在动力学 (10.30) 的驱动下, 所有个体的位置将渐进收敛于 $\sum\limits_{\mathcal{P}_i \in \mathcal{P}} x^i(0)/n$.

10.5.3 基于距离信息的同步协议

具有位置信息的同步协议要求每个个体具有能够在一个全局坐标系统中探测其他个体相对位置的能力. 这个比较严苛的要求限制了基于位置信息的同步协议的应用范围. 注意到为所有参与的个体构建一个全局的坐标系统是一件非常困难的工作. 同时, 为每个个体搭建位置探测器远比搭建距离探测器要复杂且花费更高. 实际上, 在很多情形下, 个体只具有探测其自身与邻居个体之间距离的能力. 此时, 多个体系统的同步问题变为, 每个个体如何基于距离信息来调整自己的位置, 使得最终所有个体到达同一位置.

在建立多个体同步问题的连续势博弈模型后, 上面构造的基于收益信息的学习算法能够用于设计多个体系统的基于距离信息的同步协议. 具体地, 个体的移动探索过程如图 10.1 所示. 在一个二维平面中, 每个个体 $\mathcal{P}_i \in \mathcal{P}$ 从下面坐标方向

$$D_i = \{(1,0), (0,1), -(1,0), -(0,1)\}$$

中, 搜索一个合适的移动方向 $\delta_i(t)$. 假设个体 $\mathcal{P}_i \in \mathcal{P}$ 当前时刻的移动步长为 $\delta_i(t)$. 对于个体 $\mathcal{P}_i \in \mathcal{P}$, 如果存在一个方向 $d^i(t) \in D_i$, 使得 (10.27) 式中的距离下降幅度可以接受, 那么这个个体从位置 $x^i(t)$ 移动到新的位置 $x^i(t+1) = x^i(t) + \delta_i(t) d^i(t)$. 否则, 如果所有个体都不能找到一个合适的移动方向, 那么所有个体都按照一定的比例缩小自己的移动步长. 即, 令 $\delta_i(t+1) = \rho_i \delta_i(t)$, 其中 $\rho_i \in (0,1)$ 是一个常数.

我们利用一个 10 个节点的同步问题来说明上述基于距离信息的一致性协议的有效性. 初始时刻, 每个节点的位置随机地分布在 $[-10, 10]^2$ 的正方形中. 在仿真实验中, 基于距离信息的一致性协议的参数设置如下. 简便起见, 我们令每个个体 $\mathcal{P}_i \in \mathcal{P}$ 采取相同的初始移动步长 $\delta_i(0) = \delta(0) = 5$ 和相同的缩小比例 $\rho_i = 0.5$, 并令 $\beta_i(y) = 0.01 y^2$. 然后, 我们令所有个体按照基于距离信息的一致性

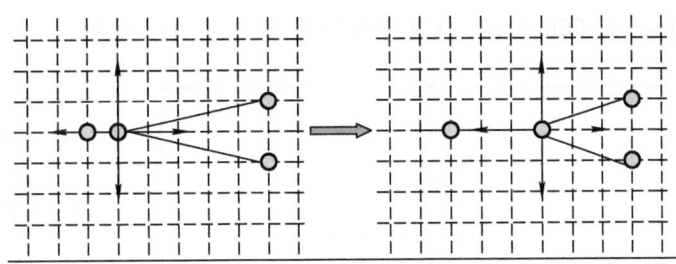

(a) 每个个体从坐标方向集合(图中箭头)中，搜索一个合适的移动方向，如果这种移动能够在一定程度上降低它与所有邻居之间的总距离，那么这个个体朝这个方向移动一定的距离（箭头的长度）

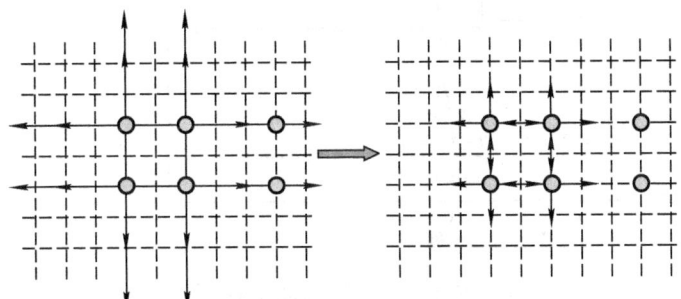

(b) 如果所有个体都不能找到一个合适的移动方向，那么所有个体都缩小其移动步长

图 10.1　多个体系统中基于距离信息的一致性协议示意图

协议中的规则移动，并记录每个个体每个时刻的位置. 如果个体的移动步长满足 $\delta(t)<\delta_{\text{tol}}=10^{-4}$, 那么终止仿真程序.

图 10.2 给出了仿真中每个个体的移动路径，图 10.3 展示了每个个体 x 轴坐标和 y 轴坐标随时间的演化轨迹，个体之间的连接关系结构为一个环状图. 可以看到，在基于距离信息的一致性协议的作用下，所有个体逐渐到达了同步态. 事实上，令 T 表示程序的终止时间，并令 $\bar{x}=\sum_{\mathcal{P}_i\in\mathcal{P}}x^i(T)$ 表示所有个体在终止时刻时的平均位置. 通过简单计算可得，下面定义的均方误差

$$\text{MSE}=\frac{1}{n}\sum_{i=1}^{n}\|x^i(T)-\bar{x}\|$$

是 10^{-4} 阶的.

基于距离信息的一致性协议的性能在一定程度上与个体之间的连接关系结构有关. 图 10.4 和图 10.5 给出了个体间连接结构是完全图时的仿真结果. 与图 10.2 和图 10.3 中个体连接结构是环状图时的仿真结果相比，图 10.4 和图 10.5 中

的仿真在更短的时间内收敛, 且具有更小的均方误差 (10^{-5} 阶).

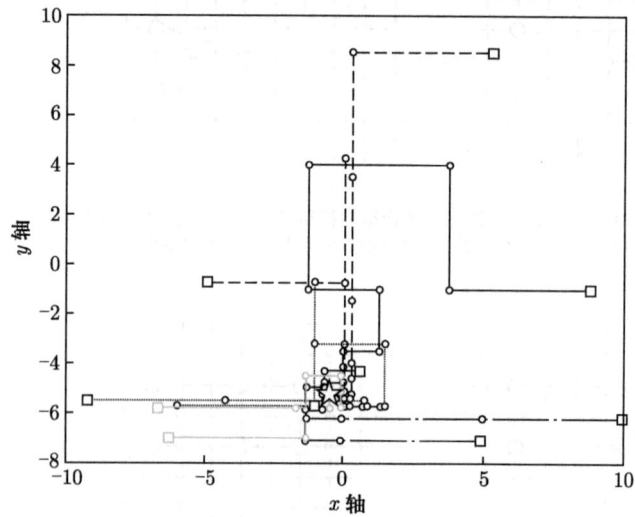

图 10.2 个体的移动路径

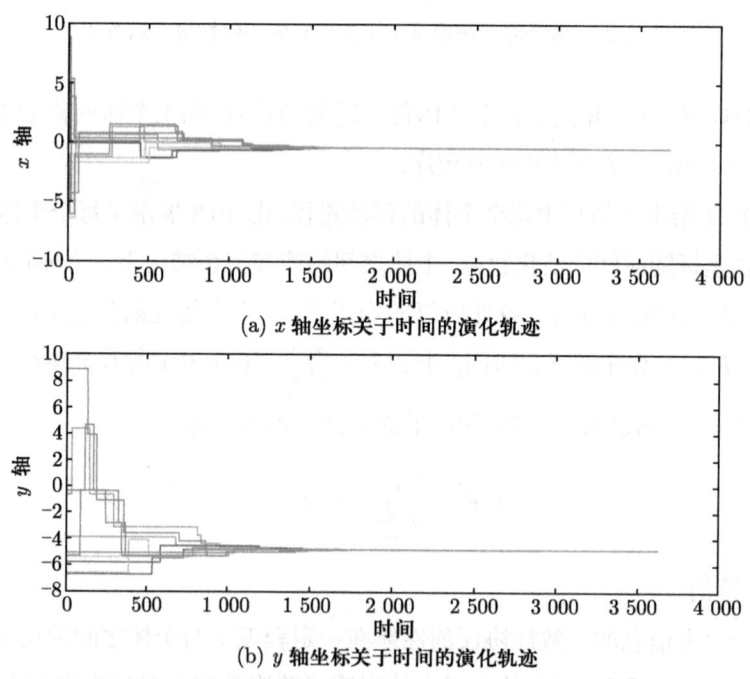

(a) x 轴坐标关于时间的演化轨迹

(b) y 轴坐标关于时间的演化轨迹

图 10.3 每个个体 x 轴坐标和 y 轴坐标关于时间的演化轨迹

10.5 基于博弈学习的多个体同步算法

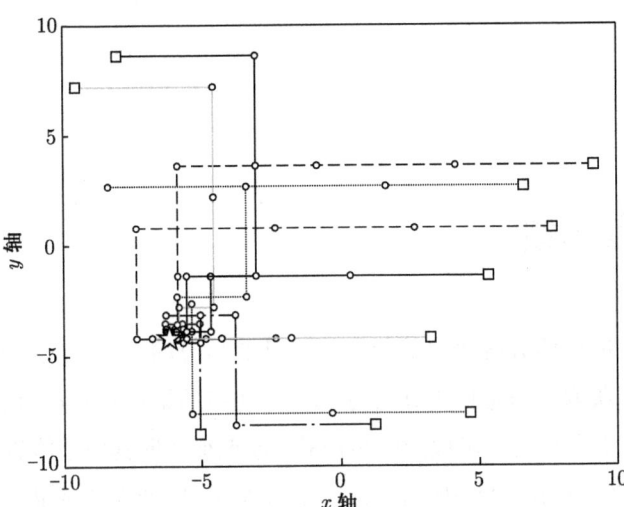

图 10.4 个体的移动路径

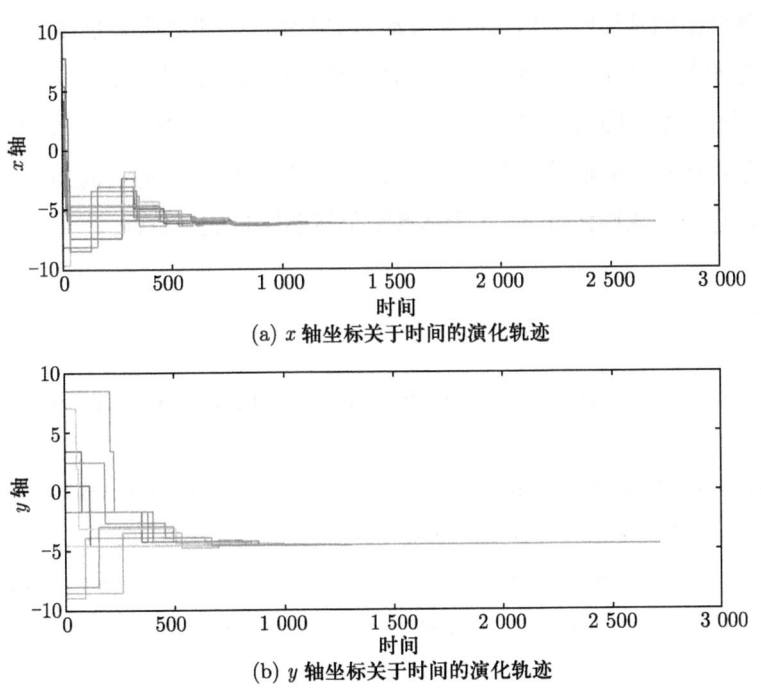

(a) x 轴坐标关于时间的演化轨迹

(b) y 轴坐标关于时间的演化轨迹

图 10.5 每个个体 x 轴坐标和 y 轴坐标关于时间的演化轨迹

10.6 本章要点小结

本章,我们介绍了一种连续势博弈中基于收益信息的学习动力学. 在这个动力学中,每个个体所需要获取的信息仅为其自身上一时间步的策略和收益. 也就是说,个体无须知道博弈中自身收益函数的解析形式,也无须获取其他个体策略的信息. 此外,个体也不必具有长时间记忆能力. 我们证明了,即使在这种最小信息的约束下,对于一大类连续势博弈,所构造的基于收益信息的学习动力学也能保证收敛于对应博弈的纯策略纳什均衡点.

本章介绍的基于收益信息的学习动力学能够应用于各类多个体系统中,包括系统目标函数的解析形式或者其他个体的状态信息无法获取的情形. 作为示例,我们利用这一基于收益信息的学习动力学,为多个体系统构造了一个基于距离信息的一致性协议,并证明:即使每个个体不知道其他个体的具体位置,在这种基于距离信息的一致性协议下,多个体系统仍然能够达成一致性.

参考文献

[1] Young H P. Strategic Learning and Its Limits [M]. London: Oxford University Press, 2004.

[2] Altman E, Basar T, Jimenez T, et al. Competitive routing in networks with polynomial costs [J]. IEEE Trans. Automat. Contr., 2002, 47(1): 92–96.

[3] Marden J R, Arslan G, Shamma J S. Cooperative control and potential games [J]. IEEE Trans. Syst. Man. Cy. B, 2009, 39(6): 1393–1407.

[4] Gesber D, Kiani S G, Gjendemsjo A, et al. Adaptation, coordination, and distributed resource allocation in interference-limited wireless networks [J]. Proc. of the IEEE, 2007, 95(12): 2393–2409.

[5] Arslan G, Marden J R, Shamma J S. Autonomous vehicle-target assignment: A

game-theoretical formulation [J]. J. Dyn. Syst. Meas. Control-Trans. ASME, 2007, 129(5): 584–596.

[6] Matsui A. Best response dynamics and socially stable strategies [J]. J. Econ. Theory, 1992, 57(2): 343–362.

[7] Flam S D. Equilibrium, evolutionary stability and gradient dynamics [J]. Int. Game Theory Rev., 2002, 4(4): 357–370.

[8] Shamma J S, Arslan G. Dynamic fictitious play, dynamic gradient play, and distributed convergence to nash equilibria [J]. IEEE Trans. Automat. Contr., 2005, 50(3): 312–327.

[9] Fudenberg D, Levine D K. The Theory of Learning in Games [M]. Cambridge: The MIT Press, 1998.

[10] Frihauf P, Krstic M, Basar T. Nash equilibrium seeking in noncooperative games [J]. IEEE Trans. Automat. Contr., 2012, 57(5): 1192–1207.

[11] Tan S, Wang Y, Lü J. Analysis and control of networked game dynamics via a microscopic deterministic approach [J]. IEEE Trans. Autom. Contr., 2016, 61(12): 4118–4124.

[12] Cortes A, Martinez S. Self-triggered best-response dynamics for continuous games [J]. IEEE Trans. Automat. Contr., 2015, 60(4): 1115–1120.

[13] Chen Y, Lü J, Yu X, et al. Consensus of discrete-time second-order multiagent systems based on infinite products of general stochastic matrices [J]. SIAM J. Contr. Optim., 2013, 51(4): 3274–3301.

[14] Young H P. Learning by trial and error [J]. Games Econ. Behav., 2009, 65(2): 626–643.

[15] Foster D P, Young H P. Regret testing: Learning to play nash equilibrium without knowing you have an opponent [J]. Theoret. Econ., 2006, 1(3): 341–367.

[16] Germano F, Lugosi G. Global nash convergence of foster and young's regret testing [J]. Games Econ. Behav., 2007, 60(1): 135–154.

[17] Marden J R, Young H P, Arslan G, et al. Payoff-based dynamics for multiplayer weakly acyclic games [J]. SIAM J. Contr. Optim., 2009, 48(1): 373–396.

[18] Monderer D, Shapley L S. Potential games [J]. Games Econ. Behav., 1996, 14(1): 124–143.

[19] Conn A R, Scheinberg K, Vicente L N. Introduction to Derivative-Free Optimization [M]. Philadelphia: SIAM, 2009.

[20] Torczon V. On the convergence of pattern search algorithms [J]. SIAM J. Optim., 1997, 7(1): 1–25.

[21] Kolda T G, Lewis R M, Torczon V. Optimization by direct search: New perspectives on some classical and modern methods [J]. SIAM Rev., 2003, 45(3): 385–482.

[22] Olfati-Saber R, Fax J A, Murray R M. Consensus and cooperation in networked multi-agent systems [J]. Proc. IEEE, 2007, 95(1): 215–233.

索引

A

凹性条件, 224

B

Barabasi-Albert 无标度网络, 37
BNN 动力学, 28
博弈的混合拓展, 5
博弈学习, 9, 221

C

策略博弈, 2
策略选择, 121
常数选择, 22, 83
超模函数, 89
重复博弈, 221
纯策略, 4
次模函数, 88

D

单纯形, 17, 26, 193
动态网络, 73

度异质度, 103
对交互, 40, 133
多个体一致性 (同步), 4, 234
多人博弈, 2, 35,

E

Erdős-Rényi 随机图, 37

F

非周期图, 35
符号网络, 167
负边, 168
复制–突变动力学, 192
复制动力学, 27
赋权图, 35

G

公共物品博弈, 3, 16, 131, 144
共演化博弈, 149
固定概率, 24, 86

H

合作困境, 142

混合策略, 4

J

简单图, 35

节点温度, 103

结构冲突, 169

结构平衡, 168

矩阵博弈, 17, 42

L

Lipschitz 条件, 224

连通图, 35

联盟博弈, 172

劣势策略, 7

邻域继承机制, 150

M

马尔可夫链 (过程), 24, 55, 76, 85, 107

模仿过程, 22

N

纳什均衡, 7, 18

纳什平稳, 29

O

耦合原理, 88

Q

期望, 61

强选择, 22

囚徒困境博弈, 2, 135, 142

群体博弈, 15

群组交互, 43, 122

R

热异质度, 103

弱选择, 22, 26

S

Smith 动力学, 28

生成基搜索方法, 226

生灭过程, 22, 54, 62, 84, 123

势博弈, 9, 29, 220

适应度, 21, 52

适应度景观, 21, 51

死生过程, 22, 54, 65, 85, 96, 124

随机几何图, 38

随机漂移, 59, 72

T

梯度学习, 223

同步协议, 235

突变, 19, 23

突变网络, 196

W

Watts-Strogatz 小世界网络, 37
Wright-Fisher 过程, 22, 55
完全二分图, 36, 105
网络博弈, 38
网络互惠, 144

X

行为集群, 190
行为网络, 191
行为雪崩, 190
行为振荡, 190
选边过程, 55
选择−漂移动力学, 195
选择放大器, 102
选择抑制器, 102
雪堆博弈, 143

Y

演化博弈, 120
演化稳定策略, 19
有向图, 35

Z

择优响应动力学, 12
占优策略, 6
正边, 168
志愿者困境博弈, 3, 40, 133
周期图, 35
最优响应动力学, 11, 222

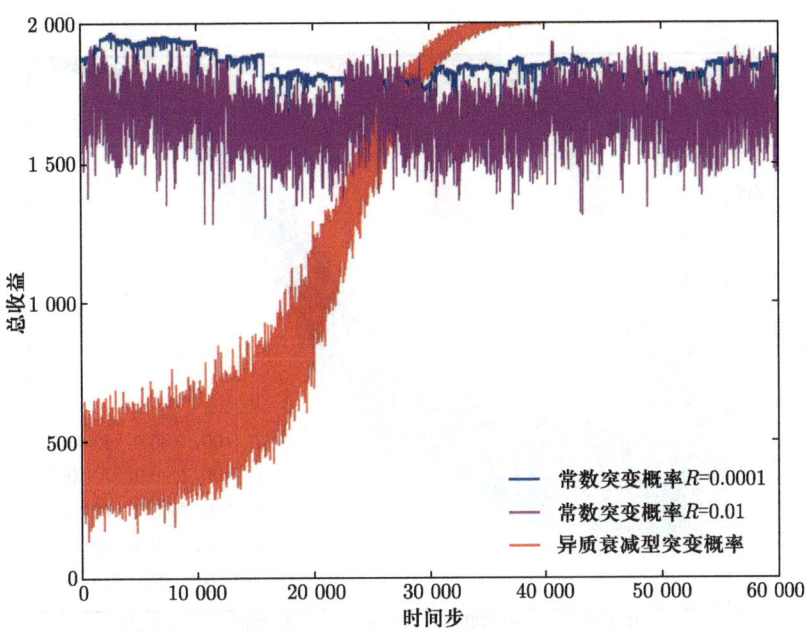

图 8.4 不同常数突变概率和异质衰减型突变概率作用下,网络中所有节点总收益的演化轨迹

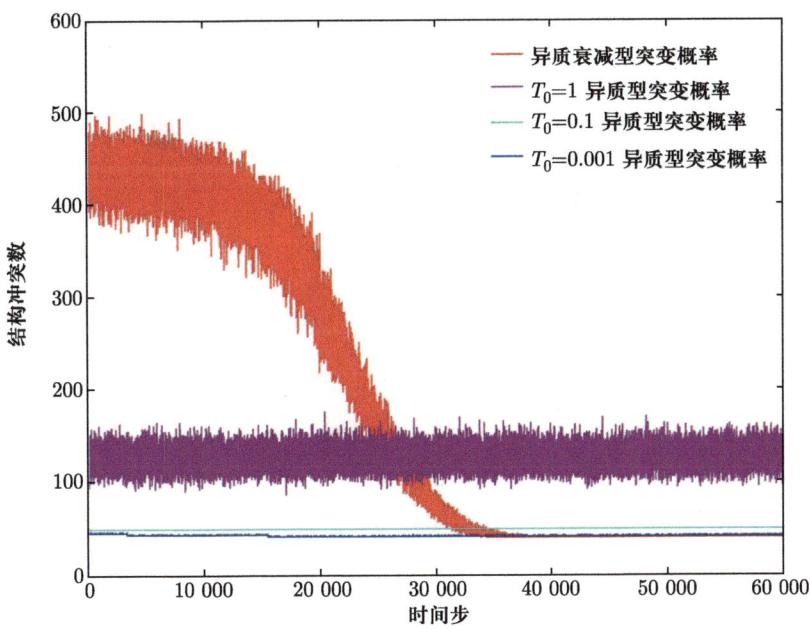

图 8.5 不同噪声参数的异质型突变概率和异质衰减型突变概率作用下,网络中结构冲突数目随时间的演化轨迹

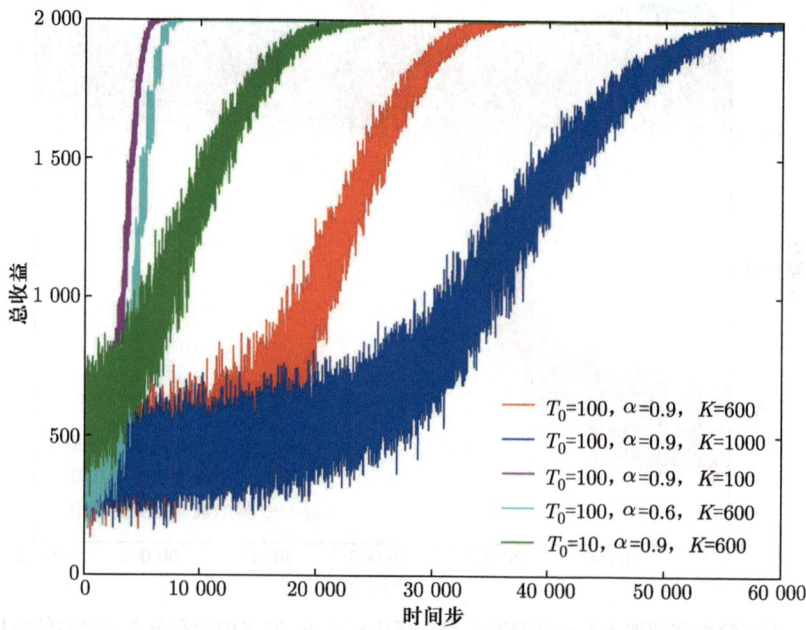

图 8.6　不同噪声参数的异质衰减型突变概率作用下，网络中所有节点的总收益随时间的演化轨迹

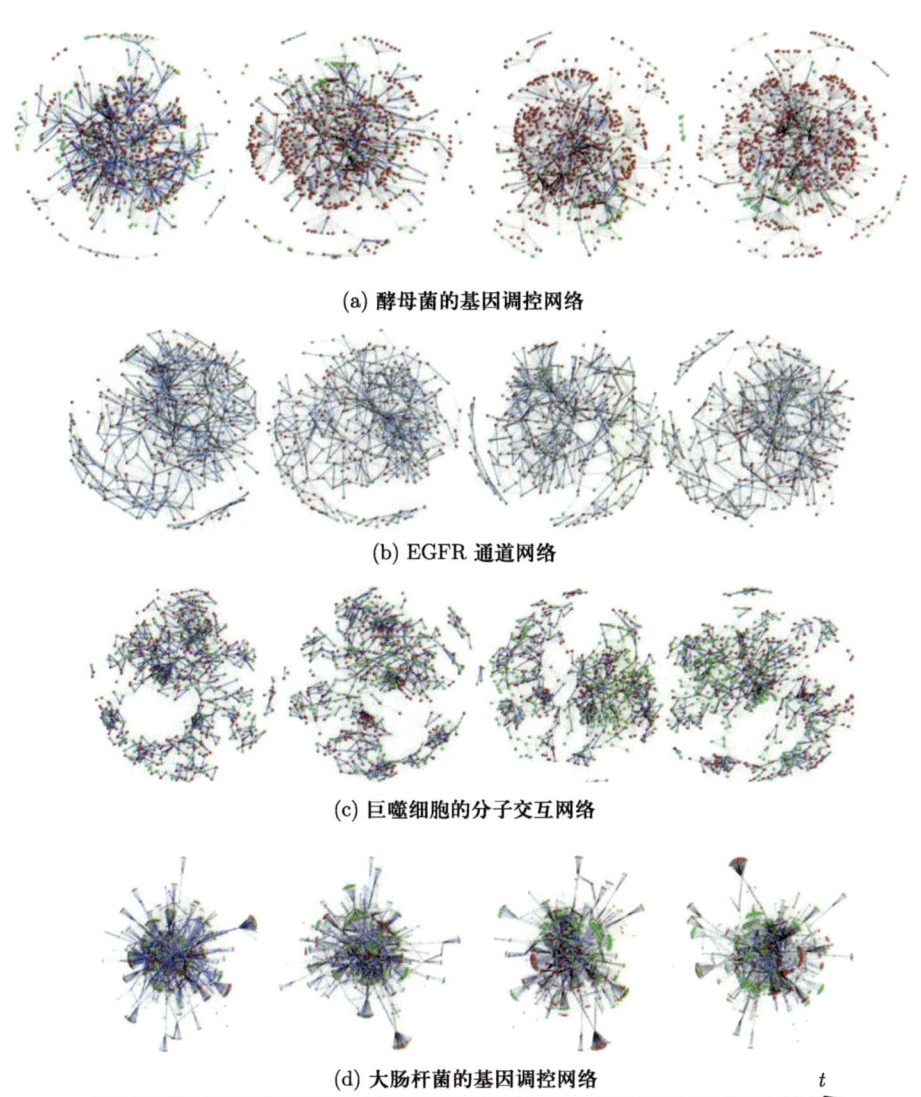

图 8.7 在演化博弈动力学的作用下,四种不同符号网络上节点联盟和结构冲突的演化过程

郑重声明

高等教育出版社依法对本书享有专有出版权。任何未经许可的复制、销售行为均违反《中华人民共和国著作权法》，其行为人将承担相应的民事责任和行政责任；构成犯罪的，将被依法追究刑事责任。为了维护市场秩序，保护读者的合法权益，避免读者误用盗版书造成不良后果，我社将配合行政执法部门和司法机关对违法犯罪的单位和个人进行严厉打击。社会各界人士如发现上述侵权行为，希望及时举报，我社将奖励举报有功人员。

反盗版举报电话　　（010）58581999　58582371
反盗版举报邮箱　　dd@hep.com.cn
通信地址　北京市西城区德外大街4号　高等教育出版社法律事务部
邮政编码　100120

网络科学与工程丛书 图书清单

序号	书名	作者	书号
1	网络度分布理论	史定华	9787040315134
2	复杂网络引论——模型、结构与动力学（英文版）	陈关荣 汪小帆 李翔	9787040347821
3	网络科学导论	汪小帆 李翔 陈关荣	9787040344943
4	链路预测	吕琳媛 周涛	9787040382327
5	复杂网络协调性理论	陈天平 卢文联	9787040382570
6	复杂网络传播动力学——模型、方法与稳定性分析（英文版）	傅新楚 Michael Small 陈关荣	9787040307177
7	复杂网络引论——模型、结构与动力学（第二版，英文版）	陈关荣 汪小帆 李翔	9787040406054
8	复杂动态网络的同步	陆君安 刘慧 陈娟	9787040451979
9	多智能体系统分布式协同控制	虞文武 温广辉 陈关荣 曹进德	9787040456356
10	复杂网络上的博弈及其演化动力学	吕金虎 谭少林	9787040514483
11	非对称信息共享网络理论与技术	任勇 徐蕾 姜春晓 王景璟 杜军	9787040518559
12	网络零模型构造及应用	许小可	9787040523232
13	复杂网络传播理论——流行的隐秩序	李翔 李聪 王建波	9787040546057
14	网络渗流	刘润然 李明 吕琳媛 贾春晓	9787040537949
15	复杂网络上的流行病传播	刘宗华 阮中远 唐明	9787040554809